中国文明的历史
【八】

明帝国与倭寇

〔日〕三田村泰助——著　许美祺——翻译

后浪出版公司

四川人民出版社

本书执笔者

三田村泰助　世易时移　鼎革前夜　大明兴起　走向绝对帝制　东亚一体
　　　　　　　　篡位者永乐帝　侧近政治　后期倭寇

间野潜龙　天下泰平　丰臣秀吉的幻想　出兵朝鲜与日明交战
　　　　　　　衰运的老帝国

执笔者介绍

间野潜龙　大正十二年（1923 年）出生于大阪府。大谷大学中国文学科毕业，后入学京都大学，于昭和二十五年（1950 年）毕业于京都大学文学部史学科（东洋史方向）。专治明代政治制度史、思想史。参与京都大学文学部《明代满蒙史料·明实录抄》的编纂工作。历任大谷大学副教授、富山大学副教授和教授。昭和五十年（1975 年）任大阪外国语大学教授，昭和五十六年（1981 年）五月于任上去世。有《明代文化史研究》《康熙帝》《朱子与王阳明》等著作。

目　录

第一章　世易时移

南船北马

在一望无际的中国大陆，陆路四通八达的北方需乘马出行，而南方大地则仰仗舟楫，因而有"南船北马"一说。而在南方，船只最多的当指长江流域以及运河星罗棋布的江南水乡。

长江以北是马的世界，以南则是船的天下。著于汉代的《淮南子》（二十一卷，西汉淮南王刘安〔?—公元前122年〕著）就提及"胡人便于马，越人便于舟"。胡人指的是北方民族，越人则是浙江、福建一带的住民。汉代的时候，北方民族和越人都是中原之外民族，也就是所谓的蛮族，还未加入中原行列。但是我们由此可知，早在汉代中国人就认识到，前者马术第一，后者舟楫无双。

10世纪之后，北方民族逐步征服中原，最终由蒙古铁骑一举平定了中国全域。他们正是《淮南子》所说的马上世界的霸王。

然而这样的强压遭到了反弹，时隔不久，中原又再度回到了汉人手中，这就是明朝。而其中起到前驱作用的正是越人的舟船之力。

一直以来，蒙古人也和其他北方民族一样不擅长水战。其所说的"舟"，基本上也就是渡河时用的牛皮筏子而已。元世祖率军与南宋军队争夺汉水时，其部将曾献策道："我们的精兵突骑无坚不摧，但是唯有水战不敌宋朝。应夺其所长，建造战舰，训练水军。"①

那时候的元军也吸收了华北的汉人。他们虽然比起蒙古人要更擅长水战，但并不能胜过长江流域的汉人。

事实上，元朝末年兴起的群雄中较有实力的基本上都拥有水军，他们之间也是靠着强大的水军来争夺霸权。屡屡为南宋水军头疼的元朝直到最后也在为舟船之事烦恼。就像后述的那样，当西路红巾军徐寿辉的部队攻陷江州（今江西省九江市）时，元朝一侧的汉人部将便议论道："贼在陆地毫无胜算，肯定会以舟船逼近。"②

由此可见，在陆战当中处于弱势的汉人能够对抗元军，关键还在于舟楫之力。同时可以说，这一时代战争的特点就在于汉人充分发挥了舟船的力量。顺带说一下，明朝虽然也有水

---

① 《元史》卷一百六十一：我精兵突骑，所当者破，惟水战不如宋耳。夺彼所长，造战舰，习水军，则事济矣。——译注

② 《元史》卷一百九十四：贼不利于陆，必由水道以舟薄我。——译注

军，但它们只起到辅助性的作用，最根本的还是由步兵开展的游击战。马匹和舟船确实有强大的机动能力，但是靠此只能占领"点"和"线"，要进行渗透作战以确保"面"，就不得不依赖步兵。在这一点上，明军和元末的群雄是不一样的。

五彩的山东船

从福建省的沿海地区上溯到闽江，直达马尾（距离闽江河口约42公里，海运汽船也能到达这个港口），这一路上应该能看到不少有五彩装饰的极其美观的山东船吧。所谓"山东船"指的是在福建和北方海港之间往返的大型货船，它们能到达遥远的山东，甚至能直达如今的大连等地。船体上细细密密地描绘着大鹏和金殿玉楼，涂满红、黄、绿、紫、银等各种颜色，桅杆顶端还装饰着黄金珠。据说这些五彩船船舷相连停泊的时候，甚至让人觉得仿佛看到了龙宫世界的宝船。

福建住民的始祖是闽越（以闽江流域为中心，在福建和台湾、澎湖、琉球等海岛上均有分布的古代越人），这些山东船充分展现了越人造船技术的传统。

从宋代开始，这些用于远洋航海的大型船舶被制造出来，出现了载客二三百人的达两千石的船，甚至有足可载客五六百人的五千石大船。这些船在东亚或者东南亚水域巡回航行。

这些大船的主要制造地是福建和广东。后面也会说到，这不仅是出于经济方面的原因，也是基于技术和造船材料方面的考虑。造船材料主要用的是杉材和松材，福建以出产优良杉材而闻名。当时人们对船体性能有这样的评价：南方的材质基本都适用于海水，而其中海船以福建之产为最优，广东次之，浙江又次之；北方所产的材木不耐咸水，因此并不适用。除此之外，福建还富藏造船所不可或缺的铁材。

这样来说，福建和广东可谓是海船建造技术方面的先进地区。

排在它们后面的是浙江，这是因为处州是杉材的产地。宁波船、温州船也非常有名。

越之国果然是船之国！

不过兵船方面却稍有不同。据《筹海图编》（十三卷，明郑若曾所著，是研究倭寇必不可少的资料）所言，广东船要胜于福建船。广东船船型大，船材使用产于南方的硬木铁栗木，所以在两船相碰撞的时候能够击碎福建船。

顺便提一下，《筹海图编》中还论述了日本船和中国船的差异：

"日本船和中国船不同，使用的是大木，而且只选相合的材料。连接时不用铁钉，而用铁片固定。而且也不用麻筋桐油，缝隙间仅填埋短水草。总之，造日本船要耗费大量的木材，费用也很高昂，因此非有莫大的财力不能轻易制造。

有传闻称日本制造了成百上千艘大船，但实际上都是无稽之谈。如今看来，倭寇实在寒酸，其船大型的也就能乘搭三百人，中型的能乘搭一二百人，小型的则是四五十人至七八十人，而且低矮狭窄。如果遇到巨舰，想要进行迎击也不容易，轻易就沉没了。因此，他们都很惧怕广东船和福建船。

再看其构造，这种船的船底是平的，因此不能切开波浪。

而且风帆总是悬于桅杆正中间，帆端不像中国那样是被挂住的，所以不能被有效利用。顺风的时候尚好，无风以及逆风的时候只能放下桅杆，用桨划船，因此渡过外海怎么也需要一个多月。"

全书大体上都是这样的论调，也不知道到底说中了几分。另外，比较有意思的是，福建奸民还向倭寇提供了技术支持。《筹海图编》中写道："近年来倭船之所以能够轻易抵岸，都是因为福建沿海的奸民买下倭船，将其船底改造后又交回给他们。改造船能突破波浪，不畏横风和暴风，仅费数日便能到达。"[①]

福建战舰

在此，我们再来说说他们引以为豪的福建战舰的构造。福建船高大且宽敞，看起来就像楼阁一般，承载百人不在话下。船底尖锐，仿佛能劈开波浪。上部宽广，其首昂而口张。船尾也同样高扬，建筑着三层舵楼。舷侧均贴护板，其上竖立着巨大的茅竹，围起来仿佛像城垣一般。船上有两根桅杆。

---

① 《筹海图编》卷二：日本造船与中国异。必用大木取方，相思合缝。不使铁钉，惟联铁片。不使麻筋桐油，惟以草塞罅漏而已（名短水草）。费功甚多，费材甚人，非大力量未易造也。凡寇中国者皆其岛贫人。向来所传倭国造船千百支，皆虚诞耳。其大者容三百人，中者一二百人，小者四五十人或七八十人。其形卑隘，遇巨舰难于仰攻，苦于犁沉，故广福船皆其所畏。而广船旁陡如垣，尤其所畏者也。其底平，不能破浪。其布帆悬于桅之正中，不似中国之偏。桅机常活，不似中国之定。惟使顺风，若遇无风、逆风，皆倒桅荡橹，不能转戗。故倭船过洋，非月余不可。今若易然者，乃福建沿海奸民买舟于外海，贴造重底渡之而来。其船底尖，能破浪，不畏横风、斗风，行使便易，数日即至也。——译注

船的内部分为四层。最下层不住人，堆满土石以增加船体的重量，以免船随水漂流。第二层是士兵的起居场所，覆盖着木板，得从上面用梯子下去。

第三层左右有六扇门，当中设有水桶。船前后有木锚，系着棕榈缆绳，于此下桩、起桩。最上层像露台，在第三层用梯子从通口爬上去。仿佛栏杆一般的木板围在船体两侧，人可以靠在上面进攻敌人，还可使用弓箭、石头、火炮自上而下瞄准射击。

如果遇到敌人的小船，就撞击其船体将其击沉。由于船很高，所以敌人难以迎击。这是福建船的优点，福建船真可谓是海战的利器。不过，虽然福建船在顺风和顺潮时行驶得很快，但是却转身不便。另外由于船体太大，无法停靠在岸边，上陆时要使用小舟接驳。①

歼灭倭寇的名将戚继光（字元敬，生于山东登州卫的军人之家，在浙江、福建立破倭之功，后又有防御北虏之绩）曾这样评比福建战舰和倭寇船的优劣：

"福船高大如城堡，人力难以开动，全得依赖风力。而倭

---

① 《筹海图编》卷十三：福船高大如楼，可容百人。其底尖，其上阔，其首昂而口张，其尾高耸，设柁楼三重于上。其傍皆护板，裼以茅竹，坚立如垣。其帆樯二道。中为四层。最下一层不可居，惟实土石，以防轻飘之患。第二层乃兵士寝息之所，地板隐之，须从上蹑梯而下。第三层左右各护六门，中置水柜，乃扬帆炊爨之处也。其前后各设木桩，系以棕缆，下桩、起桩皆于此层用力。最上一层如露台，须从第三层穴梯而上。两傍板翼如栏，人倚之以攻敌。矢石火炮皆俯瞰而发。敌舟小者相遇即犁沉之，而敌又难于仰攻，诚海战之利器也。但能行于顺风、顺潮，回翔不便。亦不能逼岸而泊，须假哨船接渡而可。——译注

寇船矮小，与苍山船（浙江台州太平地方使用的渔船，是帆橹兼用的小型船，用于追踪小型的倭船）相似。因而只要福船对上好风向对其进行压制，形势就仿佛大车碾压螳螂一般。这是船力之战，而非人力。我们一直以来都以此制胜。但如果倭船也和我们的福船一样大，我方就难有必胜之策了。

不过，福船吃水深达一丈一二尺。虽然这在大洋上非常管用，但到了浅滩，福船就经常触礁，而且无风的时候不能开动。因此只要倭船闯入内海，沿浅滩行驶，福船就束手无策了。"①

贸易立国

福建的造船业之所以如此兴盛，并不仅仅因为其是原材料的产地，福建省整体的地理环境很可能也是一个重要的基础。

福建的得名始于唐代，这一事实本身便表明它是中国国内发展较晚的地区。至于其原因，可能主要是福建地方是陆地的"孤岛"。福建省西部和西北部是层层叠叠的群山，从浙江到福建要越过仙霞岭行至闽江上游，从江西到福建则要出杉关以抵达闽江，外界通往福建的大道只有这两条。而且整个福建省几乎都是山地，甚少平原，因此完全没有成为谷仓地区的条

---

① 《筹海图编》卷十三：福船高大如城，非人力可驱，全仗风势。倭舟自来矮小，如我之小苍船。故福船乘风下压，如车碾螳螂。斗船力而不斗人力，是以每每取胜。设使贼舟亦如我福船大，则吾未见其必济之策也。但吃水一丈二尺，惟利大洋，不然多胶于浅，无风不可使。是以贼舟一入里海，沿浅而行，则福舟为无用矣。——译注

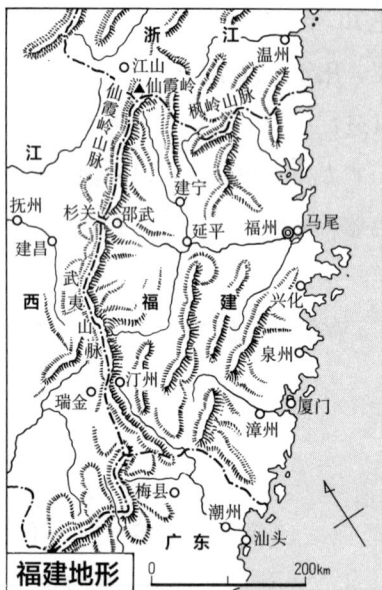

福建地形

（书中插图系原插附地图，以下不再一一说明）

件。实际上，福建人一直通过船运从北边浙江运进温州米，从南边广东运进惠州和潮州米。另一方面，福建也拥有极为曲折的海岸线，散布着无数大小岛屿。

这样一来，也就可以理解为何福建要靠海为生，也就是为何必须把中转贸易当作主要生业。这一点加上福建的"孤岛"性质，使其成为江南地区当中一个特殊的存在。

五代十国的时代，江南各个王国争相致力于本国产业的开发，只有福建王国（国号为闽，王审知〔862—925年〕所建）以集聚财富为目标投身于南海贸易。而这也可以追溯到唐代以来的阿拉伯贸易。

首先成为时代之光的是福建港口泉州。泉州在马可·波罗和伊本·白图泰的著作中被称为"Zaitum",经由他们的介绍而闻名海外,据说是当时世界最大的港口。因此中国宋、元、明历代政府都在此设置"市舶司"管理外国贸易业务。

但是,贸易港并不是只有泉州,福建全省都与此相关,正如著名的苏东坡所言"福建一路以海商为业"(《东坡奏议》卷六)。在泉州之外,福建的主要城市,同时也是海港的漳州、福州、兴化也兴盛繁荣。那里靠着私人资本从事船运业的店家鳞次栉比,而下层民众也有许多以水手为职。

顺便一提,福建有一个天下闻名的奇特风俗,据说男色非常普遍,都已经成为风俗,人不分贵贱老少,均热衷于此。产生这一奇俗的其中一个原因是福建人从事海上营生。传说船上不能有女性,否则海神会作祟使船沉没,于是船员便以男性代替,据说这就是事情的起源。这类传说也反映出福建与海洋的深刻渊源。

如此一来也就不难想象明太祖颁布禁海令闭关锁国之后福建人遭受了多大的打击,同时也不难理解为何有奸民勾引倭寇。《筹海图编》中有言"倭寇之患自福建始,乃内地奸民勾引之也",又说"向来通倭多漳、泉无生理之人",这也透露了当中的一些情况。如果不了解福建,就不可能全面地认识倭寇。

海上之狼

日本天文十六年(1547年),按明朝的年号来说是嘉靖二十六年,旧历五月四日,日本的四艘遣明船从五岛地方的奈留岛扬帆起航。船队九死一生地渡过暴风雨横虐的东海，被风吹得四散。一号船于当月十三日到达浙江台州。而三号船则于当月十四日在温州洋面上遭到二十八艘海盗船袭击，死九人，还被夺走一艘舢板。这些海盗是规模相当庞大的海盗集团。后面也会说到，这一时期，宁波洋面双屿岛周围的走私贸易正处于全盛期，因此这些海上之狼常常在此严阵以待，围猎满载货物的航船。

关于这些海上之狼的真实身份，古人留下了一些记录讲述自己的印象。就在大约五十年前的明弘治元年（1488 年），前往朝鲜南部济州岛赴任的一位李朝官员在途中接到父亲的讣告，匆匆赶回本土，途中遭遇了恶劣天气，其所乘船漂流到了千里之外的浙江南部。

他们在宁波洋面上遭到了海盗袭击，留下了记录《漂海录》（作者崔溥，全罗道罗州人，可对照日本僧人策彦所著的《入明记》阅读），其中是这样描述那些海上之狼的：

"正月十二日的傍晚，有两艘船驶来我方。一艘大约搭乘十个人，打扮都是穿黑棉裤、着草鞋，有的头上系着巾帕，有的戴着竹叶笠，披着棕榈蓑。他们吵吵嚷嚷地说着中国话，但是我们不明白，于是转为笔谈。其人写道：'我是大唐的林大，将你们从大唐购买的宝物都交出来！'然后我们交代了航船遇难的经过，将米交给了他们。之后他们声称我们可以在此逗留休息至风向好转，并将我们带到了一个岛上。

岛上有两间茅草屋，似乎是制作干鲍的人家。我们一行已经疲劳到了极点，那天晚上倒头便睡。晚上十点左右，那个林大率领二十几人，拿着刀枪，带着火炬，闯进来写给我们几个字：'我是观音佛，已经看透了汝辈的心思，如果藏有金银马上交出来！'然后他们仿佛早有预谋似的，撕抢衣物，挥刀威胁，拳打脚踢，夺去了所有东西。最后他们砍掉我们的锚石、缆绳等物扔下海去，将我们的船引至外洋，扬长而去。"①

---

① 此段作者叙述比原文略简，姑列《漂海录》原文于此，读者自辨："遇贼于宁波府界。是日乍阴乍雨。海色还白。晡，至巨岛，连绵如屏。望有中船二艘，皆带悬居舠，直指臣船而来。程保等罗跪臣前曰：'凡事有经有权，请解丧服，权着纱帽、团领，以示官人之仪。不然，则彼必哄我为劫贼，加以僇辱矣。'臣曰：'漂流海上，天也；屡经死地而复生，天也；到此岛而遇此船，亦天也。天理本直，安可违天以行诈乎？'俄顷，二船渐近，相值一船，可十余人。人皆穿黑襦袴、芒鞋，有以手帕裹头者，有着竹叶笠、棕皮蓑者，喧隁叫噪，浑是汉语。臣度其乃是中国人。令程保书纸以遗曰：'朝鲜国臣崔溥，奉王命往海岛。奔父丧，过海遇风，漂到不知何国邑地也。'其人复曰：'此乃大唐国浙江宁波府地方。'又曰：'要到本国去，须到大唐好。'程保以手指其口。其人以陆水二桶以遗，棹舟东去。臣令舟人橹入一岛以依。又有一艘亦带悬居舠，有军人可七八人——其衣服语音亦与前所见同——来逆臣船，曰：'你是何国人？'臣又使程保答如前。因问曰：'此何国地？'其人指其岛曰：'此即大唐宁波府地下山也。风水好，二日可回去。'臣又复曰：'他国人遭风，万死之余，幸到大国之境，喜得复生之地！'又问渠姓名谓谁。其人答曰：'我是大唐林大。你若大唐去，带你进去。你有宝货可遗我？'臣答曰：'仆奉使臣，非商贾者流，且漂流浮沉之后，安有宝货乎？'即减米粮以馈之。其人受而复曰：'此山系船，不怕西北风，但南风不好，随我系船！'引臣船，指一泊舟岛曰：'此可泊，可泊！'臣如其言，即往泊之，果无风，环岛中可藏船处也。其西岸有二草屋，如鲍作干家者，其人泊舟于屋下。臣之同舟人，久饥久渴久劳久不寝寐之极，得食以食，得风定处以泊，困惫支羸，相与枕藉乎舟中。夜二更，所谓自称林大者，率其党二十余人，或执枪或带斫刀，而无弓箭，秉炬拥至，闯入臣船。贼魁书曰：'我是观音佛，洞见你心。你有金银便觅看！'臣答曰：'金银非本国所产，初无有赍。'贼魁曰：'你若官人，岂不赍来？我当看看。'初，臣及程保、李桢、金重、孝子等，以济州海外地，往来无期，具四节衣服数套而往。至是贼魁即叫其党，穷搜臣及陪吏等包中衣装、舟人粮物，输载其船。其所遗者，若衣之浓沾咸水者及诸书册而已。贼中眇一目者，恶之尤甚。程保谓臣曰：'贼之始至，示若从容，见我势弱，驯成大贼。请一奋

这些人就是被称为鼠贼的集团，从浙江到福建、广东一带的沿海地方自古以来就是海盗的巢穴，历史上出了一连串声名赫赫的大海盗。

太古远的就不说了，宋末的朱清、张瑄，元末的方国珍都是史上留名的海盗，他们都是浙江出身。还有明末清初之际横空出世、与我国大有渊源的郑芝龙，清代中期艇盗之乱（以安南为后援的海盗集团，1810 年被清朝武将李长庚镇压）中恶名远播的蔡牵，他们都是福建泉州人。

另外，后期倭寇末期，与倭寇勾结的海盗吴平、曾一本等人是广东潮州出身。这些潮州海盗的大首领张琏蜚声海外，被西班牙和葡萄牙人叫作“Chang SiLao”。传说他逃亡之后，当上了苏门答腊岛上巴邻旁的王。他还有一位部下林凤，被欧洲人称作“Limahong”。

包括后期倭寇的核心人物李光头、许栋、王直等人在内

击，以决死生!’臣曰:‘我舟人皆以饥渴垂死之后，夺气于贼，故贼乘势肆暴。若与相搏，则我辈皆死于贼手，莫如尽付行李以乞生活耳。’贼魁又夺臣所赍印信、马牌，纳之怀袖。程保尾其后请还不得。臣曰:‘船中有物，可尽取去。印与马牌乃国之信，私无可用，可还我。’贼魁以印、牌还。才出篷窗，与其党列立船舷，喧嚣良久，旋入舟中。先脱程保衣袴，捆而杖之。次以斫刀截臣衣纽，赤身剥脱，背手曲脚以绑之，以杖杖臣左臂七八下，曰:‘你若爱生，便出金银!’臣大号曰:‘身可脔，骨可碎，何所得金银乎?’贼不晓臣言，解臣缚，许以写意。臣即写之。贼魁怒，嗔目张喙，指程保而叫，指臣而叫，即曳臣头发，还缚倒悬，荷斫刀指臣颈斫之。刀适误下右肩隅，刃翻在上，贼又荷刀将斩臣，有一贼来把荷刀之臂以沮之。贼党齐声大叫，莫知所谓。是时，舟人惴惧失常，奔窜无地，唯金重、巨伊山等攒手拜跪，冀活臣命。俄而，贼魁蹂躏臣身，喝吓舟人，引其党而出。截去臣船碇橹诸椽，投诸海，遂以其船导牵臣船，指放大洋，然后乘其船遁去。夜已阑矣。”——译注

的中国东南海上的海盗群体在倭寇史上构成了不可或缺的重要一环。

海运开创者

对船束手无策的蒙古人在征服并占据中原之后，也开始频繁地利用船只。这是从马向船的转换，非常值得关注。

蒙古人在军事上曾因征讨日本和爪哇而向海外派兵，同时经济上也垄断了南海贸易，没有一处不靠船运。而这些全都是动员浙江、福建、广东等地的海运力量而达成的。但是，派兵和贸易都是出于其贪得无厌的征服欲和物欲，并非关系着其生死存亡的紧要事。而当他们开始依赖船运之后，却反而丢掉了性命。

北京自辽金时代起就是国都，到了元朝，其规模愈加庞大，城里容纳了大量政府官员、军人、百姓，人口飞速地膨胀起来。自然而然地，养活庞大人口的口粮也只能依赖江南地方的供给。但是如何才能将粮食运往大都（北京）呢？宰相伯颜为此绞尽了脑汁。他首先想到的是利用连接南北的大运河，但是已经废弃多年的运河修复起来并不容易，因此他最终在至元十九年（1282 年）决定利用海运。负责此项计划的不是别人，正是海盗出身的汉人朱清和张瑄，而且讽刺的是，他们都是浙江人（准确说来是江苏，但当时属于江浙行省）。

朱清出生于长江口的崇明岛，家里打鱼为生，但他后来成了走私盐商。这份营生来钱快，但是被抓住就是死刑，因此完全是在赌命。他在这种情况下一有危险马上就会乘船远走高飞的吧。尽管如此，他也算是一个有胆气的小恶霸。张瑄则出

江浙三角洲要地

生于苏州附近的嘉定，早年丧父而沦为乞丐，最终长成了饮酒斗殴的恶少。

据说朱清和张瑄是在以米换盐的黑市上相识的，因意气相投而成了结义兄弟。两人运气不好，曾被抓进监狱，却神奇地保住了性命。这是因为前一天晚上监狱长梦到两头白虎率领群兽作乱，第二天醒来看到两人和白虎长得一模一样，于是就释放了他们。

此后两人就成了海盗，两人绕过山东半岛航行到了遥远的渤海湾，而且经过十几次的航行，发现了从江南安全到达此地的最短航路。

两人很早就归顺了元世祖，后来率领海军征战，平定各地海盗，甚至还到过南方的占婆。

伯颜的海运政策很大程度上出自他们的献策，其结果是两人被任命为海道运粮万户，一手包管了海运事宜。最初的至元二十年（1283年），两人只运输了四万六千石，但第二年（至元二十一年）就达到了三十万石，而后到了二十七年，实际上达到了一百六十万石的巨额数字。

两人将根据地设在了现在的太仓。那时候太仓的户数不足百轩，而海运开始后，粮草库设在当地，运输船从八方云集而来，当地形成了一个巨大的市场。同时，两人的财富也成为江南之冠，苏州大部分肥沃至极的田地都归其所有。

如此一来，小恶霸们的势力就坐大到了能左右天下粮仓的地步。这也可以看作是浙江人商业精神的例证吧。朱清和张瑄都变得权势熏天。尤其是张瑄，据说忤逆他的人都被绑起来流放到了海上。只不过他在第四位夫人面前却抬不起头来，其豪华的宅邸也被叫作"四夫人府"。仔细想想，元朝这时应是被海运迷了心窍，以致最终作茧自缚吧。对元朝来说，海运就是生命线，一旦切断就只能束手就擒，此事显而易见。而如此重要的海运，元朝却托付给了很懂算计的浙江人。

结果元朝末年，就是在浙江出现了海盗方国珍。他操纵着海运，将元朝玩弄于股掌之间，光荣地成为元末群雄中的首号人物。

北地狱、南天堂

既然说到了海运，接来下就说说运输的货物吧。不用说，所谓货物指的就是大米。

很久以前中国就流传着"江浙熟，天下足"的谚语。江浙指的是江苏南部和浙江北部，也就是长江三角洲地带。这句谚语说的是，如果这些地方丰收了，就不用担心天下没有饭吃。

这是元灭南宋时候的情况：

华北、华中由于靖康之变和金朝灭亡而两度经历动乱，大地一片荒芜。因此在来到此地的蒙古人看来，江南之地简直就像是天堂一般，引人无限向往。在平定江南之后，北方的汉人为了生计而陆陆续续移居江南，而且赴江南工作的官员在任期结束之后也完全没有返回的意思。心急如焚的世祖为此想了一个对策，在至元二十三年（1286年）颁布命令，在黄河、淮河、长江的渡口设置监视官，除了有公务，禁止所有人前往南方。正可谓北乃地狱，南为天堂。

说来江南的富足可不仅仅是有大米，江苏、浙江还是盐的大产地，也是生丝、棉、绢织物的主产地。简而言之，江南就是中国经济的大动脉。

现在我们就来看看元朝末年的元统、至元年间中央财政对江苏、浙江的依存状况。

租米方面，从全国汇集到大都的一年份总额大约是一百三十万石，其中江浙占了40%左右。在租米之外，还有金三百锭（锭：①重量单位，一锭等于五十两，一两大约为37.3克；②纸币单位，交钞一贯等于一两，交钞两贯可换银一两，其后交钞的价值暴跌）、银一千锭、钞一千万锭、生丝一百万斤、棉七万斤、棉布四十八万匹，而江浙负担了其总额的一半。江浙地方真可谓是元朝的命脉。

占据这个宝库地带的就是元末群雄之一 —— 张士诚。

海运为方国珍、粮道为张士诚所控制后，大都的情况十分凄惨。

元朝控制不了这些逆贼，相反地，他们苦苦哀求才好不容易拿到了十万石粮食，然而这也不过是一时之策。那时候首都大都的米价都涨到了一斗六两银的地步。

明代洪武九年（1376年）米价是一斗百文铜钱，因此上述价格几乎是其六十倍。另外，这一时期日本的米价换算过来的话是六十文上下，所以日本的米价大约要便宜三成。不过日本和明朝之间铜币的价值并不相等，所以我们并不清楚这种比较是否正确。而且在洪武三十年前后，明朝的米价也下降了，是洪武九年时价格的四分之一。这样一来，反而是日本的米价要高出两倍以上了。

另外，大都不仅被切断了南方的粮道，更赶上了华北爆发大饥荒。大都的王公贵族们身披锦绣，珠玉缠身，却在艰难地忍饥挨饿。普通民众的惨状更是让人不忍直视，饿死者将近一百万，据说大都的十一座城门外都挖了万人坑，用以掩埋尸体。那时候数百只猫头鹰通宵达旦地厉声叫唤，持续了数月之久。据说居庸关的杜鹃鸟都叫了，这是天下的凶兆。

都城之内阴云密布，有识之士在窃窃私语 —— 元朝的气数怕是不长了。

市民之都苏州

刚才介绍了"江浙熟，天下足"这句谚语，其实还有一句同样意思的谚语"苏常熟，天下足"（载于南宋陆游〔1125—1210年〕《渭南文集》），这也是人们常用的。

所谓苏常，指的是苏州和常州，两地都是江南三角洲地区的中心。

据说，早自唐代开始，全国所纳的税粮就有九成来自江南，而江南地区税粮又有九成是由长江三角洲地带负担的。若仅看这一三角洲地区更会发现，其中高达九成税粮是由苏州、常州、松江、嘉兴、湖州五府负担的。在此当中，苏州一地就缴纳了天下税粮的十分之一，这真是可怕的沉重税负。不过，这也说明苏州拥有足可承受重负的生产力。苏州就是这样冠绝天下的粮仓。

而且，苏州还以绢织品闻名于世。

苏州经由大运河而南通杭州，北连镇江，又得长江舟楫之便，所以这里不仅是生产重地，同时也是交通咽喉。其繁荣自宋代以来就屡被赞颂，人称"上有天堂，下有苏杭"。苏杭指的就是苏州和杭州，苏州与南宋的国都一起，被称为地上的天堂。

元代北方的大都会是真定。但是据到此游览的江南人所言，真定的人口还不到苏州的十分之一。

苏州是商人的城市，这片土地上就是商人说了算，这点和日本的大阪非常相似。苏州城内住着许多大小富豪，这里便举个例子吧：

元末明初之时有一位叫沈万三的传说中的富豪，其财富天下第一。据说明太祖营造新都应天府（后来的南京）的时候，沈万三独力修建了应天府三分之一的城墙，从洪武门一直修到了水西门。此外还传说，他申请向太祖献金，太祖说自己有百万大军，他回答说可以一军给金一两，于是太祖深恶其财力，欲除之而后快。故事自然是越大越有趣，这已经变成了传说，不免有夸张的成分，不一定能当真。但是面对着开国豪杰，沈万三竟然一步也未退，他的这种心气备受人们喜爱。另一方面，这个故事也反映出苏州人身上有一种决不屈从于传统权力的商人气质。

那么，沈万三的财富是来自何处呢？据说他最初是由小地主起家的。而到了万三儿子这代，其家族拥有的土地已达到了数千顷（一顷为百亩）。而且他们的田租甚高，每一亩榨取九斗三升。苏州的田租沉重，据说就是从沈家开始的。总之，沈家收取的年贡米据推测有三四十万石，或者是五六十万石，这收入已经达到日本封建大名的级别了。另外值得注意的是，沈家还从事国外贸易。记录显示沈家还曾经营景德镇的陶瓷，至于苏州的绢织物想必就更不用说了吧。

由此来看，很明显沈家是通过经营土地并参与国际贸易而发展起来的。由沈家的例子类推，苏州的其他富豪应该也是凭同一手段置产兴业的吧。

另外，常熟以北的福山港有曹氏，其所收年贡米多达三十六万石。常熟则有徐氏，其财力号称常熟第一。两人都是仅逊于沈氏的大富豪。

可见在苏州、常熟，有很多可与日本大名相比肩的大富豪。

而他们过着纸醉金迷、极度奢华的生活。

　　另一方面，苏州并不是一个新兴城市，早在春秋时代它
就是吴国的国都，自身有着深厚的历史底蕴。但是在此后很长
时间内，苏州都不再是政治城市。而正因如此，苏州才发展出
了独特的市民文化。元代，苏州的富豪们凭借着其雄厚的财力
成了传统文化的支持者。

　　沈氏对书画古董的收藏很有名，常熟徐氏也与诗人杨维
桢、元末四大家之一的倪云林、文人陈基等人交好，极力厚待
他们。

　　因此，苏州文运兴隆，学者和艺术家云集。那里有着一
种不献媚政治和权力，即所谓反权力的传统。这不禁让人想起
日本的大阪市民，他们也创造出了浪花文化①。明太祖对苏州
百般厌恶的原因也正在于此。苏州是如何经受住种种考验，如

杨维桢像

————————
① 日本大阪又别称"难波""浪花"。——译注

何保住传统并延续繁荣的，我们之后还会再次提到。

总而言之，福建的海运、江浙的生产力及其商业气质，往往带有浓厚的国际性，他们与倭寇的结合也是根源于此，这是我们必须强调的一点。

中国的南北

元明的交替，在某种方面意味着汉人将蒙古人驱逐出了中原。在明兴起之前的元末，汉族中已是群雄并起，而群雄当中唯有明太祖最终成就了帝业，某种程度上怕也是中国南北的地域差异使然。

在宋金长期对峙的时期，两国的国境线基本上是以现在的淮河为中心。这种历史性的国境线其实也是自然的分界线。中国是农业社会，但往下细分还可以分成淮河以北的小麦地带和以南的稻作地带。

而据林语堂（中国现代学者，作家。以下内容摘自其《吾国与吾民》〔原著英文〕）所言，中国在很早以前就流传着这样的说法：食米的南方人坐不了帝座，啖馍馍的北方人则可以。实际上这说的是，北方人本质上是征服者，南方人则主要是商人。

关于此点林先生还进一步做了分析，他说除了带有突厥血统的唐朝，历朝历代的开国帝王都出自如今陇海铁路周围的地域，范围包括河南东部、河北南部、山东西部、安徽北部。如此说来，明朝的太祖也恰好出自安徽北部的凤阳。

这其实是个颇为敏锐的观察，群雄当中唯一一个食面的明太祖之所以能够成功，有一半理由在此。

　　此外林语堂还说，相较于上海附近的民众，北方人民在各方面都接近于蒙古人。他们生性保守，不担心精力丧失，适应着风土而服习于简单的思考方式和艰苦的生活。他们个子高大，筋强力壮，为人亲切，洋溢着幽默感，常有天真烂漫之态。

　　另一边的江南人则是这样的：他们居住在中国的长江以南和东南沿海，习于安逸，文质彬彬，巧作诈伪，智力极为发达而体格衰退，喜爱诗歌并享受生活，吃着燕窝和莲子。他们是肌肤光滑、个头矮小的男子，以及纤细、敏感的女子。因此，他们在战争中不堪一击，对方高举的拳头还未打过来，就已经跌倒在地喊娘了。① 真是风趣的描写。

　　关于苏州人，明代的记录也反映出林语堂所言的一面。他们中的游民不留一点积蓄，完全是有一天过一天的活法，有工作的话还勉强能够生存，一旦失业就只能饿死街头。

　　这样的世界中出现了倭寇骚乱，简直是一片狼藉。明朝的政治家也都对江南人束手无策。

---

① 　以上描述参见林语堂《吾国与吾民》第一章第一小节"南方与北方"。——编注

第二章　鼎革前夜

群雄竞起

元朝的灭亡远不如其他王朝颠覆时那样剧烈，极少令人热血沸腾。虽说汉人挑战蒙古帝国这种事情很让人期待，但就其实际情况而言，正如此前所述这是一场马与舟的战争，因而恐怕并不会像短兵相接地对抗那样扣人心弦。倒不如说，骑马的一方，是丧失了成吉思汗时代的精悍，终日沉湎于酒色而肌肉松弛的蒙古贵族；驶舟的一方，则充满着林语堂所说的商人味道。因而他们的战争只是一个劲儿地磨磨蹭蹭，让观者心焦。

不过，这也正是这个时代的特色：相继兴起的群雄一个个地完成他们的历史使命，运气终了又将接力棒传给下一人，而接过最后一棒直奔终点而去的便是明朝的太祖。

首位枭雄

第一位枭雄当数海盗方国珍。他生于浙江黄岩，曾与兄弟们一起贩盐并从事漕运。此人可谓是知人善用的统帅之材，但是极为狡猾，是个彻头彻尾的见风使舵者。而且他行贿时毫不在乎商人的形象，如同獾那样小心谨慎。在群雄当中，只有他一个人活到了最后得以安享晚年，这实在是一位奇特的人物。

他在至正八年（1348年）揭竿而起，其缘由如下：

方国珍有一个商业对手叫蔡乱头。当时发生了一件大事，海盗党徒袭击了驶往元都的海运船队，并杀害了队长。然而海上力量薄弱的元朝官吏无力将其逮捕，只好敷衍了事。蔡乱头见此，放言称"国家不足为惧"，其后转而当上了海盗，成了不可小觑的一方势力。县官许诺，谁能逮捕蔡乱头就给谁官爵，方国珍以为既可报仇又可封官，便召集了数千之众出征讨蔡。蔡乱头听闻此事大乱阵脚，慌忙自首并贿赂元朝官吏，最终仅获微罪。但是对方国珍心怀怨恨之辈向官府告密，称其内通蔡乱头。由此方国珍大怒，杀了告密者，并最终与兄弟同谋，举族做了海盗。以上便是其举兵的个中缘由。

转瞬之间，方国珍便成了强大的海上势力，大肆劫掠元朝的海运船队。事态越来越严重，官府无法再坐视不理，于是派出水军驱逐方国珍，一直将其赶到福建首府福州附近。方国珍自觉无望，于是放火烧掉己船随波漂流，而官军见其火光误以为是敌人来袭，顿时自乱阵脚，结果官军指挥官反而成了方国珍的俘虏。死里逃生的方国珍威胁指挥官，遂从元朝处受封

元末群雄割据要地

宁波：方国珍
亳州：韩林儿
高邮：张士诚
濠州：郭子兴
蕲水：徐寿辉
九江：陈友谅
延平：陈友定

了期盼已久的官爵。从此之后，他打着元朝官吏的旗号公然干着海盗的行当，不断侵扰沿海一带。

至此，中央政府任命孛罗帖木儿为大将讨伐方国珍。方国珍此前尝到了火攻的甜头，这次也以火攻应敌，乘夜潜入元朝水军中放火，元朝军队又一次不战而亡，孛罗帖木儿也成了俘虏。方国珍恐吓俘虏，再次要求元朝授予其高官显爵。俘虏当中有位高丽宦官，他曾经服侍过高丽出身的祁皇后，通过这层关系，方国珍终于如愿以偿。

如前所述，海运是国都的生命线，绝不能落入他人之手。而元朝竟然只能任由方国珍为所欲为，可见元朝之不善舟船。

另外，元朝不但不惩罚国贼，反而授予其高官，这也暴露了其虚弱无力的实态。终于，天下卷起了一股反元的风潮。

摇摆不定的方国珍在此后几乎每隔半年就重复一次反叛、归顺的戏码，一旦情况不利就使出行贿这一绝招。后来辅佐明太祖的刘基此时还是浙东元帅府都事，他强硬主张"国珍当斩"，方国珍就向他行贿，在遭到了回绝后便派人由海路远赴大都向高官行贿。这便是方国珍做事的方式。

后来方国珍瞄准时机，率领千余艘船突袭元朝的海运基地刘家港，彻底烧毁元朝的运输船，将太仓里堆积如山的粮草掠夺殆尽，终于制住了元朝的死穴。此时，中原以红巾军为首的群雄蜂起，元朝不得已之下只能任命方国珍为江浙行省参政，令其掌管海运。这就像是将自己的性命交给了强盗一般。

如此这般，方国珍凭借着强大的海上势力成了称霸一方之枭雄。但是，此后他依然彻底奉行机会主义，八面玲珑地应对明太祖和其他群雄，反复无常，叛服难定。

江南特使

浙江有方国珍，江苏有张士诚，江南有红巾军，在此天下风云变幻莫测之时，元朝政府为了保住江南，紧急派出了宰相级别的高官，并授予其军事与民政大权。担此重任的是蒙古大贵族的公子达识帖睦迩。

达识帖睦迩是中亚康里国 [①] 王族的后裔，素有才高之名，

学于太学，深研经史，长于书法，是颇具汉学素养的青年贵族。他身负重任赶赴杭州的时候，南北已为群雄阻隔，江南之地处于孤立状态。然而他辜负了众人的期望，四处横征暴敛，索取贿赂，公然卖官鬻爵，开启了极端腐败的政治。世间的积怨深重，他丝毫不放在心上，投敌者接连不断，他也一点都不介意。

至正十六年（1356 年），张士诚夺取苏州，直逼杭州，达识帖睦迩带头逃往内地。此时元朝一侧兵力薄弱，于是命令精悍的杨完者率领勇猛的苗军驻屯嘉兴。多亏了这支军队，张士诚的进攻才被阻挡，杭州得以保全。自此之后，达识帖睦迩完全依赖苗军，对杨完者唯命是从。也因此，虎狼一样的苗军在富裕的杭州大肆掠夺施暴，毫无节制。

另一方面，张士诚感到杨完者究竟是个棘手人物，于是策略一变，假意降元，而请杨完者为其从中斡旋。杨完者不疑有他，向达识帖睦迩转达了张士诚之意。当时识破真相的达识帖睦迩曾一度想回绝，但最终还是接受了张士诚，甚至授予了张士诚元朝的最高荣誉爵位 —— 太尉。由此张士诚便成功地在杭州确立了据点。然而从达识帖睦迩的角度看，前门有虎张士诚，后门有狼杨完者，他处在两面夹击之中，这实在是穷途末路的无奈之计。

讽刺的是，达识帖睦迩因驯服暴徒张士诚使其归顺元朝而获得了中央政府的嘉奖。而到了此时，他恐惧杨完者的强压，又与张士诚密谋杀死了杨完者。但是其结果无异于自废手足，所以反被张士诚监禁在嘉兴。不过这位江南特使仍然毫不介怀，悠然地与妻妾日夜举宴，放歌高吟。张士诚有何要求他都答应，如上书朝廷请授张士诚王爵，张士诚逼其隐居，他就向大都上书请辞。

这时，张士诚又威胁元朝的江南御史台交出官印，对此坚决不从的蒙古高官从容沐浴净身，赋诗二篇，然后饮毒自裁。听闻此报的达识帖睦迩也不禁怅然，决心赴死。他命仆从奉上毒酒，自饮身亡。这位放纵的享乐主义者最终却是这般结局，实在不可思议。自他死后，富饶的江南之地就再未落入元人之手。

盐党兴起

江南被元朝视为金库粮仓，而占据着这片沃土的正是吴王张士诚。他此后和明太祖争夺天下霸权，一直坚持到最终。而他又与方国珍不同，他的存在极大地影响了大明帝国，因而有着重要的历史意义。

张士诚出生于江苏南部泰州附近的白驹场（位于江苏兴化东北的串场河附近）。江苏自古以来就以淮盐闻名于世，这里是中国最大的产盐地。据说当时江苏沿海的盐田区有三十六处，而白驹场也是其中之一。盐是国家收入的一大财源，历朝历代都将其定为官方专卖品，因此不得不严防死守，以阻止其流向民间。淮盐的情况是，盐从生产地被集中运送到指定地点，官方在那里核实数量并记录于账，以防止其流出为私盐，也就是走私盐。白驹场所产的盐便是由政府认证的运盐商人经手，通过运盐河用船运至泰州的。在此过程中，一些人将私盐

张士诚像

藏在官盐当中，悄悄地投入泰州市场。张士诚也是这些商人中的一个，他和三个弟弟合作，一起运盐走私。

张士诚手腕强健，不惜金钱，因此很有人望，总之是个头领型的人物。

在兄弟团结、盐、船等方面，张士诚和方国珍有许多共同点，不过他们一个是海盗，一个是私盐贩子，还是有差别的。但是呢，张士诚终究也属于吃南方米的商人。

他与三位弟弟和壮士李伯升等十八人在至正十三年（1353 年）起义，事情的经过如下所述：

此前，安徽北部到河南一带已经出现了红巾军，其势甚至波及江苏。而且在长江门户江阴地区也出现了起义。这里要注意的是，镇压这些起义的不是已经衰弱不堪的官军，而是盐党。

　　江苏是产盐地，生活着众多从事制盐工作的盐丁。他们在炎炎烈日之下也要进行重体力劳动，体格十分强壮，因此一直以来常被征调去镇压叛乱，衰弱的元朝也对他们进行了动员。在此之后，元朝又征募了五千人用以镇压徐州的红巾军。

　　如此一来，盐党们察觉到了自身的力量，当然不甘于再忍气吞声。结果，盐党的老家江苏也爆发了起义。张士诚所在的泰州有一位名叫王克柔的富商，为人大方豪爽，不惜金钱，好结交游侠。王克柔首先起事，但他立马就被捕，被关进了高邮的监狱。他的手下李华甫平日里多承其恩顾，找到了张士诚谋划营救他。官吏们察觉到形势不对，于是反其道而行之，封李、张二人为泰州判和千户，让他们负责泰州的治安管理。然而泰州的有钱人看不起私盐贩子出身的张士诚，当中甚至有人赖他的账，尤其是泰州自警团中的某弓手用极其恶毒的手段欺压过张士诚。忍无可忍的张士诚召集了此前提到的十八人，合谋首先杀了自警团中的那个人，然后又放火烧了富人住宅，还杀了同党李华甫，夺取了盐党的主导权。

　　就这样，张士诚率领盐党发动了起义，还占据了泰州。这时他所用的旗帜都是红色的，这个颜色恐怕是用以象征阴阳五行说中的火德。由此看来在他心中，北方的元是水，南方是火，而火必将战胜水。

　　张士诚一鼓作气攻陷了泰州以北的兴化，又占据了位于高邮湖东岸的要地高邮。在此期间，元朝曾多次试图招抚他，但他丝毫不为所动。至正十四年（1354 年），张士诚登基号"诚王"，定国号为大周。这是因为五行说认为周是火德。这里值得注意的是，由于采用了这个国号，他们与同样使用红色的红巾军就有了区别。在此后张氏政权的变动中，我们会清楚地看到此间的不同。

高邮之战

面对张士诚揭起的反旗，元朝急忙设立了淮南江北行省对其进行封堵，行省的行政中心设在了盐都扬州。在这种情况下设立的行省类似于为应对战争而临时设立的军管区。这种做法虽然是由元朝开创的，但后来红巾军也对此进行了模仿。

在此期间，元朝方面试图以高官厚爵对张士诚进行怀柔，但并不成功，反而使刚才提到的扬州城遭到了攻击。此前提及的江南特使达识帖睦迩也一败涂地，后来借着苗军的支援才好不容易卷土重来。

形势如此严峻，元朝决定要放手一搏了。至正十四年十一月，被誉为元朝最后一位贤相的脱脱（1314—1356年，蔑儿乞惕部之人。他一改伯父伯颜的暴政，恢复科举，录用人才，并主持编纂了《辽史》《金史》《宋史》）亲自上阵，率领着号称百万的大军直逼张士诚盘踞的高邮。元军西有来自遥远西域回鹘的援军驰援，东有来自高丽的二万三千人大军助阵，此阵容可谓是元朝兵力的总动员。用这样的军队对阵不足挂齿的淮南盐党，实在是非比寻常。

不过，这里其实是有原因的。元朝认为淮南的盐党和淮西的红巾军有联系，给淮南致命一击将会有利于对淮西的征讨。而且元朝已经失去了淮盐，自然更希望牢牢控制住江南这一宝库。不管怎么说，这都是投入压倒性的兵力以防范贼人蠢动的一种策略。

脱脱的大军所向披靡，击破张士诚军的同时又分兵占领了西边的六合，切断了他和红巾军的联系，并最终包围了高邮城。如此猛攻实在难以抵挡，高邮城中天天都在议论降服之事，唯恐罪大难赦。而进攻的那方也得意扬扬，以为攻陷只是迟早的事。

然而这时出现了一道晴天霹雳，朝廷发来密敕剥夺了脱脱的军权，并勒令全军撤退。这全是因为佞臣哈麻所进的谗言。对密敕内容有所觉察的参谋给脱脱献策，让他切莫开封，应该继续进攻。然而忠诚的脱脱不听，还是打开了封函，并立刻就服从了皇帝的命令。悲声响彻全军，而按照敕命，元朝的大军即日便分崩离析，四散而去。其中甚至有人来不及撤退，因而转投了红巾军，比如赶赴襄阳的铁甲军等部队就成了其中的精锐。

元军以一种不可思议的速度撤退了，这也是因为哈麻的策略。他在从军的高官子弟家中安插了密使，恐吓他们如果密敕到达之时不立即撤退的话就屠杀其全家。

宛如风中残烛的张士诚就此逃过一劫，而另一方面，元朝在这场战役之后转瞬便失去了江南，还使得敌方的红巾军更加壮大了。高邮之战真可谓是左右天下大势的决定性战役。

吴王据苏州

高邮之战后，江阴的一个反贼以妻儿为人质取得了张士诚的信任。他向张士诚大力陈说江南的广阔和财力，以及美女和绢玉之多。正好高邮一带庄稼歉收，张士诚因此甚为心动，便派弟弟张士德向南行进。他的三位弟弟当中，士义已经战死，而末弟士信愚钝，后来致使吴国灭亡，只有士德是其兄的得力助手。

张士德率兵从通州渡过长江，在对岸的福山港登陆，第一战首先攻克了常熟。此时元朝在江南的兵备非常脆弱，官军基本上已经崩溃，仅有一些由临时招募的农民匆匆组建的军队，而且部将之间还陷于不和，因此张士德的军队轻而易举地就占领了苏州。不出所料，苏州城内堆满了像小山一样的粮草和兵器。至正十六年（1356年）三月，诚王张士诚意气风发地进驻苏州。他暂且以承天寺作为王宫，任命易者李行素（准确地说，他其实是个阴阳术师。张士诚以"大周"为号并用红色，大概也是出于他的唆使）为丞相，并令张士德统管军事。

但是第二年张士诚就痛失了作为其左膀右臂的弟弟张士德，事情经过是这样的：

张士诚进入苏州城后，红巾军的一位部将朱元璋，即后来的明太祖也恰好于同年同月占领了集庆路，即后来的应天府（南京）。双方马上就展开了前哨战，士诚试图用水军攻击镇江以制敌先机。因此，战斗首先由船战开始。其后张氏一侧转变策略，转而夺取江南特使所在的杭州，他们送去了数万水军，但却被占据嘉兴的苗军统帅杨完者击得粉碎，大败而归。

在此期间，朱元璋军逐渐从西方逼近，夺取了连接长江门户江阴和浙江内地的要塞长兴，楔入了张吴国（张士诚后称吴王，所以一般以此称呼其国）的内部。至此，张氏一侧通往西方的水陆两道都被堵住了。朱军还进一步从江阴进逼苏州的前线基地常熟，张士德为了打破危急局面亲自率兵作战，但是不幸战败成了俘虏。他生性刚直，对朱元璋的厚遇不屑一顾，断绝饮食，不发一言便从容就死。不过，他也不是有勇无谋的莽夫，也曾思考过在他死后张氏政权的将来。据说他在关押期间给兄长张士诚送去密信，力陈张家想要继续生存，除了降元之外别无他法。

结果，张士诚派出亲信周仁到杭州拜见了江南特使达识帖睦迩，终于成功投降。元朝对他既往不咎，任命其为太尉，并任命张士德为淮南行省平章政事。昨天还是敌人的杨完者在其间起到了斡旋作用，这点我们此前已经讲过了。张士德的这个苦肉计，多半是出于下面的想法：

他在被关押期间接触了朱元璋的军队，这是一支他从未见识过的可畏劲旅。他们衣装简陋，却精悍而军纪严明，抱着不可思议的信念而团结在一起。这大概是因为在他们背后还站着以爆发之势逐渐风靡天下的宗教军吧。张士德似乎由此察觉到，要与之对抗，尚需要与君临北方的威严的元帝国联合。

从张氏政权此后的发展来看，张士德的判断是正确的。他们首先与南方的方国珍达成和议，解除了方氏海军进逼咽喉之地昆山的威胁。其后又与达识帖睦迩合谋，打倒了无论如何都无法战胜的杨完者，并最终成功地架空了达识帖睦迩。

如此一来，张氏政权占领了淮南、江浙两省，其地域南至杭州，北达山东，被称为天下宝库的两淮和江南三角洲地带都归其统治。而且他们还得到元朝的官方认证，洗去了盐贼的污名，并获得了曾对其爱答不理的江南统治阶层的协助。

张士诚的功与过

苏州是由财富积聚而成的市民之都，厌恶杀伐和强迫，热爱其引以为傲的自由和享乐。另外，就像丝绸和美人所象征的那样，这是一座具有柔和气质和纤细美感的城市。胸襟宽广的张士诚来当苏州的统治者简直是天作之合，而他事实上也相当受崇敬。

传闻在这一时期的嘉兴流行着这样的民谣："死不怨泰州张，生不谢宝庆杨。""张"指张士诚，"杨"指的就是那个苗军统帅杨完者。张军进攻嘉兴的时候被苗军击退了，但苗军在嘉兴胡作非为，暴行罄竹难书，因此才诞生了这首民谣。即使在战乱中死去也不怨恨张士诚 —— 这里反映出庶民的支持。而且，并不仅仅是庶民支持他。

张士诚喜爱文人学者，对他们十分优待。他甫入苏州，便设立了翰林学士之制，开设了弘文馆。特别是在他降元之后，文人官僚更是公然地出入他的居所。达识帖睦迩在杭州的秘书 —— 享有文人书法家美称的周伯琦受官命来到苏州后，张士诚赐予他宅邸加以厚待，从此周伯琦日夜与苏州的文人和风流之士欢聚，不觉忘返，一待就待了十余年。

此外还有风流政客饶介（江西临川人，号华盖山樵，此时官任咨议参军事），也是受官命往苏州任职，从而加入了张氏的幕府。在他门下诞生了当世首屈一指的诗人高启和杨基等吴中四杰（高启、杨基、徐贲、张羽，其中高启名声最大，而四人均死于非命），在诗坛大放异彩。这些人在此后都被明太祖杀掉了，但不管怎么说，曾有众多文人墨客齐聚在苏州这座城市。

当然，其中多是些奔着张士诚的财力而来的俗流文士，但就算如此，那也是因为张士诚镇守的苏州是个舒适的去处。

文人杨维桢拒绝了出仕的邀请，但对张士诚抱有好感，他曾这样称赞张的长处："士诚善听人言，持身非常谨慎，他的军队也不好杀戮。"①

但是，他的长处也是他的短处。

高启像

---

① 《国初群雄事略》卷七：兵不嗜杀，一也；闻善言则拜，二也；俭于自奉，三也；厚给吏禄而奸贪必诛，四也。——译注

他的大气让其无条件地信任人，不疑受降之人，也不咎败战之将。明太祖是这么评价他的："我对件件事情都绷紧了神经，绝不容忍违法乱纪，可即使这样还会被人骗。而士诚长年深居宫闱，大门也不迈出一步，又不理政事，还不被人骗就太奇怪了。"①

他所率领的运盐工如今都成了国家的元勋和高官。榨油的、做面条的、拉车的成了博士，剃头的成了待诏，下人、奴仆成了次官，代笔人成了大臣，简直宛如一个暴发户的天下。

尤其是张士诚的弟弟张士信，愚蠢而遭人嗤笑。他在豪华的大宅里藏了一百多位侍妾，命令她们学跳天魔之舞。据说他家在池塘里采莲用的小舟是用沉檀制作的，一晚的宴会就要耗费一千石米。

正所谓上行下效，他的部将们也是一个作风，将妓女带至战场寻欢作乐，沉迷于歌舞和赌博不能自拔。

就凭这些在战场上是不可能取胜的。张士诚究竟也不过是一介商人，而不是征服者。

《水浒传》的世界

让我们将目光从阳光明媚的江南转向北方。从所谓的中原之地河南，沿着淮水，直到安徽和江苏，这片地方是一望无际的大平原。但是不同于江南的是，这里土地贫瘠，性情暴躁

---

① 《国初群雄事略》卷七：我诸事无不经心，法不轻恕，尚且人瞒我。张九四终岁不出门，不理政事，岂不着人瞒。——译注

的黄河频繁地变更着河道，并在金、元时期淹没了山东南部，流入了淮水。

由于这些情况，这片地区常常爆发洪灾和旱灾。又因原野辽阔无边，整治起来十分困难。总而言之，这里有着严酷的自然环境，一旦遇到旱灾就会出现饿殍遍野。农民们不愿离开故乡，只能吃草和土，但那也是有极限的，一旦超出了极限就只能踏上流浪的旅途，也就是沦为流民。人们寻找着海市蜃楼一般的食物，像无头苍蝇一样乱窜，东边的人跑到西边，西边的人跑到东边。饥肠辘辘的众人之中一旦出现了实施救济的传道者，大家都会侧耳倾听，然后便盲目跟从，这是非常自然的道理。由此这里便成了红巾军兴起的地盘。

但是，即便笼罩在如此不安的气氛之下，要出现暴动，最终发展成起义，也还需要有人去点燃导火索。充当这个角色的通常是仁侠一类的人物。

严酷的自然环境中，换个说法就是弱肉强食的世界中，只有拳头才是真理。因此这里也是以"贼"为名的人齐聚之地，从山贼、马贼到盗墓贼，数不胜数。但是即便在这样的世界中，勇于反抗权力而锄强扶弱的人物也一样受人敬仰，他们就是仁侠。著名小说《水浒传》的魅力之一就在于此。在元末兴起的红巾军中也有同样引人注目的人物。

《水浒传》的舞台是山东西南部的梁山泊，临近江苏北部的徐州。元末占据此地的是芝麻李，他的本名叫李二，因曾在饥荒时搬空了自己的芝麻仓库以救济他人而得名。他便是一位仁侠。某日，他与邻人赵君用聊天，说道："在上之人忙于他事，对百姓疾苦不闻不问。有传言说南边的颍上已经竖起了香军（红巾军）的旗帜，而官军毫无应对办法。如此说来，现在就是男子争取富贵的绝佳时机！"①赵君用是赵氏的社长（元代为劝农而组建的地方自治团体，五十家为一社，以懂得农事的年长者为社长），他立马就推荐了好几名同党。当中有一位叫彭二的男子，勇悍而有胆略，赵君用表示要亲自登门邀请。彭二当时正在磨斧，准备砍些柴火进城换米，一开始听说要造反颇感犹豫，但知道其中还有芝麻李后，立马就答应了。

然后八人就以芝麻李为盟主，歃血为盟。这就是游侠的仁义世界，这就是他们团结起来的办法。

决心起义的八人在夜半时分攻入了徐州城，天一亮就竖起大旗募集勇士，瞬息之间就召集了上万人。他们的势力转眼就从徐州的近郊发展到安徽北部，最终汇入了红巾军。这样的党徒在各地涌现，此前提到的饥民群体也和他们同声共气。这就是红巾军如燎原之火一般急速蔓延的原因。

弥勒佛下凡

在华北民众中风靡一时，改革了社会的宗教之本尊是弥勒佛。"弥勒"是梵语当中"慈悲之人"的意思，人们认为这尊佛会在佛灭的五十六亿七千万年之后现身世上。他的使命是重整这个污秽之极的浊世，将其变成乐土。

---

① 《国初群雄事略》卷一：朝廷多事，百姓贫苦无告。吾闻颍上香军起，官军无如之何。此男子取富贵之秋也！——译注

　　在日本提到弥勒佛，大家脑袋里都会浮现出其面带神秘微笑的端坐之姿；但在中国，弥勒佛则是一个肥硕的、带着福相的布袋神，这是一个民众亲近喜爱、从心里认可的形象。那么，这些人打着这位伟大布袋神的旗号，声称要重整人间，具体来说又要做些什么呢？

　　首先，应该就是打倒那些将民众逼迫至悲惨深渊的贪官污吏，以及那些敲骨吸髓的有钱人吧。然后，发展下去，最终必然是要打倒这一切的背后元凶——政府和国家。

　　这种弥勒信仰认为未来必有乐土出现而对现实进行着破坏，实在是危险的宗教。

　　说到视现世为秽土从而向往净土的思想，其中有一种叫阿弥陀信仰。这种信仰主张，在这个充满痛苦的世界上，人们应一心一意地念佛修行，祈求在死后能借助阿弥陀佛的力量，往生其所在的西方极乐净土。但是无知的民众很难具体地想象出极乐的样子，因此就需要人工地将其展现出来。因此，其信徒便会在神秘的夜晚，将善男善女召集于一堂，在明灯之下燃香、念偈，直到清早才解散众人。这是因听闻佛法而心生喜悦的法悦世界，完全能让人感觉到这是通往极乐的入口。

　　从南宋到元代，以此净土信仰为基础的民间宗教有白莲教和白云宗。他们主张禅与净土教是一致的，在此基础上又加入了弥勒信仰，甚至还引入了摩尼教的因素。

　　中国人将摩尼教称为明教，这个宗教被认为是3世纪前后由波斯人摩尼所创，糅合了基督教、琐罗亚斯德教、佛教的要素。其教义主张世界分为善的光明和恶的黑暗，而摩尼自己是来自光明世界的预言者和拯救者，为了改变世界而现身于当世。这种异国的信仰与弥勒信仰颇为相似，也被白莲教吸收了进来。

信徒为了确保能够前往极乐，必须严格遵守戒律：不食荤腥，不饮酒，还有不杀生，不蓄金钱，积极地将财富捐给教会。

因此，在宋元时代，白莲教屡屡被当成"喫菜事魔"的邪教，遭到打压。也就是说，这是侍奉恶魔的素食主义宗教，所以不能存在。政府方面担忧如果士兵信奉了这个宗教，会成为老实本分的人，一个劲儿地只想攒薪水，军队可能就会丧失锐气。当时被白莲教徒指责为堕落的禅宗对其非常敌视，士大夫官僚也与禅宗同声共气。士大夫官僚接受的都是"男女七岁不同席"的教育，他们叱责男女通宵同坐的行为是扰乱风俗。但实际上，其真实原因是他们的女儿和侍妾一个个都变成了信徒，所以他们无法再坐视不理了。

政府、官僚、御用宗教就是这样结成了利害一致的同盟，共同打压白莲教。元朝是支持信仰自由的，但却出于财政方面的考虑对其进行压迫。举例来说，白云宗等宗教在某个时期曾一度拥有江南良田两万顷，元朝就慌忙将其禁止了。

但是，一旦打压宗教迫使其转入地下，就成了法难，结果反而是火上浇油。此后百姓信仰的重心就由温暾的阿弥陀信仰转变成了积极主动的弥勒信仰。

虽然在富饶温软的江南是阿弥陀信仰势力强大，但是贫苦荒凉的华北，则是弥勒信仰的天下。

最终，元末时期，河南到安徽北部一带爆发了以弥勒信仰为背景的宗教暴动。

红巾军兴起

动摇天下的大乱在爆发之前，大体上都有预兆。

后至元三年（1337 年），河南东部爆发了弥勒信徒动乱。领头者是一位叫"棒胡"的使棍高手，他带领门下百余人造反，远近的志同道合者也与之呼应，但是不久就被官军镇压了下去。从缴获的物品看来，这并不是一起单纯的宗教暴乱，而是一次高举着反元旗帜的行动。

翌年，江西的白莲教徒周子旺举起了反旗，自号周王。这次毫无疑问是以反元为旗号的宗教暴乱。

在背后掌控一切的是僧人彭莹玉。他的预言十分灵验，还能施展奇迹，民众崇拜其为活佛。根据他发出的神谕，信徒们在寅年寅月寅日发动了暴乱。为了不为刀剑所伤，他在信徒们的背上写下"佛"字符咒，据说其党徒有五千余人。他们的势力不久之后也被平定，彭莹玉潜逃到了淮西。此前一直就很仰慕他的淮西民众将其隐匿起来，官府完全没办法插手。

他在潜藏十四年后又再度出现，成了西路红巾军的指挥。总而言之，这一时期华北的天地笼罩在弥勒信仰的浓云之下，汉人之间激荡起了打倒元朝的狂潮。随后在至正十一年（1351 年）爆发了前所未有的起义。

此起义一般被称作"红巾起义"，起义军被称为"红巾军"。其党徒的共同标记是头上都缠着红布，所以有了这个名称。红巾军又被称为"香军",因为他们烧香拜弥勒佛。

红巾军的首领叫韩山童,是河北南部人,其祖父一辈就是虔诚的白莲教徒。他召集了众多信徒,发出神谕称"天下乱,弥勒佛下生,明王出世"。此条神谕瞬间从河南蔓延到江淮地方,人心动摇不定。韩山童为进一步营造气势,又进行了如下表演:

这一时期,元朝为了使南流的黄河回归原来的河道,动员了沿岸二十万人夫进行大型土木工程。这是一项苦役,再加上工钱和口粮还遭到官吏贪污,因此一种不寻常的气氛弥漫开来。看到这点,韩山童便雕了一个只有一只眼的石人,在其背上刻了"石人一只眼,挑动黄河天下反"几个字,将其埋入河道中。果不其然,这尊石人引起了巨大的骚乱。

韩山童在背后偷笑,最终决心发动起义。而为了扩大组织,他们还需要重量级的军师。其中一位就是曾在元枢密院任掾史的杜遵道。这是一位非同寻常的人物,曾向当时的宰相伯颜建言开武举以征募天下勇士,得其另眼相看而被授官,但当他得知此志无法实现后,就弃官在河南颍州隐居了。另一位是自称南宋名将刘光世后人的刘福通。

这两位怪才加入之后,宗教暴乱更增添了政治色彩,管理也进一步强化。韩山童本已被视为弥勒佛和明王的化身,此时又进一步被塑造成宋徽宗皇帝的八世孙。灭于元的宋朝,在其悲剧性落幕的同时,也成为江南人民的精神故乡。他们在此时搬出宋朝来,乃是为了煽动民族仇恨。

根据五行说,宋朝属于火德,因此推崇红色。他们用红布作为同伙标识，大概也是出于这个原因吧。他们召集了同伙三千人，向天地起誓，举兵起义。但是，其计划不久就被泄露了，教主韩山童被捕，其妻子和儿子韩林儿被迫逃亡。此次行动实际上已经落下了帷幕。

"梦幻强国"日本

很多人都不曾想到，红巾党徒还曾搬出过日本的名字。教主韩山童曾以宋代皇帝子孙的名义颁下诏敕，其中的一节中提到"蕴玉玺于海东，取精兵于日本"。

元末学者叶子奇（浙江省龙泉人，从王毅学宋学，官至巴陵主簿，著作有《草木子》四卷）对这一说法进行了说明，他认为这指的是南宋广王被元军追至广东南部崖山投海自尽时，侍奉广王的丞相陈宜中远赴日本搬救兵一事。他还认为，红巾军借用这个传言使天下为之动摇，因而穷苦人都抱着归家一般的想法响应红巾军。由此可见红巾军压倒性的声势。

但是，叶子奇所说的与真实的情况不符，陈宜中并不是去日本，而是去占城求的援兵，由于并未成功而逃亡到了泰国。

不过，且不管事实如何，连叶子奇这样的学者都相信南宋曾向日本请求援军，这显示出当时日本的实力是被南宋人士认可的。日本之强为中国所知，不用说是始于元军，而这一问题在元末显得愈发严峻。这一时期的学者吴莱（元末的文学家，浙江省浦江人，他十八岁的时候作了《论倭》一文）说过："如今的倭奴不能和以往的倭奴相提并论。以往的倭奴，即使已经非常衰弱了，还能抗拒中国的士兵。如今的倭奴更是十倍于此。"[1] 这些越来越夸张的描述，也让中国人越发恐惧倭寇的劫掠。

而另一方面，也有汉人为元军被击退而拍手称快。痛愤于元朝灭南宋而隐居的郑思肖（福建连江人，反元遗民，墨兰画的大家，画兰不画根，著有《铁函心史》）在听说元朝大败时感觉积郁全消，他还作了一首《元鞑攻日本败北歌》。

这样来看，红巾军是想在指明皇帝象征物玉玺的所在，证明自己的正统性的同时，抛出虚构的日宋军事密约以恫吓元朝廷。

尽管如此，他们将连见也没见过的日本搬出来壮声势，这一招也是相当奇绝，而作为当事人的日本人对于自己的幻象在中国如此大显神通却一无所知。而且更为讽刺的是，这些强悍可怕的日本人，也就是倭寇，此时已经盯上了大陆。

宗教王国

早已风云密布的中原地区有了红巾军振臂一呼，立马一片大乱。徐州的仁侠芝麻李与之呼应，发动了起义，此事之前已经提过。而此前潜藏在淮西的僧人彭莹玉也拥戴湖北东部荆州的徐寿辉起兵。徐寿辉本来是一个布料行商，什么优点也没有，就因为看上去高大伟岸，便被推举成了首领。

---

[1] 《渊颖集》卷五《论倭》：今之倭奴非昔之倭奴也。昔虽至弱，犹敢拒中国之兵，况今之恃险且十此者乎？——译注

韩氏一派被称为东路红巾军，徐派则是西路红巾军。

红巾军的起义引发了下层民众对元朝统治者的抗争。元朝为征讨红巾军召开了军事会议，这次会议上，南人（淮水以南的汉人）自不用说，就是长久以来一直追随元朝的汉人也被疏远了。最后元朝向天下发出命令，让身在各地的蒙古人和色目人全部撤回大都，要将黄河以南的汉人统统逮捕起来。这道命令让黄河以北的汉人几乎全都成了红巾军的支持者。

就这样，红巾军在弥勒信仰的加持之下，其作为争取独立的宗教革命军的色彩变得更加浓重了。此后其势力就有如燎原之火一般迅速蔓延，如奔腾的骏马一般横冲直撞。

元朝派出了讨伐大军，但是百年来的荣华富贵生活让蒙古将军堕落了。他们在军阵中也沉迷酒色，而军队则热衷于掠夺。某位大将在遭受敌袭之后不见了，第二天人们才在战死者当中找到了他的尸体，军队管理的混乱程度可想而知。更有甚者，丞相脱脱之弟也先帖木儿率领二十万精兵带着大量的军备和粮草出征，在某个未见敌人的夜晚，却惊于异响而全军溃散。也先帖木儿被侍者拦住马头，于是便拔刀砍死了侍者，一马当先地逃命去了。堆积得像小山一般的军备和粮草就这样原封不动地落入了红巾军之手。

至正十五年（1355 年），红巾军的刘福通将韩山童的遗孤韩林儿从逃亡地迎来，奉为皇帝，以教主名称其为"小明王"。

他们将国号定为"宋"，年号定为"龙凤"，并定都在曹操的出生地亳州（安徽省亳州，鹿邑在其西约五十公里处。

位于安徽、河南的省界之处）。此前"棒胡"等人在鹿邑横行肆虐，他们则将鹿邑的太清宫搬过来充当了宫殿。另外，素有威信的杜遵道等人做了丞相，而冷酷的实权者刘福通则在其下做了平章。

红巾王国就这样建立了。不过此后很快，教主韩林儿就专信杜遵道一人，因此刘福通便将杜除去了。红巾军赶上了好风好浪，三年后就进驻了宋故都汴京（开封）的旧皇城，享受到了短暂的荣光。

此时龙凤朝廷的势力范围囊括山东、河北、淮西、河南，特别是以山东为据点的猛将毛贵降伏了元军，其势力直逼大都。大为震惊的元廷甚至开始讨论迁都。此外，关先生率领的军队从山西越过长城远征元上都，焚烧其宫殿，又取道东北长驱攻向高丽。

在另一边，兴起于湖北的西路红巾军南下攻占了湖南，又东进夺取了江西，最终进入浙江，攻陷了杭州。在那两年中杭州著名的钱塘江海潮都不见了，这个异变让人心惶恐不安。

此时西路红巾军的首领徐寿辉自称皇帝，国号为天完，年号为治平。他们定都于蕲水（蕲州），因弥勒信仰而将中央政厅命名为莲台省。

在此，我们来看一下东、西红巾军用兵的特点，向北进军的东军以骑兵和游击战为特色，而西军则是依靠长江水军来压制江南。

第三章　大明兴起

朱元璋与丰臣秀吉

这两位英雄生于不同时代、不同国家，然而他们的境遇和经历却不可思议地相似。

他们原本都是一贫如洗的农民，因风云际会一跃而起，最终夺得天下。在同为农民出身这一点上，中国史当中经常将朱元璋比作汉高祖。然而，虽说他有意模仿汉高祖，但汉高祖好歹出身于当地中流阶层的农家，而朱元璋却起自四处流浪的贫苦佃农。就这点而言，朱元璋可谓中国史上兴起于最底层的皇帝。

下面我们来看看他们的出生，丰臣秀吉有日轮受胎[①]的传

---

① 关于太阁丰臣秀吉的出生有种种传说，有传说称其母梦见太阳入怀后受孕产子，又有传说称其乃天皇的私生子。——译注

朱元璋的两种肖像，麻子脸之貌（左）与白须端正之貌（右）

说，朱元璋也有类似的故事。传说朱元璋的母亲在梦里从神灵处获得一颗药丸，捧在掌中会放出亮光。后来，他出生的时候房间中充满了红光，远远望去人们误以为是朱家失火了。这个故事可能是附会了朱姓或者红巾信仰吧。

秀吉长得像猴子，这个传说相当有名，而朱元璋似乎也具有异相。

他的肖像画有两种，一种是白须美髯、充满帝王气派的画像，另一种是突额长颚、满脸痘疤的丑怪面相。后一种比较像真实的。

另外，秀吉六岁的时候由于家贫被送到光明寺做了小和尚，但他后来逃跑了，从此四处流浪。朱元璋也是一样，由于生活困难而当了小僧，后来又踏上流浪之途。

他们都很武勇，但都不算是顶尖的豪杰。虽然如此，他们却乘上了天下统一的大势，幸运地将天下纳入手中。秀吉的主公织田信长此前已经基本上打好了一统天下的基础，而朱元璋所属的红巾军也已动摇了元朝的根基，只是由他继承了这项成果。此处他们也是相同的。

秀吉在晚年时候，为自己继承人秀赖尚年幼而苦恼；朱元璋也失去了长子，将自己的希望托付给了年少的孙子。结果一个被德川家康夺取了天下，一个被叔叔亲手剥夺了皇位。

命运真是讽刺，秀吉的大军和朱元璋后人的军队在朝鲜半岛进行了惨烈的战争，双方都损失惨重。而且在某种意义上，这场战争成了两家走向没落的共同原因。

至此，大家应该能感受到这种不可思议的因果联系了吧。不过其实，这两人也是有许多不同的，某些方面甚至形成了鲜明的对照。

秀吉给人的印象是阳光外向、光鲜艳丽，很受日本民众的喜爱。而朱元璋则严肃、土气，甚至可说是冷酷。可能是这个原因，他在中国历史上并不算讨喜的人物。下面这些逸话可反映一二。

某日，朱元璋走在应天府街道上，旁边的一位老妇见到，偷偷地说了声"老头儿"。朱元璋听到勃然大怒，说："张士诚不过是个偷占江东之地的小贼，如今苏州人还尊称他为张王，而作为天子的朕却被嘲笑是'老头儿'，真是岂有此理！"[1] 他于是紧急召集军队，对大量民众进行了没收财产的处罚。

---

[1] 《坚瓠集》乙集卷二："张九四小窃江东，吴民至今呼为张王。朕为天子，此邦居民呼朕为老头儿！"——译注

太祖马皇后（故宫南薰殿旧藏）

　　还有一次，正月十五上元节的夜晚，都城街上吊起了形形色色的灯笼，朱元璋也偷偷地潜行前往观看，突然发现其中有一幅画画着一个怀中抱着西瓜的大脚女人，而民众在哈哈大笑。他询问之下了解到，这是在讽刺淮西的女人喜好大脚，"怀西瓜"是"淮西"的谐音。朱元璋因此勃然大怒，第二天就逮捕了制作灯笼的一族三百余人，将他们判了流放。因为皇后马氏是淮西人，而他认为这幅画就是在讽刺皇后本人。

　　他不受本国国民喜爱的原因大体上便是这些吧。在这点上，他倒是和日本的德川家康颇为类似。如此说来，这两家占据最高权力宝座也同样差不多是三百年。

乞食僧

　　明太祖朱元璋的祖先和汉高祖一样都是沛人，后来不知道什么时候，迁到了金陵（现在的南京）附近的句容。宋代末年朱元璋的祖父又去了安徽北部的泗州，到了他父亲这代才迁居到南边淮水流域的濠州（凤阳），可见他们是流亡过来的。他的父亲死后，别说葬礼了，就连埋葬的墓地也没有，所以这大概是一个一贫如洗的佃农家庭。

朱元璋是四兄弟中的小儿子。十七岁的时候，一场饥荒和疫病袭击淮北，朱家除他之外都死绝了。他走投无路，只好到当地皇觉寺做了小僧。这个寺院呢，有一种说法是始自唐代的名刹，不过实际上应该只是规模一般的普通禅寺（根据皇陵碑上所刻，皇觉寺在孤庄村西南角，规模不大，入门有四大金刚，东进有大雄宝殿，次有禅堂，其左有伽蓝殿）。虽说是僧侣，恐怕只是小沙弥或是杂役工之类的罢了。

然而还不满两个月，他就踏上了流浪的旅途，这是因为寺院里也没有吃的了。然后过了三年，他又再度回到了皇觉寺。其间他大为成长，开拓了见闻。他游历的地方从淮西一直到河南东部——也就是红巾军的根据地。几乎可以肯定，他已经受到了弥勒信仰的影响。

至正十一年红巾军起义的消息传来，翌年定远人郭子兴也起兵占领了濠州。

近距离接触了战乱，二十四岁的青年僧侣朱元璋在寺院的伽蓝中默坐，想以占卜的方式决定一生的命运。避乱隐居是凶，寄居寺院也是凶，而最后主动投身战火改变社会则得出了大吉。天意已定！他当机立断，投身到了郭子兴麾下。

侠客云集

　　朱元璋奉为主公的郭子兴是一个家境还不错的地主，靠挥霍祖辈的金钱召集了一批亲信。他的父亲从山东曹州流亡而来，以帮人看日子算命为生，得知定远的富翁有眼盲的女儿，就用擅长的算命本领游说对方，生生地混入了这家人中做了女婿。

　　因此，郭子兴一家并不是纯粹的本地人。而且请留意，他的父亲出身于曹州这个地方。

　　曹州就是《水浒传》中梁山泊的所在地。从古代唐末的黄巢，到近代东北地区的马贼，都是从这里走出去的。

　　黑道操持的营生之一便是盐的走私。这里又必须提到黄巢，他是这行买卖的鼻祖。

　　其实，东路红巾军控制的地盘，与很多年之后清朝咸丰年间兴起的捻军（清朝咸丰至同治年间，在山东、河南、安徽等省扩张势力的白莲教秘密组织"捻党"建立的反清武装团，起义十六年后被镇压）占据的地盘基本相同。二者的性质也非常相似，区别不过是有无弥勒信仰而已。而捻军和私盐也脱不了干系。

　　此前我们曾说过，淮西这块地方土地贫瘠，又做不了什么生意，所以一旦遇到饥荒，下层的农民就只能束手等死。实在没有办法，一些人只有触犯国禁，做起贩卖私盐的营生。捻军就是他们从官府手中保护同伙的组织。他们是掌控着贩卖私盐路线的游侠团伙，各自带着手下划分地盘，大佬相互之间也按照实力结成一系列的上下级关系。

而从私盐交易的中心——安徽北部的宿州到河南永城及亳州之间的地带是私盐贩子和官府殊死相争的地盘，恐怕也是最强悍之徒聚集的地方。这些地方都离曹州不远，可谓是黑道世界的王国。

我们在红巾军身上也可看到这样的情况。

上边提到过红巾军将都城定在了亳州，此前的侠客"棒胡"也是以此为根据地（鹿邑在亳州附近），可能都是因为此地有黑道王国的背景。这样说来，芝麻李也以附近的徐州为据点而呼应红巾军，此种种情况应该都有内在的联系。另外，郭子兴的刎颈之交马公是宿州的侠客。马公因为与人争执，曾穿着草鞋躲进了郭家，其女正是朱元璋的妻子马氏，也就是后来的马皇后。

郭氏就是这般同仁侠世界构成了联系。而且郭子兴之所以投奔红巾军，大概也是因为他的父亲是曹州出身的。他父亲这代拥有的大量产业，恐怕也是勾结黑道、贩卖私盐赚来的。后来成了郭氏手下的朱元璋也是如此，一旦粮草用尽，就拿私盐的票据交换米粮。总而言之，郭氏是流民当中的仁侠一家。

郭子兴和本地的侠客孙德崖等四人联手，响应红巾军起义，一举占据了濠州，此后他们各自都号称元帅。

然而郭子兴不过是一个有钱人家的公子哥，一点能力也没有，很快就被孙德崖等人压制而居于下风。孙氏等人是本地农民出身，与外来的走私商贩不一样。大佬们的纷争也传染给了小弟，他们分裂成两派，斗争没有一刻消停。

有志江南

坚定了人生志向的朱元璋刚叩开濠州的城门，马上就被当作奸细抓了起来。眼看着就要被斩首了，他那奇怪的面相却救了他，于是他成了郭子兴的部下。

后来他得到两位女性的帮助。一位是郭子兴的妾侍，她看出当时还是小头目的朱元璋是个不一般的人物，于是向郭子兴建议将收养的至交马公之女许配给他。通过马氏这层关系，朱元璋成了郭元帅的亲信。而另一位就是成为朱元璋妻子的马氏，也就是后来的马皇后。

城兵日夜都在征收物资，但是为人正派的朱元璋全都分给了部下而没有上交给老大郭元帅，导致郭大为愤怒。马皇后就给郭子兴的妾侍送礼，在背后讨其欢心。有一段时间，朱元璋万事都靠她多方打点。还有一点也要特别提及，后来朱元璋成了卓越的皇帝，治理天下，也多亏她的帮扶。

然而，濠州的这方小天地也迎来了激荡的动乱。

元朝的宰相脱脱开始着手讨伐红巾军，亲自率军攻陷了徐州。徐州本来也只不过是些游侠的聚集地，在名将率领的正规军面前实在不堪一击。生性倔强的芝麻李死在了战场上，彭大、赵君用等人则率领残党逃到了濠州。虽说都是红巾军，但他们对于郭子兴来说是高一级的大哥，所以郭也没理由拒绝。在濠州自称五元帅的人从那天起就被徐州的大哥们呼来喝去地使唤。

更有甚者，像是狼群尾随而至一般，勇将贾鲁率领元朝大军包围了濠州城。眼看濠州城的命数就要到尽头了，贾鲁却突发脑中风猝死，于是濠州城在最后关头转危为安。这也是朱元璋经历的最初一次危机。

此后徐州的残党又从濠州出发，占领了大运河的要塞之地淮安。这段日子里朱元璋付出的心血实在不能用语言来描述。他要照顾靠不住的郭子兴，将其从险些被其他老大杀掉的危机中拯救出来，另一方面还要筹集兵粮，募集军队，其间还要为出战做筹备，忙得没日没夜。这一时期他招揽了许多亲

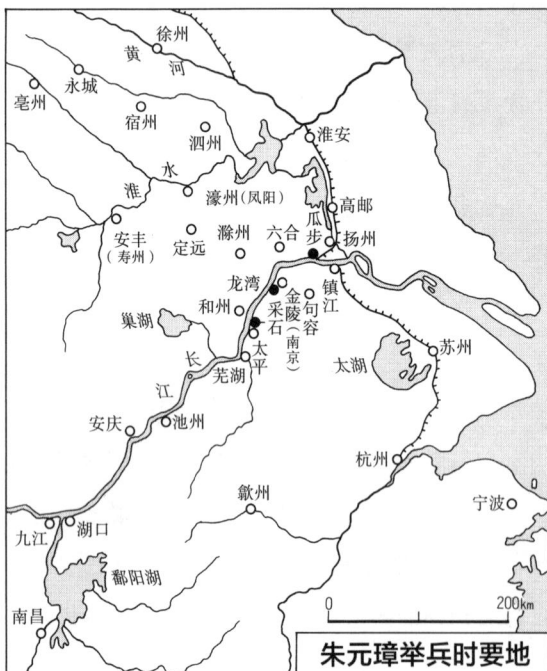

朱元璋举兵时要地

信，包括后来襄助其大业的名将徐达以及谋臣李善长等人。

在这次濠州异变中，动乱的现实，以及其惨烈程度在年轻的朱元璋心中留下了深深的烙印，他似乎从中看到了决定自己未来的机运。

眼下最迫切的是军粮。在这个贫困且交通不便的安徽穷乡僻壤，要养活饥饿的军队并不容易。但是无论下一步想采取什么行动，都不能指望北方了。那里纵横着红巾军大大小小的各路首领。虽说是志同道合，但郭子兴是如此实力不济，连徐州的残党都能将其玩弄于股掌之间。这一点想必朱元璋已经有切身体会了。

但是虽说如此，朱元璋仍然必须依靠郭子兴。他只是佃农的孤儿，又曾经沦为乞丐，这样的出身谁也不会服从的。既然如此，办法就只有一个，只能拥戴着郭子兴一道南下。那里有江南的沃土。"求米"是饥饿难耐的郭氏集团的口号，也是其坚定团结在一起的根源。

就这样，郭氏一党抛弃了住惯的故乡，首先攻克了南边的滁州。郭子兴想就在此地定居，而朱元璋力排众议，继续南下夺取了和州。长江水浩浩荡荡地流经此地。

龙凤诏书

郭氏一党到达和州之后，濠州的同伙孙德崖等人也为了食粮尾随而至。

郭子兴与孙氏积怨已久，一怒之下将孙抓了起来，而孙的手下又抓了朱元璋作为报复。因此，郭子兴只能含泪放走孙氏，换回了朱元璋。但是他愤懑难解，此后不久就去世了。

正当众人为继承权争夺得不可开交之际，他们收到了当时刚刚成立的亳都龙凤朝廷的传唤命令，龙凤朝廷这样做大概是为了了解事情缘由吧。结果是根据宋国皇帝的敕令，郭子兴之子郭天叙被任命为都元帅，郭子兴的妻弟张天祐被任命为右副元帅，而朱元璋被任命为左副元帅。

在此之前他们都被看作是杂牌军，如今却从势如旭日东升的红巾军总部获得了正式的承认。尤其是朱元璋，他被指定为序列当中的第三位，首次对内对外都获得了名分。这件事情必须要大书特书。由此他与龙凤朝廷之间建立了切也切不断的关系，在此之后他用起了"宋国""龙凤"的年号，旗帜和战衣也都染成了制式的红色。

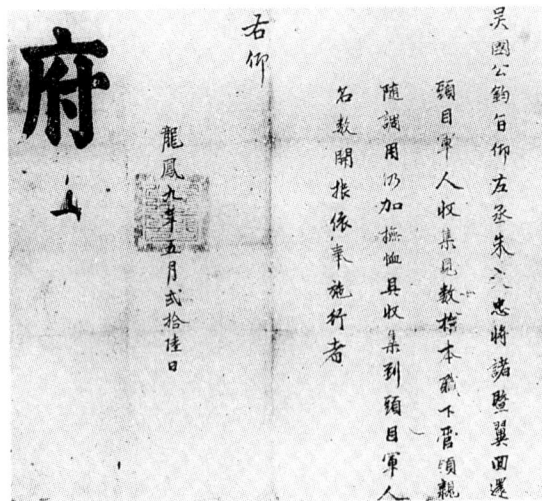

朱元璋使用龙凤年号

但是在明朝官撰的史书中却记载，太祖完全未理睬小明王的任命，当时他说："大丈夫怎能立人之下风?"① 真是威风凛凛，然而这却是彻头彻尾的伪造，反观之，这里透露着一股欲盖弥彰的味道（基础史料《太祖实录》和其他的记录都刻意隐瞒了太祖与红巾军之间的关系）。即使是不靠谱的郭子兴，直到死前，若稍不中意，随时都可以收回朱元璋的兵权。从人情道理上讲，他也没有充"大丈夫"的底气。对于那个时候的一纸任命，朱元璋是发自肺腑地感到喜悦，这点可以从他后日的举动看出来——朱元璋一直对小明王韩林儿执以臣礼，直至最后。

生性正直的朱元璋之所以抱着改变社会的志向加入弥勒教团，大概是发现了教团广受被压迫民众的支持吧。同时"复宋"这面旗帜也反映了天下的舆论所向——打倒蒙古人，汉人重夺政权。朱元璋侍奉小明王，由始至终守卫着这面旗帜，才最终掌握了天下，这便是个中奥秘。只会挥舞拳头是无法取得天下的，必须要有顺应民心的口号和行动。朱元璋在和州拜领的小明王敕书认定他为弥勒佛所选定的旗手，这件事情终其一生都在他心中留有深刻的烙印，这是我们应该注意的。

朱元璋离开濠州南下的时候确实是为了食粮。但可以想见，接到这份任命书之后，他重返初志，决心以改变世道为毕生事业。他从和州出发，横渡长江，登上对岸土地后，便将所有船只的缆绳统统切断，让船只流走，彻底切断了回头路。这

① 《明太祖实录》卷三：大丈夫宁能受制于人耶?——译注

是因为他担心，饥肠辘辘的军队一旦在这里获得了充足的粮草，就有可能掉头跑回去。

后来朱元璋回忆当时的心境时说："我在动乱初起时就站了出来，当时只为了乡土自卫。但渡江之后，看群雄的所作所为，他们只是一个劲地让老百姓受苦。群雄当中，尤以张士诚和陈友谅为最。士诚仗着财富，友谅夸耀强力，而我自己什么可仰仗的都没有，唯有不嗜杀人、信义为本、厉行节俭此三样而已。"① 事实上，他也忠实地坚守了这些信念。

维持严正的军规，犯法者毫无例外一律处罚，这就是他的信条。

不过，朱元璋所说的只是一些众人皆知的道德。而这要变成有政治号召力的口号，还得有别的原因。关于这一点他什么也没提。当时心满意足的皇帝，已经不想再触及这些了吧。其实相对于张之富和陈之武，他自己仰仗的东西是红巾军的使命、源自弥勒信仰的重整人世的事业心，是复活宋的任务。以这些为根基，才在实践中产生了不杀人、不抢掠、行节俭、守信义等各条规范。这些全都是白莲教或是明教所标榜的戒律。事实上，朱元璋是一个忠实的使徒。

占领南京

就在朱元璋等人准备从和州横渡长江的时候，他们意外

① 《明史》卷三：朕遭时丧乱，初起乡土，本图自全。及渡江以来，观群雄所为，徒为生民之患，而张士诚、陈友谅尤为巨蠹。士诚恃富，友谅恃强，朕独无所恃。惟不嗜杀人，布信义，行节俭，与卿等同心共济。——译注

地吸纳了一股水军力量。他们在此之前只是专攻陆战，连船也没有一艘。在这个时代想要称霸江南，水军是不可或缺的力量，这点我们之前已经讲过了。在长江以北五十公里的安徽中部，有一个名为巢湖的大湖，那里的水军廖永安、俞通海等一伙人带着千余艘船投奔了朱氏军队。

巢湖水军的特点在于能够娴熟地操纵轻舟。靠其威力，朱元璋后来接连攻破了张士诚和陈友谅的大舰队。

朱氏军队在和州对岸的重要港口采石上陆，很快就占领了要塞之地太平。此地西南方向的广大平原是著名的产米之乡，如此一来首先就无须担心饥饿问题了。他们在此地设立了"太平兴国翼元帅府"，作为经营江南的临时据点。朱元璋不失时机地颁下禁令，布告称掠夺者斩，由此全军肃然。

残败的濠州军团就这样深深地嵌入了江南大地。他们虽然勇敢善战，鲜红的旗帜所向披靡，但装备却实在是贫弱。他们没有铁甲，只能戴皮帽子，连箭上都缠着丝线①，为的是减少消耗。而富甲一方的张士诚军中却有号称"十条龙"的常胜军，他们头戴银盔，身着锦袍。两相对照，实有云泥之别。

但是，这支精悍而有着铁一般纪律的部队已经足以让柔弱的江南人士闻风丧胆。当地一直流传着红巾军如同恶鬼一般狂暴的传说，而其中的一支突然出现了！久居太平的民众毛骨悚然，纷纷归顺服从。此时朱元璋一行将马皇后等妻妾都接了过来。

---

① 加固箭尾，防止箭尾承受不住推力，从而劈裂。——编注

俞通海像
（出自明版《明贤像赞》）

元军不愧是正规军队，对此进行了猛烈反击。朱元璋亲立阵前准备死守太平城，这时他的姜侍进言道："到这个时候了，不如将所有的金银都分给将士，以资鼓励。"

正是因为这个妙策，朱元璋的军队最终战胜了元军。

他们接下来继续进攻集庆路。前锋是主帅郭天叙和副帅张天祐等人率领的军队，但他们却意外地战死于此地。自此之后，无论在名义上还是实际上，郭氏军团的实权都落到了朱元璋手里。这也是时运所至。

至正十六年（1356年）三月，红巾军方面的年号是宋龙凤二年，朱元璋攻下了集庆路并将其改名为应天府。这就是后来的南京。此时龙凤朝廷任命他为"江南等处行中书省平章政事",同时对诸将论功行赏,李善长也做了左右司郎中。李善长后来将侍奉明太祖,但此时他还是太祖的同僚。

现在,朱元璋已经晋升为红巾军的江南特使了。

金华学派

在中国,自宋代以来,主导天下舆论的就是被称为"士大夫"的知识阶层。他们精通儒学、诗文、书法等广博的知识,而且和日本不一样,他们还指导政治。如果得不到士大夫阶层的支持,政权不可能长久。清朝虽然是少数民族出身,但因为获得了他们的协助,因而得享三百年的悠长寿命。

但清朝唯独对浙江的士大夫感到棘手,三番五次地对其进行打压。浙江人从来就有些不好的名声,比如顽固,比如爱说大话空话。但是这些换个说法,就是信念坚定,而且有理想

宋濂像

主义者的气质。著名的王阳明就是如此，明末的黄宗羲也不例外。

元末明初，浙江南部的金华等地聚集了许多避世的优秀学者和士大夫。他们学问上也互有联系，被统称为金华学派。

这个学派传自朱子的高徒兼女婿黄榦，乃是正统的朱子学派。

一代名儒宋濂，就是该学派的著名学者，明代的制度几乎全由他亲手制定。

此外还有一位章溢。此人并不仅仅是学者，还是一位典型的士大夫，曾经组织农民军进行乡土自卫。

另外，此地还出了一位虽然不属于该学派但堪称江南第一的人才，那便是时有"今诸葛孔明"美誉的刘基。他不仅学识深厚，还是占卜的大家。朱元璋能达成帝业，实受惠于刘基的献策。

元代是儒学者怀才不遇的时代，他们的社会地位极端低下，排在低贱的倡优之下，只比乞丐略高一些。这些浙江的士大夫即使短暂地出仕为官，不久后也都纷纷回乡隐居，原因大概就在此吧。朱元璋能够成功地将他们都招至麾下，也成了他获得全天下支持的要因。

但是，红巾军的部将朱元璋与浙江士大夫是怎么达成合作的呢？

信奉朱子学的金华学派主张尊中华、斥夷狄，因此很自然地就喊出"驱逐胡虏，恢复中华"的口号，这与红巾军的口号完全一致。但是弥勒信仰这种充满迷信的民间信仰与理性的儒学之间有冲突。将他们团结在一起的，恐怕是红巾军的另一面——"复宋"的旗帜。

朱元璋攻占婺州，也就是金华之后，深感此地重要，因而在此设立了中书分省。此衙门的大门外耸立着两面巨大的黄旗，上面写着政权的口号，一面是"山河奄有中华地"，另一面是"日月重开大宋天"。浙江知名学者叶子奇给"宋丞相"朱元璋递呈了自己关于复兴宋之道的意见书，由此可见这一宣传是有效果的。

刘基一家原本是宋的遗臣，还曾经藏匿反元运动人士。他对张士诚、方国珍都骂不绝口，因为实在看不惯他们在政治上的乌烟瘴气。另一方面，他却通过擅长的占卜之术预言朱元璋必会登上帝位。

由此可见，朱元璋所率红巾军的政治主张及其军队的严明纪律，使浙江士大夫也心悦诚服。他直到最后都在守护龙凤朝廷这面旗帜，原因也全在于此。

红巾军的末路

就像我们一直提到的，红巾军是宗教结社。它在使命感高涨的初期以爆发性的威力在各地迅速蔓延，但是自从龙凤政权逃离宋的旧都汴京（开封）之后，它又迅速地衰弱了下去。这个团体本来就是各色人群的杂合体，有深感世道不平的官吏、读书人、游侠、叛乱军人、农民，等等，能否团结一致几乎全看首领们的手腕。而且即使某种程度上成功地将众人整合在了一起，也会马上陷入内部纷争。

　　就拿东路红巾军来说吧。那个占据山东的毛贵（他一面实行屯田制，一面对官民田征收十分之二的租税）是个颇有能力的人物，他通过减轻治下农民的税负而获得了人望，在当地扎下了根基，这在以征粮维生的红巾军当中是个特例，但他却死于同伙徐州残党之手。而那些长驱直入，远征高丽的红巾军又在其地中了敌人的计谋，十之八九都有去无回。每股势力都在苦苦支撑。

　　而在势力退潮的红巾军面前，缓过劲来的元军就像一堵巨大的高墙般压了过来。虽说已经大不如前了，可是元朝的士兵仍然强于业余的军队红巾军，又无装备粮草匮乏之虞。此前屡屡打败仗，不过是指挥官过于软弱和卑怯而已。

　　这个时候，河南出现了一位率领着义勇军崛起的勇将察罕帖木儿。其祖先出自乃蛮氏，跟随蒙古人来到中原。讽刺的是，他们在红巾军的大本营河南颍水定居，并变成了一个汉化家族。红巾军暴动之后，毕竟还是血浓于水，他带领义勇军投奔了元朝。此后他以元朝将军的身份征战各地，击退各地的红巾军，博得勇士之名。他还攻陷了龙凤朝廷的首都汴京，逼着小明王（韩林儿）和刘福通逃到了安徽的安丰。

　　察罕帖木儿被暗杀之后，其养子扩廓帖木儿继承了他的事业。扩廓帖木儿之英勇甚至超过其父，华北全境都被他控制了。此时他受封为河南王，统领着天下兵马，其幕府的威仪足可媲美大都的朝廷。

　　朱元璋也忌惮这股势力，他派出间谍兼议和使，请求与其通商以表明别无他意，依靠外交手段，极力阻其南下。正好此时元朝一侧也内斗不断，皇帝和其周围的实权人物之间正在上演难解难分的权力斗争，因而元军难以分心南下。

瞄准这个间隙奋力扩张的是吴王张士诚。当时正值山东红巾军溃灭，而占据淮安的徐州党也丧失了领袖，他此时兴兵，一举攻占了江苏北部，又派出勇将吕珍趁势长驱直入，攻陷了在安丰苟延残喘的龙凤朝廷。收到求救信的朱元璋不顾智囊刘基的劝谏，在最危急的时刻倾尽主力前往驰援。素来冷静的他此时像是换了个人一样，采取了轻率之极的行动。后日他回想起来，也为这次有勇无谋之举感到羞耻。不过，他总算是顺利地救出了小明王，将其带回了应天府（南京），时为至正二十三年（1363年）。对朱元璋而言，小明王是他无论如何也要守住的本尊吧。这已经远不止是一项政策了，而是他的精神支柱。

可是出人意料地，如何对待教主韩林儿的问题却大大改变了朱元璋的想法。应天府里迎来了作为弥勒化身的小明王宋国皇帝，以朱元璋为首的红巾军将领们在中央政厅中书省里摆好了御座，准备行庆贺礼。十余年的战场辛劳就这样献给教主了，朱元璋心中想必也是百感交集吧。

此时，刘基把朱元璋私下请了出来。他开口第一句话就是批评韩林儿，称"不就是个放牛郎而已吗？拥戴他干什么！"[1]之后他又将天命的所在向朱元璋条分缕析——真不愧

① 《明史纪事本末》卷二：彼牧竖耳，奉之何为？——译注

是占术的大家。

朱元璋大概也被此项法术蛊惑了。恐怕此时刘基已让其相信，他终将统一天下并将成为皇帝。他的决心已定，但这还只是他和刘基之间的秘密。

朱元璋紧急下令终止庆贺礼，理由是要反攻最近连连突击的强敌陈友谅（湖北省沔阳人。旧姓谢，祖父入赘陈氏而改姓。渔夫之子，本是县吏，后成倪文俊的簿书掾）。这种非常时期，难道还有心思举行典礼吗？此后，他在红巾军曾占领过的滁州建起宫殿，将小明王安置在了那里。

就这样，看着红巾军整体的动向，朱元璋的立场渐渐地发生了转变。

龙湾之战

西路红巾军对阵卷土重来的元军，结果被狠揍了一顿。幸得"蛮子"倪文俊之力，他们才又恢复了势力。西路红巾军本来就以水军见长，渔夫出身的倪文俊更是当中翘楚，他划着小型快船，不分昼夜神出鬼没，以此制胜。

倪文俊在汉阳定都，将教主徐寿辉安置于此。在这之后，所向披靡的他还娶了俘虏来的元朝王妃为妻。但后来他试图谋杀教主，在失败后逃亡时被他当时的手下陈友谅袭杀。在他死前一日，其舟前有大星陨落，他笑称又有大官要死了，却没想到应验在自己身上。西路红巾军的首领都笼罩在这种不祥的阴影之中。

汉王陈友谅在元末群雄当中也是数一数二的豪杰，其超强的军事力量令人闻风丧胆。朱元璋横渡长江进占太平的时候，陈友谅已经控制了湖北和江西，实力强悍。那时追随朱元璋的巢湖水军中有一人叫赵普胜，后来转投了陈友谅，在长江边上的安庆建立了据点，又在池州建造了分城。赵普胜此人可双手用刀，英勇无匹，因此又有"双刀赵"的诨号。

一直以来，长江水军的特点就在于其机动性，尤其是他们占据着上游，对下游有着战略性优势地位。朱、陈两军开始争夺太平和池州，而在这场你争我夺的拉锯战中，赵普胜一方逐渐占据了优势。朱氏一方唯恐其将一举夺取应天府，于是使出了离间计，成功地让陈友谅斩杀了赵普胜。

此时，教主徐寿辉与陈友谅之间也生出了龃龉。徐寿辉想将都城迁往陈友谅刚刚攻陷的龙兴（又名洪都，江西省南昌），他不顾陈的反对，从汉阳出发，逼近了陈友谅的居城江州。于是陈友谅就在教主入城的瞬间把门关上，将留在门外的徐氏部下一个不留统统杀掉。从此之后陈友谅就自立做了汉王。

此后陈友谅拥戴着教主进攻朱军占据的太平。太平的抵抗十分激烈，陈便用巨船冲破城墙，驾船攻入城内，终于将其攻陷。此地离应天府不过一百公里。陈友谅又在此上演了一场大戏，以威吓应天府。

他先是在港口采石矶扎下军阵，命家臣假意向徐寿辉报告，又令壮士从背后用铁棍击碎了徐的脑袋。然后他又在此地的五通庙举行了皇帝即位仪式。据说当天风雨大作，全体参加者都被淋成了落汤鸡，仪式也弄得不成样子。

做了皇帝的陈友谅依然驻扎在采石矶，还与东边的张士诚相约，准备夹击应天府的朱元璋。这是应天府一方最大的危机。他们惊慌失措，甚至开始讨论是投降陈友谅还是躲进钟山去。那时刚到应天府不久的刘基向朱元璋进言应处斩懦夫，并献上一策，主动将陈友谅军引入应天府地界。

朱元璋的手下康茂才与陈友谅旧有交情，于是他让康写了一封伪信，声称要叛降陈友谅，劝邀其立即攻击应天府。自信满满的陈友谅马上率领巨舰开始了进攻，在应天府附近的龙湾之上，两军展开了你死我活的争斗。

一开始朱军处于被压制的不利地位，但是午后的一场大雨让他们获得了喘息的机会，再加上时值退潮，陈军的巨舰失去了进退的自由，结果陈军大败，而陈友谅搭乘轻舟远逃而去。

如此这般，朱军不仅虎口逃生，还得到了陈友谅的百余艘巨舰。时为至正二十年（1360 年）闰五月。

鄱阳湖之战

这场战役是决定乾坤的大战，龙虎双雄全力以赴逐鹿天下。此前朱元璋多次濒临绝境，如元军包围濠城，又如之前的龙湾激战，但那都是被迫应战。而要争夺天下，就必须主动进攻以击破强敌。

当时刘基对有志于天下的张士诚和陈友谅分别是这样评价的："士诚立于元之下，不足为患。友谅劫其主，胁其部下，名分不正。然其地处上游，且日夜窥视于我，因此必须首先击

败友谅。陈氏灭后，则张氏孤立，可一举平定。其后进军北方
中原，则王业自成。"①由此我们也知道此战的意义了。

此前在龙湾败退后，陈友谅远远地逃到了上游的武昌。
眼看着其势力不在，平日里就对其颇为反感的各地将领便纷纷
投降了朱元璋，而江西也首次落入朱氏的势力范围。

陈友谅希望挽回态势，于是倾尽全部积蓄打造了数百艘
巨舰。这些高达数丈、共有三层的橹船，上设走马棚，船舷带
数十支橹，各以铁板包之，船体涂以丹漆，豪华之极。

至正二十三年（1363年）夏，朱元璋为营救小明王而驰
援安丰，收到线报的陈友谅令家眷全都登船，倾国中之力，出
动了号称六十万的大军，一路攻向南昌。守城之将是朱元璋的
侄子朱文正，他奋战三个月，终于坚守住了城池。

七月，朱元璋率领水军二十万前往讨伐，西路军在鄱阳
湖西南部的康郎山岛附近湖面上进行了一场世纪水战。朱氏一
方都是小型船，分成了二十队进攻；陈氏一方则将巨舰排成了
一座水上要塞。

朱元璋望见敌人的大舰队，大为恐慌，忙问身边的刘基
胜算几何。刘基回答道："我军有必胜之气，应奋力参战。"②
艰苦的战斗持续了三日，朱氏水军一波一波地向敌人小山一
样的巨舰发动进攻，斩杀了数十名队长，却只是更加恐惧

---

① 《明史》卷一百二十八：士诚自守虏，不足虑。友谅劫主胁下，名号不
正。地据上流，其心无日忘我，宜先图之。陈氏灭，张氏势孤，一举可定。
然后北向中原，王业可成也。——译注
② 《国初群雄事略》卷四：我兵必胜之气，当力战。——译注

彷徨。

最后他们准备了七艘渔船，在上面堆满了杂草和火药，瞄准傍晚时分起风的时机，派出敢死队驾船攻入敌阵放火。

这个策略成功了，陈氏舰队被烧掉大半，陈友谅的得力助手弟弟陈友仁也因此身亡。

陈氏阵形一乱，形势就发生了逆转，变得对朱氏有利了。他们的船是小型船，因此可轻快行驶，而陈氏的巨舰则不利于行动。那时陈友谅看到朱元璋所乘之船的桅杆是白色的，便命令第二天全体集中攻击那艘船。但是朱元璋事前得到了消息，当夜就命令己方水军将桅杆全都漆成了白色。

第二天，红白两军继续从早到晚激战，结果又是白军胜利。此后朱氏水军撤往鄱阳湖与长江的交汇处 —— 鄱阳湖湖口，整军以待准备在此地迎击陈氏水军。

此时陈氏水军中意见分成了两派，一派认为应该烧掉舟船在湖南再图大业，另一派坚决反对。在陈友谅踌躇之间，军中已经出现了逃兵。后来下定了决心的陈友谅打算一口气冲进长江，却遭到朱氏水军的追击。陈友谅在船上探出头来的瞬间被流矢射穿了眼睛！巨星就这样陨落了。

朱元璋也好几次濒临险境。一次是他的座船触礁，多亏了他的替身穿着他的衣服跳下水，假装他已经溺毙，他才得以幸免于难。还有一次是刘基突然叫他换船，而过了一会儿他之前乘坐的船就被大炮击碎了。

战事结束后，朱元璋向刘基表明心迹，称："我驰援安丰的时候，陈友谅错向南昌进攻，这实在是万幸。如果他直接进攻应天府，那就真是无力回天了。"①

这也就是两雄命运的分水岭吧。

大明开国

仿佛像是为了庆祝鄱阳湖上的胜利，次年至正二十四年（1364 年）正月，朱元璋接受李善长的劝进，登上了吴王之位。这是以龙凤朝廷的名义宣告天下的。虽然只是一种形式，不过得到宋国皇帝的任命，也就得到了正当的名分。

其实，在上一年九月朱元璋打败陈友谅的时候，苏州的张士诚也自立称了吴王。虽然他再三请求王号，元朝方面却始终没有同意。张士诚身边的学士陈基极力反对此事，他认为擅自称王意味着反叛。而且张士诚还依然使用元朝的年号，对外也宣称自己要恢复元朝。这里就显示出张士诚的目光短浅了。志在天下者，名分不得不正。

而陈友谅身负着弑主的污名，已经被打下了不义的烙印，这点刘基已经指出来了。更何况，惨遭杀害的还是西路红巾军的教主。其内部血淋淋的权力斗争接连不断，只能给天下人一种印象，觉得红巾军终究不过是个邪教徒的组织。对于这个形势，朱元璋比谁都明白。他称吴王后，便彻底脱掉了此前一直裹着的红巾军外衣。从那时候开始，龙凤朝廷也在小心翼翼地剥离自己的二重人格，只强调自己身为宋国皇帝的一面，而其

① 《国初群雄事略》卷四：我不当有安丰之行。使友谅乘我之出，京城空虚，顺流而下捣我建康，我进无所成，退无所归。友谅不攻建康而围南昌，此计之下者，不亡何待。——译注

他性质的教主小明王的一面则被弃置。

至正二十六年所发讨伐张士诚的檄文当中更是明明白白地表明了这个方针。他们首先谴责了元朝的恶政，紧接着就非难红巾军那邪教一般的行径，然后又细数张士诚的八条罪状。他们所非难的红巾军当指西路队伍。而此檄文乃由宋皇帝与吴王联署颁布，记以龙凤十二年五月二十一日的日期。他们让每个出征将士都带着这份布告，令其广为传布，以向内外宣传宋国才是有资格统一天下的真命所在。

此时，天下众人都将应天府称为西吴，苏州称为东吴。宋国的西吴除了像上面所说的那样端正名分以外，还在正义的名号下讨伐了伪政权东吴。起初，西吴内部分为主战派和自重派两派，朱吴王采取了前者的意见。在战略大方向上，西吴内部又分为一举进攻敌人大本营苏州和先取周围屏障再行进攻两派意见，结果是后者的意见得到了采用。朱元璋就像日本的德川家康一样，在关原决战取胜之后，既小心又坚定地朝大坂城发动了进攻。

他们首先占领了张士诚的兴起之地淮东，此后又接连攻陷了要地湖州、嘉兴、杭州，由此苏州完全陷入了孤立。之后朱氏军队耐心地围困苏州城，时间长达十一个月，最终将其攻陷了。

西吴军队攻破苏州城后，即使已回天乏力，张士诚也一直在万寿寺的东街进行最后的战斗。意识到天命已绝，他便关上宅邸大门准备悬首自尽。已经降敌的旧部下及时奔马而至，取下绳索，这才救下他的性命。但他自此之后便卧床不起，闭目不言，也不进食，就这样躺在门板上被抬上船送到了应天府。不久之后他再度上吊，这次终于无可挽救了。强人陈友谅战死于水上，富翁张士诚虽然死得不干不脆，但也是自杀。而海盗方国珍则逍遥自在地在应天府活了下来。

苏州破城当日，张士诚的妻子将他众多的姜侍领进府邸内的齐云楼，放火集体自杀而亡。此外还流传下来许多妻姜殉夫的惨事。东吴覆灭的次年，朱元璋在应天府即皇帝位，国号大明，年号洪武。明太祖就此诞生。

时为 1368 年。

谋杀小明王

至正二十六年（1366 年）年末的十二月，朱元璋命令海军统帅廖永忠将留在圣都滁州的宋皇韩林儿迎来应天府。然而在途中的瓜步渡口，其乘船发生倾覆，小明王就这样淹死了。后来查明，其死亡不是意外，而是廖永忠故意造成的溺毙。他因此被问罪并被处以死刑。

虽然小明王毫无存在感，但他既然是宋国的象征，我们便不能这样略过此事。

关于此次谋杀的动机，通常的说法是，在这个吴国眼看就要独立的当口，小明王已经成了障碍，因此明太祖命令部下谋杀了他。而此后再判部下死罪，便可免去自己不忠不义的罪名。所以说到底，真凶就是朱元璋。

确实，这种说法顺理成章，但是这里事情不能一概而论。

朱元璋在起兵之初就把"不杀"当作自己的行事方针，这点我们此前已经说过了。而事实上他也守住了这条原则，他

廖永忠像
（出自明版《明贤像赞》）

对张士诚、陈友谅、方国珍都许以日后待遇而劝其投降。虽然张、陈二人拒绝了，但是陈友谅的父亲和儿子在小明王遇害的当年二月都被招降而封授了爵位，张的同僚李伯升在投降时也获得了封爵。而在此之前，元朝名臣木华黎的后人纳哈出在太平被俘时，朱元璋也放他返回了故国。

正值欲以"不杀"拢聚天下人心的关键时刻，却谋杀自己亲自奉戴的力量微不足道的小明王，这实在毫无道理。就在数月之前，他们不是才联署发布了布告吗？而且虽说是马上就能独立了，但其实他们根本连具体的时间表都没安排好。在明朝的正式记录中，小明王死后的第二年是"吴元年"，而再次

年才是洪武元年。但是根本不可能有"吴"这种年号，因此
这个只能是后来填补上去的。

更何况，此时对苏州城的攻势才刚开始不久。考虑到种
种情况，思来想去，朱元璋果然还是应该判为"无罪"吧。

第四章　走向绝对帝制 ①

大明的国号

　　中国的国号有各种各样的由来，但是在国号中寄予建国的使命和理想，这种做法则始自元朝。"元"取自《易经》当中的"乾元"，是"天道"的意思，意味着他们得天道而施行政治。而此前，中国的国号大体上都来自以往的国名或是地名。

　　明朝又如何呢？很明显，"明"并非来自地名和国名。那么它到底是什么意思呢？关于这点至今尚无定说，因此这里只能向大家介绍目前被认为最接近事实的解释。

　　这是已故的和田清博士和吴晗先生提出的学说（和田清：

----

① "绝对帝制"是作者特意使用的术语，以明确标识明朝独有的皇帝制度，因而没有使用通常的术语"君主专制"，可参见后文中作者所做的说明。——译注

《明太祖与红巾贼》〔1923 年〕，吴晗：《明教与大明帝国》〔1940 年〕）。这两位东西硕学的研究虽然各有路径，但却得出了完全一致的结论。他们的意见应该得到重视。

他们认为红巾军的教主名叫大小明王，是出自该派的经典《大小明王出世开元经》，因此大明的国号也源自这部经书。吴晗先生还进一步提出，这部经典其实是摩尼教，也就是中国所称的明教之物。

乍看起来这种说法实在是异想天开，然而其实是有道理的。我们此前说过，摩尼教的教义认为善之光明与恶之黑暗在互相斗争，在这明暗的混沌当中光明将最终获得胜利。而教主就是为了给这个世界带来光明而现身的人物，因此必须遵循严格的禁欲主义。

可以想见，僧人朱元璋抱着重整世间的大志投身于红巾军，奉戴小明王。小明王去世后，他也继续信守着传播光明的使命而登基做了皇帝，饱含着祈愿将国号定为"大明"。这是在预言恶之黑暗世界，也就是元朝一定会被征服。

朱元璋重整世间的信仰恐怕不会轻易改变。在此前讨伐张士诚的檄文中，他将红巾军定性为邪教，但这是在谴责他们不守戒律的堕落行径。另外，虽然朱元璋深受儒者的影响，但他个人的信仰却是另一个问题。事实上，在糟糠之妻马皇后死后，他不是让他的儿子们都向僧侣布施为她祈求冥福吗？像他那样的英雄人物，全都有坚定不移的信念。

国号这么要紧，当然不能随随便便地取一个，其中可是包含着对未来的祈愿。辅佐他的儒者刘基之所以深受信任，其中的一个原因便是其乃占卜大师。

开国英雄大体都有着神秘主义者的一面。中国的明教徒在生活中严格执行"不杀""不饮""不荤腥"等戒律，据说破戒的僧侣会被处以吊刑。

朱元璋所提倡的"不杀"主义，以及以朴素、节俭为宗旨的禁欲主义也都是明教的主张。

如果这样解释"大明"，那么他们所推行的各种国策之目的也都能很好地理解了。

元朝北归

明朝平定江南之后，终于开始北伐了。如何制定作战的策略？起自盗贼的猛将常遇春提议一鼓作气直捣元之首都，但最后还是慎重派的意见占了上风，他们打算首先攻略山东、河南等中原之地，其后再进逼大都。慎重派的总帅徐达被任命为大将军，常遇春为副将，他们率领二十五万大军浩浩荡荡地出发了。

另一方面，元朝方面因失去了江南而萎靡不振，元顺帝还不理朝政，所有事务全都推给了皇太子。这位皇帝虽是最精通汉文化的君主，但身上依然流淌着蒙古的血，他晚年沉迷于藏传佛教的房中术，甚至命令皇太子爱猷识理答腊也成为信徒。这位皇太子是高丽出身的皇后祁氏所生，因此宫里朝鲜宦官朴不花权势熏天。而地方上，此前提到过的河南王扩廓帖木儿仍在和其他将军继续其父辈以来的内斗。皇太子试图利用扩廓帖木儿压制反对派，却被对方先发制人，两度落得弃都而逃的下场。此时的元朝深陷内部纷争的泥潭，根本无力抵抗明军。

　　率领元军侍奉皇帝直到最后一刻的仍然是扩廓帖木儿。关于他有这么一则逸话。明太祖问臣下，谁是当世的奇男子？他们都推举常遇春，而太祖却出人意料地举出敌人扩廓帖木儿。为此，太祖还让次子秦王迎娶扩廓帖木儿的妹妹为妃。扩廓帖木儿是一位纯粹的武人，有一段时间皇太子任命他做了宰相，但他觉得不合本性，刚过两个月就辞掉了。此后他回归战场，和其父的同僚李思齐等人前往陕西征战。

　　在这种情况下，明军北上节节胜利，二月平山东，四月定河南，七月已经逼近了大都附近的通州。

常遇春像
（出自明版《明贤像赞》）

　　此时朝中提出坚守大都应战，而元顺帝力压众议，连夜打开健德门，带着皇后、妃子、太子等人逃出大都，经由居庸关直奔元的夏都上都（正式名称为上都开平府，位于现在内蒙古自治区的南部、滦河上游的左岸）。

　　如此一来，徐达等人不费吹灰之力就进入了大都。时为洪武元年（1368 年）八月二日。

　　此后他们又夺取了山西和陕西。洪武四年四川的大夏国被攻克，同十四年云南被攻克。至此中国本土已基本完成统一。

太祖的政治姿态

　　以重整世间为志向的太祖（洪武帝）登基为皇帝后施行了一系列政策，一言以蔽之，就是将元朝的蒙古体制全部换成中原王朝的传统体制。

　　常常可以见到这么一种意见，认为朱元璋是历代王朝创始人中最平庸的君主，因为他改革内容的每一个部分都是从来就有的东西，一点创造性的成分都没有。然而，这种意见是对时代一无所知才发出的妄评。

　　其实呢，元这个时代是一个艰辛的时代。在中国三千年的历史当中，唯有这个草原出身的王朝完全无视传统而彻底地贯彻自己的一套统治。此事委实让人懊恼，因此虽然中国学者热衷于研究历史，却向来对元朝不感兴趣。

　　但是，也有一位学者指出了元朝的革命性，那就是明末硕学黄宗羲。关于中国社会的变化，他曾有总结，在秦是一变，至元为再变。秦始皇此人，儒者将其视为仇敌而恶语相向，但是说到元朝，却什么言论都没有。大概连开口都是忌讳的吧？

太祖高扬着复古的理想，全身心应对处理这古今两大改革中的后一次。所以他的改革有一个特点，即先在政治、经济、思想等各方面都进行绵密细致的讨论，总结出一以贯之的综合原则，有了原则之后才设计改革方案。造成的结果是，某些部分偏离现实而显得过于理想化。甚至可以极端地说，明朝的历史就是太祖建立的理想主义随着时代变化而变形走样，矛盾爆发，进而走向崩溃的过程。

但是，如果我们忽视了元朝的革命性，以及明太祖为了修正元朝之路而做出的综合性设计，那么我们就抹杀了明太祖的伟大。

这点可说是历代王朝中独一无二的特色，是一种伟大智慧的产物。

设计这项工程的，正是太祖起兵以来就辅佐他的无双谋士李善长，以及刘基和金华学派等智囊团，因而自然绵密细致。不过宣布这些原则并加以推进的人，自不必说，到底还是太祖朱元璋。众所周知，他追求学问非常认真刻苦。也是在这一时期，他向宋濂请教帝王之学，宋便劝他读《大学衍义》（南宋朱子学者真德秀所著）。但是，皇帝变成一个半生不熟的知识分子，此事却是有利有弊。因为政治毕竟是活生生的现实。

虽然明太祖很多地方都模仿汉高祖，但在这点上他们却完全不同。汉高祖声称只要会写自己的姓名就够了，是发自内心地鄙薄儒者。但是，到底哪个比较好，却是不好简单议论。其中大概也有时代的差别吧。汉高祖采取的是无为之治，顺应自然的变化；而明太祖则打造了一个精密无比的框架，试图克服时代的潮流。结果是两者都延续了两百年以上的命数。

传统的复活

这场改革首先从服饰革命开始。蒙古人的发型是编发，前方的头发要剃掉，后面的头发则编着垂下来，通常其上还要戴一顶饰有垂饰的软帽。采用这种编发样式的不仅有蒙古人，满洲人和日本人也是如此（日本的是一种变形），共同之处在于他们都是武人类型。而与之相反，汉人、朝鲜人，以及日本的公卿则梳总发发型，这是文官类型。

服装上也很不相同。蒙古人是骑马民族，穿着便于行动的上装和裤子，此外为了方便弯弓射箭，他们的衣领是向左掩。孔子将这些北方民族的造型说成是"被发左衽"，并视为蛮俗而极为排斥。中华文明最看重服饰的正确了。但是，元朝的许多汉人也打扮成了蒙古人的样子。

此外还有许多汉人甚至取了蒙古的名字。尤其是华北的"汉人"，他们将从皇帝那获赐蒙古名字视作无上的光荣。因此，模仿蒙古人而自称蒙古名字的人也不在少数。这是因为民族的差别同时也是阶级的差别，如果不变作蒙古人的样子就无法出人头地。

作为孔子信徒的太祖对这些蒙古风俗一概下了禁止令。

元朝皇帝的诏敕和法令都是用蒙古语颁布的，只是为了方便汉人而翻译成了俗语体，好让平民百姓也能理解。但是这对汉人来说可是了不得的大事。

中国有"文章兴国"的说法，一篇好文章就能集聚政治的声望，更何况是作为中华象征的皇帝之诏敕，那更是必须得庄重典雅。明朝开国之初，这些都由明代一流的文章大家宋濂亲自执笔。宋先生甚至名扬海外，到访明朝的使节都争相购买他的文集。

此外，儒教教育也得到了大力推广。性格无比严谨的宋濂被太祖委以重任，负责皇太子的教育。他在十余年间，用一言一行教导太子礼法，并为太子细细讲说治乱兴亡之迹。太祖又召集了天下数十名儒者，从中选出充满锐气的才俊，让宋濂施以严格教育。

如此这般，金华之学，也就是正统朱子学成了明廷上下的精神支柱。其实本来，朱子学在其诞生的南宋是遭到禁止的。讽刺的是，朱子学在其最排斥的元朝却获得了国家的认可，一跃成了正统官学。不过在元朝，这只是一种政策考虑，朱子学真正在世间广为流传，还是始自明代。

明太祖对平民百姓的社会教育也倾注了大量心血。他曾经投身于立志重整世间的宗教，此项政策大概也源自他身为僧人的经历，因此在过去的王朝中绝无前例。洪武三十年，太祖颁布了"六谕"，内容有六条："孝顺父母、尊敬长上、和睦乡里、教训子孙、各安生理、毋作非为。"由此，他将儒教精神总结成简易的教谕，命令全国百姓每个月都要诵读六次。

　　明末时期，范铉据此作了《六谕衍义》一书。这部书还传到了日本，江户幕府八代将军德川吉宗命儒者室鸠巢据此撰写了《六谕衍义大意》。

　　中国的传统就这样在天下全面复活了。

绝对帝制

　　这里我们先讲一个后来的事情。15 世纪的正统年间，明朝的第六代皇帝——十二岁的少年皇帝明英宗曾将礼部尚书胡濙投入狱中，然后过了两三周又将其释放了，令其官复原职。胡濙此人自惠帝（建文帝）之后，侍奉了明朝六代君主，当时是德高望重的元老级人物。而英宗随意处置的不止胡濙一人，但凡有谁不合其心意，都会被他投入狱中，随即再放出来。若说这只是少年君主意气用事当然也可以，然而事情实在是太不寻常了。其实根本上，这是因为君主权力成了一种绝对的东西，在制度层面得到了确认。这种绝对帝制（此前学界一直在使用的术语是"君主专制"，不过我打算在这里另造术语，以明确表示此乃明代特有的一种制度）是在明代首次出现的。但是，这种制度产生的直接原因，其实还是在元朝制度中。

　　一般认为，君主专制制度始于宋代，而此后是扩大强化的过程。但是这种考量并不符合元朝的情况。元朝的百官之首宰相被称为"丞相"。这个官名在秦汉时代已在使用，到了魏晋时代，这已经成为帝座的窥视者在登上皇位前的称呼。如此一来，"丞相"就成了特别尊贵的称号，唐以后就很少用了。

而这意味着，臣子的地位相对于君主在逐渐降低。此称呼在元朝再度复活，这表明元朝臣子的力量是多么强大。而这其中是有理由的。

其实非常简单，在蒙古制度中，皇帝，也就是大汗本来是由选举产生的。除了诸王，重臣也拥有推荐权。因此，元朝怎么都不能说是君主专制。虽然在世祖时，元朝废除了选举制而改用继承制，但是民族的习惯不是一纸法律就能改变的。

另外，成吉思汗以来的蒙古社会是封建体制，不可能原封不动地对接中原的政治制度。在这点上，反而是与日本德川幕府的老中制度相似。大札鲁忽赤（大法官）相当于日本的大老，大必阇赤（大书记）相当于老中。这四五名重臣负责协助大汗，统理军事和民政。

这种蒙古的老中制度被带到了中原地区。对此晕头转向的汉人思前想后，决定将这蒙古老中的汉称定为"丞相"，其机构称为"中书省"。虽然在忽必烈汗这种强势君主的时代，重臣无法兴风作浪，但是在他之后的元朝皇帝或是被逼退位，或是横遭弑杀，总之尽由重臣们摆布。即使考虑其颜面也不能说元朝君主强势。而这种情况在蒙古封建制中并不特殊。

元末群雄使用的都是元制。在这个战乱无日无之的时代，亦即在军事体制之下，蒙古封建制反而是有利的。朱元璋自己就曾做过龙凤政权的丞相，因此当然熟知此职可能成为君主代理的个中利害。到了和平时期，而且是重新采用了汉式体制之后，像这样拥有强大权限的职务就必须重新检讨了。

不过，在明初的草创期这种制度仍属必要。实际上北伐

南京明鼓楼

开始之后，太祖坐镇开封，留守的任务全都委托给了左丞相李善长。这里要提一下，在这个丞相制度上，太祖也深受人才匮乏之苦。

李善长请辞丞相之后，太祖找刘基商量继任者的问题。太祖举出的第一个候选人是杨宪，这是太祖占领应天府（南京）时归顺的儒者，也是刘基的朋友。但是出乎意料地，刘基却极力反对这项委任，理由是："他有丞相之才，却无丞相之器。为丞相者，持心要如水一般，一心只跟随正确的道理，而不能有一己之私。在这点上，宪并不合格。"太祖接着又举出了汪广洋，这是攻取太平的时候归顺的学者，诗书都是能手。而刘基的评价是："为人偏狭又肤浅，还不如宪。"

最后太祖还询问了胡惟庸的情况，他是李善长提拔出来的人，李善长的侄子做了胡惟庸的女婿。而对此刘基回答说："打个比方的话，此人就像是要弄断车辕的人物。"于是太祖对刘基说："能做我丞相的，除了先生之外别无他人了。"但是刘基因病固辞，并对太祖说："以天下之大，怎么会没有人才呢？请明主诚心求之。"①

结果太祖还是没有听从刘基的意见，先后任命此三人做了丞相。然而他们全都失败了，太祖只得又将他们杀掉。

洪武十三年（1380年），在胡惟庸大逆事件之后，太祖废除了丞相之制，并公布了对子孙的遗言——不得复置此职，如臣下有敢上奏复置者，处以死罪。这大概也是多年来深思熟虑后的决定吧。考虑到这一职位的巨大权限，以及担任此职的人都先后如刘基预言的那样走向了堕落的结局，再加上实在难觅良才，才最终得出了不如不设的结论吧。

此时太祖刚满五十岁，正是年富力强的时候。皇帝事实上成了兼任的丞相，统辖着行政机构六部（吏、户、礼、兵、刑、工），这是史无前例的重大改革。

但是如此一来，皇帝就没有了能为之分担责任的人，全部都只能一人独力承担。

而且皇帝身兼丞相，其公务之繁重也远远超出了普通人的承受范围。后来的合格者，大概只有清朝雍正帝吧。

伴随着这种绝对帝制而来的是官僚推卸责任、君主怠慢公务，最终酿成了宦官跋扈的局面。这就是太祖矫枉过正的失误了。

---

① 《明史》卷一百二十八：及善长罢，帝欲相杨宪，宪素善基，基力言不可，曰："宪有相才无相器。夫宰相者，持心如水，以义理为权衡，而己无与者也，宪则不然。"帝问汪广洋，曰："此褊浅殆甚于宪。"又问胡惟庸，曰："譬之驾，惧其偾辕也。"帝曰："吾之相，诚无逾先生。"基曰："臣疾恶太甚，又不耐繁剧，为之且孤上恩。天下何患无才，惟明主悉心求之，目前诸人诚未见其可也。"——译注

中央集权制

　　唐宋以后的国家行政方式是以中央集权为原则的官僚制，而且为文官优先主义。元朝则大不相同，原因当然还是在于蒙古封建制。

（上）明太祖孝陵，
（下）孝陵石人（明代武官）

元世祖命令汉人官僚创设中央官制，结果建立了管理民政的中书省、统辖军政的枢密院，以及作为监察机关的御史台三大机构。这些都符合中国的传统，但是就像所谓的"丞相"一样，实际上这些职务也极为暧昧不清。名将扩廓帖木儿进入中央的时候身兼了中书左丞相和知枢密院事两个官职，中央政府的实际状态其实还是过去蒙古的"老中"制。

元朝地方制度中的最高一级单位叫"行省"，意思是临时派驻地方的中央政府，所以其意义和一般认为的中央统辖下的地方官署并不一样。

这个机构其实是为了统治外地而设立的有着军政性质的政府机关。正因如此，这个机构拥有强大的权限，所治地域也非常广大。元朝对长江以南的土地仅划分了三个行省进行统治，由此便可知其性质。

明太祖将这种非常规的做法统统改成了国家传统方式。

首先是作为国家根基的人民的问题。元朝治下的民众分成了四个等级，分别是蒙古人、色目人、汉人、南人。太祖首先将此废除，实现了平等。不过，在结婚的时候，蒙古人、色目人同汉人结婚没有什么问题，但他们之间则不允许通婚。让居住在中华的人民全都汉化，这成了新政府的方针。

但是太祖却在军和民之间划下了分界线。蒙古社会是军民一体的社会，太祖可能是为了反其道而行之，然而这却是一项鲁莽冲动的改革。他将人民的户籍分成民籍和军籍，一旦被划入军籍，身份就成了世袭，子孙世世代代都是军人，这就是军户。军户永远不能做文官，但是相应地，他们可以参加武举

孝陵神道石兽

　　这个武官考试，经由此途成为高级军人，甚至积累军功而获得侯、伯等世袭爵位，而这份荣誉原则上并不会授予文官。

　　太祖就这样硬生生地将军民分开了，为此甚至弄出了身份制。然而这里也出现了理想与现实之间的差距，到后来普通人也能当兵了，甚至还出现了私兵。

　　不过，太祖总算站在这两大人民支柱上，搭建了中央政府机关。统治民户的是六部，管理军户的则是五军都督府（中、左、右、前、后五军）。全国划分为五个军管区，各自都设立了都督作为统帅。而统辖五军都督府的，毋庸赘言就是皇帝本人。监察制度靠的是都察院，其性质不变，只是改了个名字。

　　明朝的地方制度也剔除了元朝那种地方分权的性质，而组织成了中央集权的形式。地方也是三大系统，民政机关从行省改为承宣布政使司。正如其名称所示，它的意思是将上头的指令广布到地方人民之中。军政机关是都指挥使司，监察机关则是提刑按察使司。

元朝行省的统治区域过于广大，因此明朝将之进一步细分为十三块。而新名称实在太长，所以其单位又俗称为"省"。这个时期的统治区域基本上一直延续到了现代。但是即便如此，其范围仍然太大，所以中国这个实体在某种程度上有着"省的联合体"的性质。即是说，中国人的乡党意识到省就是极限了，出了这个范围就是天下。

银与铜

蒙古人征服中原，可不是为了推行什么善政，就是为了掠夺。对于身为游牧民族的他们来说，财产就是能搬运走的东西，除了大量的家畜，就是宝石和贵金属一类的东西。来到中原的蒙古人触目所及，看见的只有乌泱乌泱的人群以及广阔无边的大地，他们失望至极，甚至想过将汉人统统杀掉，将土地全部变成牧场——这是一个有名的传说。这大概是蒙古人没有任何矫饰的想法。而拯救这片大地和人民的是耶律楚材，他承诺将在一定期限内交出四十万两银、八万匹绢、四十万石粟以供军需。这就是包税制的开端，是元朝给中原带来的前所未有的恶劣制度。在此之后，元朝大肆掠夺白银，为达目的甚至发行了交钞（与其说是纸币，不如说军票的性质更重）。而且，皇帝还任意地将大片土地赐予王族、重臣和佛寺。①

① 《元史》卷一百四十六：太祖之世，岁有事西域，未暇经理中原。官吏

这是完全无视中国实情的做法。全中国超过 90% 的民众是农民，其中大部分使用的都是铜币。就像我们此前说过的那样，直到明代中期前后，米价便宜的时候一两银可以买到八九石米。而一石相当于大约一百二十文铜币。中国直到民国为止，法定货币都只有铜币，也是这个原因。

中国开始大规模使用银货的时代是宋代，特别是商人们会用银作为大额交易的支付手段。而之所以出现这种情况，乃是因为宋朝的商本政策。造成的结果是，银货属于大商人和大地主阶层，而铜货则意味着贫民的世界。在此之上，元朝又带来了银货掠夺和包税制。包税制下，朝廷无视纳税人的能力等各方面因素，只是一个劲儿地要求凑够税额。这种财政方针作为经济政策，意味着自由放任以及采取商本主义。元朝的政策被认为是虐待贫民、优待富人的政策，其原因也在于此。

出身于贫农佃农阶层的太祖对此感到愤怒是理所当然的，而他倾尽全力支持其智囊金华派所主张的农本抑商政策，也可以说是必然的。

最为欢迎和支持元朝政策的正是江南的财阀们。并且就像我们后面也会说到的那样，元朝也积极从事国际贸易，所以自然更得他们支持。元末据有江南的张士诚之吴国，在政策上

多聚敛自私，赀至巨万，而官无储偫。近臣别迭等言："汉人无补于国，可悉空其人以为牧地。"楚材曰："陛下将南伐，军需宜有所资，诚均定中原地税、商税、盐、酒、铁冶、山泽之利，岁可得银五十万两、帛八万匹、粟四十余万石，足以供给，何谓无补哉？"帝曰："卿试为朕行之。"乃奏立燕京等十路征收课税使，凡长贰悉用士人，如陈时可、赵昉等皆宽厚长者，极天下之选，参佐皆用省部旧人。——译注

一承元制，此事我们之前已经提过。大地主和大商人居住的苏州是开明之都，但同时也盛开着罪恶之花。

朱元璋之西吴和张士诚之东吴所进行的战争，从另一个角度看也是贫苦农民和富裕商人的战争，同时还是质朴勤勉的农村与奢侈怠惰的都市之间的对抗。为了捍卫自己的阶级，双方都拼死坚持着攻防战斗，此事已毋庸赘言。江南财阀们支援了张士诚，在张的末期，上海之民钱鹤皋举兵相助就是很好的例子。

钱鹤皋是当地富族，乃五代时期吴越王钱氏的子孙。他为了张氏举义兵夺回松江并占据了该地，据说地方上的巨室都支持他。即使到了穷途末路，他们依然选择和佃农政权战斗，直到最后一兵一卒。他们当中也有些富豪，预见到张氏政权终将没落，为躲避其后必至的打压而提前清理了自己的财产。比如谈氏，就将全部财产都花掉购买了大量书籍，以至于被世人讥笑为笨蛋，但后来大家都转而佩服其有先见之明。

政经一致

明太祖曾这样训示降服的张士诚旧部："如今我出于特别的优待，任命你们这些投降人为将校，你们要感激这份恩典。在这里我把话说清楚，我的家臣大多是安徽出身，生活勤苦俭约，不知奢侈为何物，和浙江耽于安逸享乐的有钱人不能相提并论。你们也要照此去做，从今开始一改过去的生活。"①

---

① 《国初群雄事略》卷八：吾所用诸将，多濠、泗、汝、颍、寿春、定远诸

　　勤勉、朴素、素食，这是太祖信仰的明教所倡，而除去素食，这些也是儒教的教导。不知是不是为了践行这些信条，明政权将官吏的俸禄定成了史上最低。最高的每月只有八十石，最低的每月五石。虽然按照官方的定价米一石相当于银一两，但是米价下滑的时候，八十石只相当于银十两，五石只相当于铜钱五百文。

　　在俸禄高的宋代，官吏收入最高可达每月铜货三百贯，也就是银三百两以上。除此之外还有米百石，春冬两季更有生丝二十匹、绢三十匹、棉百两，另外还有庞大的职务补贴。两个时代真是天上地下的区别。

　　但是另一方面，明朝却非常爱护农民。太祖有令，准许农民穿着绢织物，而商人只能穿棉布。但即使是农民，如果家人当中出了一个做商人的，那么这些特权也要取消。

　　开垦也受到官府的鼓励。元末大乱之际，山东、河南一带出现了许多无人土地。太祖便将这些土地赐予有意开垦的人士，而且规定永久免税。这又是豪爽的大手笔。

　　重农抑商的政策是儒教的主张，在这点上太祖和金华学派的想法是一致的。宋濂的高足方孝孺还在此时上奏，请求在开垦这些无人土地时恢复古代的井田法。

　　就这样，明朝君臣都胸怀宏大的理想，一步步地推进农本政策的实施。

州之人，勤苦俭约，不知奢侈，非比浙江富庶，耽于逸乐。汝等亦非素富贵之家，一旦为将握兵，多取子女玉帛，非礼纵横。今既归于吾，当革去旧习，如吾濠、泗诸将，庶可保爵位。——译注

　　但是，不论如何低廉，要支付给官吏们的俸禄也是一个天文数字，这些钱要从哪里抠出来呢？此时，没收的敌产就成了财源。张氏政权以及协助他的大地主们持有的田地都被没收变成了国有田，而当时沉重的佃租税率也原样沿用了下来。

　　其结果是，苏州一地的佃租达到了严苛的一石六斗三升。官田一亩最高的税额被控制为七斗三升，所以这里的田租是其两倍以上。看上去这是对可恶的苏州施行的报复措施，而实际上是为了首先确保官吏俸禄的财源，因为新政权的基础还非常不稳定。

　　实施了农本政策，就必须使农民的生活得到保障。为了达到这个目标，明朝首先着手进行税制更正。官府调查了全国范围的田地，制作了精确的土地账本，这个被称为"鱼鳞图册"。在此之上官府再根据地域差别和田地肥瘠确定了税率。其总计就是国家的收入，而国家的支出就限定在此数额之内，这就是"量入为出"。元朝实施的包税制是"量出为入"，所以两朝采取的财政原则是完全相反的。

　　把国家财政的大宗定为田税而且是实物税，这是为了限制银的使用。换句话说，就是为了抑制商人势力的上升。

　　接着明朝规定了人民向国家提供劳力的义务，特别是看重征税和纳税的手续。这就是所谓的"役"。为了编纂资料以分配劳役，官府又进行了人口调查，制作的人口名册被称为"赋役黄册"。这份名册的制作也是由百姓完成的。其组织形式称为里甲制，负有赋役义务的一百一十户家庭组成一个单位"里"，其中选出税额和壮丁数量多的十户人家做里长，剩下来的一百户分为十组，组被称为"甲"，负责人被称为甲首。这些职务都是每年由人轮流担任。这种半官半民的邻人之组在全国范围内都得到了落实。

如此一来明朝就创出了一种体制，以人民正确的申报为基础设定合适的税率。

在这些环节当中，银毫无用武之地。军队靠着军户制可以自给自足，边境又推行屯田制。宫廷使用的衣服和陶瓷等物件则由官营工场生产（织物生产在北京、南京、苏州、杭州有织染局，陶瓷生产在江西省饶州府，也就是景德镇），除此之外的必需品全部从民间以实物收取。

官府也铸造铜货，但是却不允许民间使用。如此一来，帝国内部便成了彻底的自给自足体制，也就是说，明朝打造出了一个除了实物就是劳动力的世界。这是立志重整世间的太祖和他的智囊们苦心孤诣做出的成果。

但是，毫无疑问，这种建国方针实在太过无视现实而过分理想化了。不过，明朝到底确立起了依凭政治力量统制国家经济的政经一致的方针。

锁国

太祖禁止本国国民向海外航行，颁布了"片板不许入海"的严厉海禁令。

这是锁国政策，除了官方的正式外交，民间的海外交流全部都被禁止了。从一直以来的国际关系上来看，这可说是一个翻天覆地的大转变。

宋朝的国策就是商本主义。到了元朝，由于其狂热的银货掠夺政策，也同样大力支持外国贸易。尤其是元朝，他们已经不能满足于坐取关税，政府甚至亲自投身于贸易，出资造船，收取利润中的七成。元朝还禁止财阀以私人资本进行贸易，也就是说国家甚至打算垄断这项事业。

正如此前所述，在这种形势下，泉州作为南海贸易，或者说阿拉伯贸易的据点，一跃成了世界第一大贸易港。

正如我们在沈万三的例子中看到的那样，这些国际贸易是出现江南财阀的一大要因。而且进口的都是些奢侈品，支付这些商品导致巨额白银和铜钱不断流出。如今太祖等人正在大力推行农本政策，在这方面海外贸易就成了最大的绊脚石。于是，太祖强制命令江南的富户十四万户移住到自己的出生地濠州。采取这种政策削弱江南经济力量的一个原因，就是要落实断绝海外交通的锁国政策。

关闭国门其实还有其他原因。打开国门而带来的国际性，换言之就是反国家因素是不可容忍的。泉州居住着以阿拉伯人为首的许多外国人，在宋朝，他们当中还出现了一位阿拉伯人蒲寿庚，由于强大的海上实力而被任命为提举市舶司。但是此人在南宋朝廷被元朝追击的时候投降了元朝。他非但不肯收留落难的南宋皇帝，反而虐杀了泉州城内的千余名南宋王族之人。以宋国继承者自居的明太祖对此不可能漠视不理，他下旨剥夺了蒲氏子孙后代出任官吏的资格。

就这样，太祖基于国策关上了国门。但是这种自绝于世界的孤立主义与当时东亚的发展趋势是背道而驰的，这点毋庸赘言。而且关键是在国内还有福建和广东两地，此前我们已经说过，这两个地方离开了海洋就活不下去了。

很快地，张士诚和方国珍的残党纠合倭寇，开始在东南沿海横行肆虐了。

第五章　东亚一体

东亚的变动

14 世纪后半期，首先在中国，元朝败退而明帝国兴起。仿佛是要追随中国一样，已在朝鲜半岛统治了近五个世纪的高丽王朝换成了李氏朝鲜。中南半岛上的安南地区也出现了黎氏王朝。要说这一切只是巧合也可以，但就在朝鲜李成桂登上王位的 1392 年，日本的南北两个朝廷统一，形成了足利义满称霸的局面。

这一连串的政权更迭并非没有共同点，这便是看似已经屈服在元帝国的强大压力之下的东亚民族，针对元帝国而爆发的反击和解放浪潮。而且，这些新生的政权不再是简单地沿袭以往的政治路线，而是根据新的政治原理建立了崭新的国家。

也就是说，这个时代的东亚是以蒙古人之元朝为轴心转动的，这种情况从历史上看也是一个新时代的标志。新时代已

经到来，一国的动向如果不参照与其他国家和民族的关联就无
法理解。

此外在其他方面也出现了许多东亚共同的历史现象。古
老的贵族阶级或是没落，或是日渐衰微，而新兴阶级开始掌握
社会的主导权。中国从宋代开始便出现了这种倾向，至明代还
出现了佃农出身的王朝，更是鲜明地显示出这一动态。朝鲜半
岛的王朝更替也包含这种特征。日本有新兴武家阶级的崛起，
而北归的蒙古人当中也出现了新兴阶级崛起的情况。可以说，
这是平民势力的崛起。这些新崛起的阶级开始热心追求生活文
化的进步，这种热情使整个东亚世界紧密地结合在了一起。中
国是当时经济最发达的国家，强烈地吸引着周边诸国与之靠
近。自然而然地，东亚开始一体化，成为一个拥有共通历史的
世界。

元与高丽

在大元帝国内部，高丽不过是封土之臣，但它也不由自
主地卷入了帝国的末期症状之中，日日经受内外交困的苦难。

首先是宗主家元帝室和高丽王室之间的关系在恶化。这
两家自忽必烈汗以来就形成了通亲的惯例，高丽的王妃要出自
元室。但是忽必烈汗一方却视高丽女性为卑贱之人，规定元朝
宫廷绝不纳高丽女子。

但是元朝的最后一位皇帝元顺帝却接纳了高丽宦官引荐
的高丽女子祁氏。这位妃子做事滴水不漏，侍奉得妥妥帖帖，
马上就抓住了皇帝的心。惊慌失措的皇太后命其早定皇后，于

是权臣燕帖木儿之女被选为皇后。但是这位皇后眼高过顶，万分瞧不起这年少的皇帝。

皇帝宠爱祁氏，皇后见此燃了嫉妒之心，日夜鞭笞祁氏。后来这位皇后因隐匿谋反弟弟而被处以绞刑。

但是高丽女子祁妃的出现也意味着帝室家法已破，自此之后，有识之士都以为天下将乱。

紧接着，元室立了忽必烈汗皇后家曾孙一辈的妃子做了正皇后。这位皇后行事稳妥，却不得宠，所以最后还是立了祁氏为第二皇后。二人同时为后，这也是史无前例了。祁氏所生的儿子就是后来的皇太子爱猷识理答腊。

到这时候，顺帝已经开始沉迷于藏传佛教。两位皇后劝谏无果，而皇帝一怒之下两个月都没有踏入后宫一步。

以前就有句老话，说对朝鲜女子可不能掉以轻心。而祁氏也终于露出了本性，她从本国招来众多高丽美女，将她们都送到有权有势的蒙古大臣家中。因此大都的风气反而成了家中有高丽女子才是名门。这些高丽美女既端庄娴雅又美丽动人，而且侍奉妥帖，蒙古妇人完全不是对手，于是她们全都独占了宠爱。在此影响之下，宫廷的女官也大半都成了高丽女子，宦官也是如此，而大都的服饰也流行起了高丽风。如此这般，祁氏以大元帝国正皇后的身份拥戴着皇太子，隐然成了一股不可忽视的势力。

而另一方面，在高丽本国，作为元室的女婿，国王以下全都拥有蒙古名字，恭愍王甚至不顾臣下劝谏而梳起了辫发，汲汲献媚于元室。

这里问题就出来了。祁氏家族原本是高丽的贵族，所以在高丽王朝内部，祁氏一族对高丽王当然应该行臣礼。但是祁氏这回成了高丽王所侍奉的大元皇帝的外戚，在门第序列上就排在了高丽王的上位，而且元室也确实给祁氏的父亲和祖父追赠了王号。如此一来，祁氏一族便威风赫赫地凌驾于高丽王之上，形成了挑衅之势。

高丽在四个世纪当中都是以逆来顺受的姿态熬过来的，然而事情发展到这个地步，怒火瞬间就爆发了。他们将祁氏一族赶尽杀绝，且一不做二不休，干脆奋勇出兵夺回了被元侵占的咸镜道，并废除了元朝年号，明明白白地宣示了其反抗态度。他们甚至还计划招日本兵一同征讨元朝。

由此，元朝和高丽之间出现了裂痕。

红巾军

高丽开始反抗元朝，其实还有其他原因。

元末大动乱的惊涛骇浪也冲击了朝鲜半岛的王朝。时为恭愍王三年，即元至正十四年（1354 年），六月，驻留大都的高丽王族中有一人回到朝鲜，带回了中国国内红巾军起义的消息，并同时传达了大元丞相脱脱的口信，要求朝鲜派兵支援以讨伐张士诚。后来高丽人宦官又带来了要求正式出兵的敕令。因此高丽派出了两千兵士，加上驻留大都的高丽人，军队全员达到了两万三千人。他们在脱脱的指挥之下充当前锋，向张士诚占据的高邮发动了进攻。

按照高丽一侧的说法是，在他们眼见就要攻陷高邮城之际，蒙古军的部将产生嫉妒之心，唯恐功劳被高丽军抢了去，于是借口天色已晚，不如明日再战而撤走了军队，导致了失败。

不管怎么说，脱脱的解职引发了元军的溃败，因此高丽军也撤退了。此时他们已切身地感受到，元朝已经日薄西山了。

此后很快，高丽便倾向于反元了。紧接着，高丽就收到了本是敌人的张士诚送来的殷勤厚礼，而且张还自称太尉，这可是元朝显官。张在信里说，如今正在讨伐眼下残虐之极的红巾军。不用说，这里的红巾军指的就是明太祖。虽然说昨日之仇敌，今日之莫逆，然而这事也实在太古怪了。

张士诚此时献给高丽王的礼物有沉香、山水画、玉带、彩绢等，与此同时元朝水军的长官还提出要和高丽进行通商贸易。高丽一直倾心于中国文物，但是此前因为元朝官吏盯得紧而不能有所动作，这一次得到了久等的好消息，简直宛如海上出现了曙光。高丽马上就发出了回信，并回赠布、麻、虎皮、豹皮等本地特产。

高丽的首都开城掌控着朝鲜半岛的商业，即是所谓的开城商人的大本营，在昔日高丽对宋的贸易中十分活跃。

继张士诚之后，高丽又与浙江的方国珍实现了往来。中国东海这片水域很快就繁忙了起来。

此时从大陆方面却杀来了一群不速之客，那便是红巾军。高丽将这些人称为"红头之贼"。

恭愍王十年（至正二十一年）隆冬之际，破头潘、关先生等人率领的红巾军大部队越过鸭绿江，攻入了朝鲜半岛。他们从内蒙古出发横穿东北平原而来，我们此前已经提过这支远征军。高丽王以下的众人都弃城而逃，他们衣服尽湿，在寒风中瑟瑟发抖，不得不砍柴取暖。

红巾军闯进首都开城后，做尽了残暴野蛮之事，长达两三个月之久。由于正值隆冬，他们剥下牛马皮层层贴满城墙，在上面浇水使其结冰，让人无从攀登。据说他们还烧杀男女，烤炙孕妇乳房为食。

第二年，高丽军队合围首都，歼灭了大半红巾军，并没收了他们手里的元朝皇帝玉玺和官印。此时率军奋战的正是后来李氏王朝的始祖李成桂。不过，传到中国方面的消息称，红巾军的溃败是由于高丽发动了美人计。高丽方面先向红巾军献上美女乞降，红巾军的将校人人有份，都被迷得神魂颠倒。高丽军队便趁此机会偷走了他们的马匹，藏在树林里，待国王一声令下，便将所有不操高丽口音的人统统杀掉，最终歼灭了红巾军。这个故事到底有几分真实我们并不清楚。高丽就是这样在来自元人的翻天巨浪中沉沉浮浮。而与此同时，南方海面上又杀来了残酷至极的倭寇。对此，高丽束手无策，只能任由时代洪流冲击。

李朝兴起

恭愍王十七年（至正二十八年，1368 年），元朝皇帝从大都出逃的消息传到朝鲜半岛。该何去何从？高丽对此感到迷茫。第二年，明朝的使者早早地来访，再加上此前又有祁氏一事，于是高丽便下定决心要跟随明朝了。

但是在那之后，明朝使节的态度变得十分倨傲，高丽人一气之下又杀了来使。因为这件事情，明朝要求高丽谢罪，并定下了苛刻的赔偿金额，还要求高丽将从元朝手里夺回的咸镜道交给明朝。高丽顿时强硬起来，态度一变，转而要出兵征讨明朝。只有儒者官僚对此表示反对。

高丽的文化原是继承自新罗时期传入的唐文化，之后又加入了宋的文化。在此期间，其始祖又将佛教定为国教，从此佛教便成了高丽人的精神家园。因此每逢国难，高丽人便向神佛祈祷，其一片赤诚凝结成了两部著名的高丽大藏经（所收经典 1539 部，6805 卷，初雕于 11 世纪 20 年代，再雕于 13 世纪高丽高宗朝，刊行于江华岛，版木现藏于庆尚南道伽耶山海印寺）。日本自足利将军以下的诸大名都争相求取。

高丽与元朝定交之后，国内又传进了新的中国文化 —— 朱子学。元朝将高丽王子和贵族子弟都带到大都热心教育。很讽刺的是，朱子学是经由元人之手在本国重生，随后又移植到了朝鲜，而结果却是这个元朝倒在了朱子学手上。真是太讽刺了。

这些在大都接受精英教育的儒者官僚们力辩，明朝是继承了宋朝的正统王朝，绝对不可讨伐。如此看来，朱元璋拥护宋朝的策略在此也起到了作用。另外，这些儒者官僚对国内政治也有许多牢骚。

这个时期的高丽，自国王以下的武人贵族们坐拥广大的庄园。他们聚居在都城中，穷奢极欲，日日笙歌。而那些仰人鼻息领取薄禄的官吏、那些为一日三餐奔波劳碌的下级武人怨声载道，大声呼唤田制改革。"不患寡而患不均"，儒者官僚秉持儒教特有的均分观念，大力敦促改革。在这里，他们也和明朝一样，提出要以儒教为基础进行政治革新。

将军李成桂曾北伐女真，南定倭寇，战功赫赫。此时他和这些儒者官僚走到了一起。他领受君命，作为副将率军出发讨明，在横渡鸭绿江时于河中的威化岛紧急引兵回都，断然发动了军事政变。李成桂放逐前王，另立新王，并血洗了亲元派的大佬。

这就是李朝引以为豪的"威化岛回军"（1388 年），他们将这一历史性事件视为革命正当性的证明。

儒教王国

李成桂通过政变实现了儒者官僚们要求的田制改革。现有的庄园被收回，根据王族和官吏的身份再次进行了分配。高丽时期的职田配给只限定在官员在职期间，而在新制度下只要缴纳税款就能世袭。其结果是官僚势力在地方上盘根错节并形成了地主阶级。而这最终导致同族之间强强结合起来，由此诞生了两班阶层。两班依靠特权，垄断了李朝一代政治。

就这样，李成桂取代高丽登上了王位（1392 年）。支持他的儒者官僚们对"威化岛回军"的革命的正当性是这样加以论证的：

朱子学最重华夷之辨，亦即尊大中华，贬斥夷狄。在此意义上，新兴的明朝才是正统的天子。而朱子学又对名分十分执着，君臣父子的关系就是其中的典型。渡过鸭绿江，就成了入侵天子之国。而我方毅然回军的行动，正是明辨名分的体现。李氏继承了圣人箕子治理朝鲜以来的道统，所以有资格成为国王。

然后他们请明朝赐国号为"朝鲜"——这是一个有着悠久历史的国号。由此明朝与朝鲜结成了宗属关系，换言之就是君臣父子的关系。这好讲道理的风格，与高丽的见风使舵真是形成了鲜明的对比。

在这种国体观的基础上，李氏朝鲜展开了独特的"事大交邻"外交，其内容如下：

朝鲜是中华的分支，因此自称"东华"或"小华"，又自称为东方礼仪之邦。所以，所谓的"事大"，就是以君臣父子之礼侍奉作为宗主国的大明。这里的"事大"和"属国"，并不是靠武力征服或者将其变成殖民地而形成的那种肮脏的关

李氏朝鲜太祖李成桂像

系，而大部分是一种道德和观念上的东西。于是继中国之后，在此诞生了第二位"爱面子"的国家。这种关系在我们日本人看来有些难以理解。大家都知道，日本的陆奥宗光（明治时期的外交官，著有回忆录《蹇蹇录》）在与朝鲜进行谈判时忍不住感叹——这是多么复杂奇怪的宗属关系啊！

还有一个词叫"交邻"，指朝鲜与周围"野蛮国家"的交往。他们认为周围都是些近似兽类的邻人，所以不能用对人的方式交往，但是如果放任不管又可能被咬，所以只需要马马虎虎地对付一下就可以了，使诈或扯谎都不成问题。这些所谓的"野蛮国家"，指的就是女真、琉球，以及日本。

如此这般，李氏朝鲜朝着儒教王国的方向努力迈进，儒教文化取代高丽的佛教文化欣欣向荣。不过可以说，这些全是中国文化的缩小版。但即便如此，朝鲜仍然大量刊行了《高丽史》《李朝实录》等国家编撰物，还诞生了优秀的汉学家和文人。总之，在中国式教养这方面，朝鲜的成就远远高于日本。

朝贡的原则

达成天下统一的大业之后，明太祖开始向周边诸国派出招抚的使节，敦促他们进行朝贡。自不用说，这是在宣告新政权的成立，并寻求周边国家的承认。但是那个时代对外国的基本观念以及应对方式，与现代新政权诞生时建立外交关系的方式是完全不一样的。

明朝的基本思路是，我们驱逐了夷狄，建立了新的中华帝国，因此皇帝作为这个帝国的统治者，不仅是国家的元首，同时也是国家之上的世界或者说是天下的君主。这里先提一个后来的事情，当时被蒙古的攻击弄得疲惫不堪的臣下向皇帝进言，请求划定二者之间的边界，而皇帝一句话便断然拒绝了——这是为谁而定的边界？皇帝是独一无二的存在，绝不承认世上还有对等之人。

家是由家长和家人组成的，如果将世界看作是一家，皇帝就是家长，而其家人便是诸王。此时皇帝和诸王之间已经确立了君臣父子的关系。为臣为子的诸王在道德上有义务向皇帝呈上礼物以讨其欢心；而为君为父的皇帝体察到其忠诚之心，也要回赠礼物送其返回。这是深谙礼仪之人应有的道德，也是细腻情谊的体现。世界既是一家，外国的元首也被认为应该遵行此种道德。只是他们本非浸染文明之人，而是"野蛮人"，所以不能以高级的道德求全责备，不过对于那些仰慕我中华这一世界文明中心的人，则要对其优秀大加褒奖。

这就是朝贡的基本思路。也就是说，这不是招来客人并让其坐上座，而是主人端坐在上，让客人臣服于地的场景。但是另一方面他们这样想别人也没办法。他们寻求外国的承认，其实就是要求外国接受这种思路。

朝贡的种种规定就建立在这种思路之上。原则上，这种往来只局限于皇帝与国王之间，由于锁国，民间人士之间的交往已不再可能。但又有些人不惜假冒国王，所以又需要使用一些文件以证明身份。为了防止假冒之事，明朝制定了表文和勘合制度。

表文是国王所遣使者带来的正式外交文书，其中有种种规定的格式，必须盖上皇帝授予国王的大印并写上明朝的年号。如果没有表文，就一律不许入国。其实表文的有无以及表文的形式都反映着国体观念的不同，大明和日本之间就为此问题爆发了大大小小无数争端。

所谓的勘合制度就是指使用"割符"，明朝官吏出差时用之以证明真身，而这一制度也推广给了外国。勘合最初只发放给暹罗、占婆等三个国家，后来变成十五个国家。使用勘合的基本上是南洋诸国，除此之外的就只有日本。

其实，就算没有勘合，只要持有正式的表文，也就可以入国了。

市舶司

贡船入港之际，由市舶司负责接待使节及处理其他一切业务。

明朝给各国都指定了港口。浙江宁波接待日本来客，福建泉州对接琉球，而广东广州则对接占婆、暹罗等南洋诸国。在明朝的评价体系里，琉球、占婆等国是恭顺的，而日本则反复无常。

要从日本去宁波，需经由九州的博多和平户。从琉球出发则可至泉州，而从琉球逆向航行又可到萨摩的坊之津。事实上，这两条路径同时也是倭寇到达中国的航路。

入港的具体手续如下所述：

首先需要检验表文与勘合的真伪。明朝为日本颁发的勘合共有二百道，还有底簿四册。二百道勘合各自写有"日"字和"本"字，明朝宫廷保管日字勘合一百道及日字与本字底簿各一册。日本方面持有本字勘合一百道及日字账簿一册，浙江布政司保管本字底簿一册。日本船驶入宁波港后，市舶司便拿着本字账簿与日本贡使所持的本字勘合比对检验。一艘船使用一道勘合，背面要清楚写明进贡的物品、所携带的货物，以及正使以下船组成员的数量。

另外每当皇帝换代，明朝会发放新勘合，旧勘合便随之失效。

后来倭寇问题日益严重，这种检查也变得极为严格。即使被认定为有朝贡资格，之后也会被百般叮嘱一定要遵守大明的各项规定。上岸的时候一切武器都要上缴封存，直到回程时才发回给本人。这些还算是合理，让人惊讶的是连船舵、橹、锚都要搬上岸去保管。

获准上岸后，正副使坐上黑色的轿子，使团的主要成员乘坐竹制肩舆，一行人被迎至安远驿（宁波的浙江市舶司跟前）内的嘉宾堂住下。这个建筑后来因日本使节团的内斗被烧毁。

使节们并不是马上进京，他们上岸的同时，来贡的消息会立刻被送往京师，在得到进一步指示前他们都会待在宁波。

此后他们便将带来的贡品和携带货物摆在明朝官吏面前接受检查，检查结束后，这些物品统统被暂时存入市舶司的仓库中。

拿到入京许可后，使节们带上规定的人员，带着表文、贡品和一部分货物，由明朝的接待人员陪同一道上京。使节被待以国宾之礼，因而往返的路费、食宿等一切费用均由明朝一侧负担。这不仅是对日本，而是适用于所有入国者，因此需要相当庞大的费用。

贡品主要是各国的特产，种类很多。有金银器物、奇珍异宝，以及用作染料的苏芳木、胡椒、香料、硫黄。甚至还有虎、豹、马、象、蛇等，简直像动物园一样热闹。

与此相对，皇帝的下赐品则有金银、纸币、全套礼服等。朝鲜这样的国家因为自称东华，所以还获得四书五经，甚至还有雅乐演奏中使用的乐器。不过最主要的赏赐还是各国艳羡的中国丝绸。明朝宫廷拥有官营丝绸工场，每年生产大约一万两千匹丝绸用以下赐。明朝在宫殿或是午门举行盛大的仪式，使节们恭顺地接过赐品。

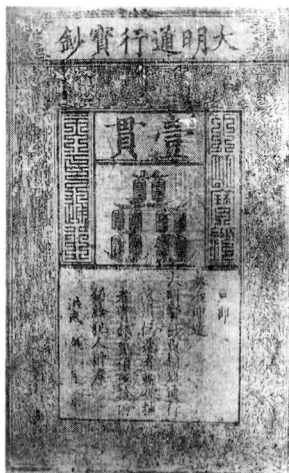

明代纸币

另外，使节一行有时还能用从大明朝廷处获得的纸币和丝绸等物，通过明朝商人换购其他物品。

贡品之外的携带货物就是使节及其随员携带的商品。

随员基本上是商人。货物的处理方式各国都不一样，日本的情况是货物由明朝当局全部买下，朝廷不需要的则直接让指定的御用商人收购。政府购买的价格是以时令价格为标准，不过当中也有很大的政治议价空间，这里就看使节团的外交手腕了。

使节团在京师住在会同馆，好吃好喝地接受招待。日本使节常常和女真人比赛豪饮、掰腕子，然后打架。

政府指定的御用商人也会到访会同馆进行交易，交易会大约持续三天时间。

这种采购或者说交易的主要宗旨，其实是将中华文物分给这些不辞辛劳远道而来的"蛮夷"，以帮助他们在生活和文化上实现进步。这种方式一般称为朝贡贸易。我们应该知道，这其中也贯彻着明朝"政经一致"的原则。

倭寇

14世纪到16世纪，东亚历史上标志性的事件就是日本人对朝鲜以及中国的武力入侵。当然，这种入侵是断断续续的，而且由于政治和经济因素不同，侵略的性质也有所不同。照此思路，这段历史可大致分为三个时期。

第一期是14世纪上半叶开始的大约七十年间。日本此时从南北朝时代走向统一，朝鲜是高丽末期至李朝初期，中国则是元末明初。

　　第二期是 16 世纪上半叶到后半叶，日本是足利幕府时期，中国则主要是明世宗朝的嘉靖年间。

　　第三期是丰臣秀吉出兵朝鲜之际，也就是日本所说的文禄、庆长之役（即万历朝鲜战争，朝鲜称为"壬辰倭乱"）。

　　其中第一和第二期合称为"倭寇"。这个叫法始于大明和朝鲜，"倭"是日本人，"寇"是指从外部而来的入侵。简单地说就是"日本海贼"的意思。

　　那么，当时的海贼具有什么样的历史性质呢？据成书于李朝时代的《海东诸国纪》（一卷，朝鲜申叔舟于 1471 年受朝鲜成宗之命所著，记录了日本、琉球的国情以及接待使节的规定）所记，有一位"安艺州海贼大将"村上某某派来的使

前中期倭寇入侵路线

者到访。这个"海贼大将"就是日本海贼的首领,而海贼指的就是那些拥有水军的沿海地方豪族。这里出现的便是著名的村上水军。不管怎样,我们由此可以知道,当时"海贼大将"这一称号公然出现在了给外国的正式文书中,其中丝毫不见"海贼即犯罪者"的心理负担,反而充满了自豪和威风凛凛的气势。

而在同一时期的记录《大乘院寺社杂事记》当中,记载了当时从事对明贸易的混血儿楠叶西忍(应永二年至文明十八年〔1395—1486年〕,幼名慕思路〔Musuru〕,俗名天次。父亲是云游僧,据说是天竺人。一般来说天竺指的是印度,不过这种情况下还有许多说法。楠叶是其母亲一族的姓)说的一段话,他说"近来海盗以下,不道之辈有之云云"。这里的"海盗"指的就是海贼,而且一般认为他们干着罪恶的勾当。

那么,海贼和海寇究竟有何区别呢?

所谓的海贼,是为了防阻那些"海上之狼"的侵害而出现的团体。他们收取一定的报酬而护送商船航行,或者在海上设立关卡征收通行税。除此之外,他们自己也经营贸易,同时从事掠夺。这些团体还会与有名的守护大名结成关系,比如村上水军就做了毛利家的行政代理人"被官"。

如此观之,海贼可以说是根植于日本封建社会的特殊的组织。因此追溯其势力的系谱,最终将追溯到足利将军。事实上,他们之间也是有关系的,比如说遣明船返回日本时途经濑户内海,将军家便命令海贼担任护卫之责。

但是，他们之间并不仅限于经济性的盈利行为，其实在政治系统上也是相连的。因为这是封建社会。不仅是足利将军，与将军家对立的日本南朝势力也与各地的海贼保有关系，这些都是众所周知的事情。而那些地方也出现了海贼大将的名号。

那么，楠叶西忍所说的海盗又是怎么回事呢？他是站在国际贸易资本家的立场上说的这话。他所率领的遣明船由将军、守护大名、大寺院或是商业资本家等社会统治阶层投资经营，交易对象是以政经一致为国策的明朝，从事的是明朝指定的垄断贸易。自不用说，数量巨大的非官方非法贸易对于正常的商品交易是一种妨碍，而这导致明朝一侧决定停止交易，或是由明朝决定贸易价格等。如此一来，这些在国内利害一致的统治阶层和海贼，在国外问题上就成了利害相反的两方。

而在这个方面，适用于明代北方蒙古人的铁律也同样适用于海上。亦即和平朝贡贸易对统治阶层有利，而战争状态下的掠夺则对下层阶级有利。

这么看的话，所谓倭寇，说白了基本上就是以海贼为中心的群体所进行的国外活动。其数量众多，主体是中下级的武士阶层，用现代的话来说就相当于是中小企业。他们因时因地不同，可以单独经营，也可以合作共进。他们的船队规模大的可达二百艘至五百艘，但也有两三艘的，这充分说明了他们的性质。他们的行动时而是政治性的，时而是经济性的，随着当时的形势而变化。他们当中最基层的分子常常从贩售武力的海上保镖转身一变成为海上饿狼，也就是成为西忍所说的"不道之辈"。

第一期和第二期，或者说前期和后期倭寇性质的差异也源自于此。

接下来，我们来看看前期倭寇的情况。

倭寇与高丽

前期倭寇的活动主要集中在朝鲜半岛南部，时代相当于高丽末期。特别是高丽忠定王二年（1350年）之后，倭寇的入侵行为变得剧烈起来，《高丽史》等朝鲜方面的记录中一再强调这一变化。

对于倭寇活跃之后的情况，《高丽史》记载道："全罗、庆尚、杨广（现在的京畿、忠清两道）三道乃国家腹心。倭寇深入内地，掠我人民，叩我府库，因之千里肃然，人民困惫至极，正当危急存亡之秋。"[①]文中所述三道现在也是朝鲜半岛的粮仓地带，由此可知高丽所受损害的严重程度。府库是用以储藏从庄园征收来的年贡米的仓库。据说倭寇抢米上船时动作粗暴至极，撒落的大米在地上都堆出了一条路，厚度高达一尺。这些倭寇船队拥有的船只有数十乃至数百艘，这点我们之前也提到了。

被这些倭寇盯上的，就是刚才提到的米、豆等谷物，还有人民和船舶，全都与生活直接相关。这里可见前期倭寇的特点。

---

① 《高丽史》卷七十八：全罗、庆尚、杨广三道，国家之腹心。倭奴深入，虏掠我人民，焚荡我府库，千里萧然。而又西北之虞在于不测，兵食匮竭。人民困瘁，此诚危急存亡之时也。——译注

朝鲜半岛将这个时期的倭寇称之为"三岛倭寇"。三岛大致是指现在的对马、壹岐，以及九州肥前的松浦地方，这都是些位置偏僻而土壤贫瘠的地区，自然地生活物资不得不依靠掠夺。特别是靠近朝鲜半岛的对马，此地耕地面积也非常狭小，所以如果没有对外掠夺和中间贸易，他们就活不下去了。但是前期倭寇的兴起并非仅仅出于经济原因。三岛之一的松浦地方自古以来就是著名的松浦海贼的根据地，从方才藤经光的例子，我们也可约略瞥见其蓬勃势力的片鳞只甲。

近来的研究表明，以松浦党为主体的九州和濑户内海的这些海贼，其实与征西将军怀良亲王有着密不可分的关系。

我们之前提过，倭寇的侵略是从忠定王二年开始突然变得剧烈的，而这暗示着，这种状况出现的原因在倭寇一侧。

这一时期正好也是怀良亲王开始在九州开展活动的时候。亲王在五年之后，也就是恭愍王四年攻取了博多。自此之后，一直到他的势力没落为止的三十多年间，正好都是前期倭寇势力最强盛的时期。完全有理由认为，追随南朝一方的松浦党海贼负责征西将军府的后勤，于是驱使手中的王牌水军在朝鲜半岛夺取补给。对大米、奴婢、运输船的大量且持续的补给需要推动大型船队进行有组织的军事行动。

就像这样，前期倭寇在朝鲜半岛的这些行动也有政治上的原因，这一面我们千万不能漏过。他们并不是单纯的海贼。

李成桂的反击

倭寇之所以能轻易入侵朝鲜半岛，其实高丽方面的政治腐败和军备废弛也是一方面原因，这一点我们之前已经讲过了。但是随着时代的变化，形势终于朝着有利于反击倭寇的方向转变了。

首先是，高丽成功地进行了一次武力反击，而立下军功的就是李成桂。高丽辛禑王六年（1380年）八月，舰船不过百艘的高丽水军追击倭寇，过程中发现有一支超过五百艘舰船的倭寇队伍在镇浦口登陆。于是他们发射火炮将这些倭船烧得一干二净，并带回了234名俘虏。怒火冲天的倭寇会同当地兵力，占据了云峰（全罗北道南原郡云峰面），而李成桂出奇制胜，率军大破云峰倭寇。

倭寇首领当中有一位身披金甲、脚跨白马、手舞长枪的

女真武人
（出自《三才图会》）

年轻武士。李成桂手下的勇将李豆兰两箭便将这位武士射杀。丧失了首领的倭寇顿时土崩瓦解。此战的殊荣应当归于从松花江流域远道而来的女真人。女真人是狩猎民族，是弯弓射箭的强手。李豆兰所属的一支女真人移居到了东北地区南部，许多年后，这支女真人中诞生了清朝的太祖努尔哈赤，这在后文也会提到。丰臣秀吉侵略朝鲜的时候，努尔哈赤还曾请求上阵杀敌讨伐日本军，不过被回绝了。其实早在这个时代，他的祖先就已经多次与日本人过招了。

通常认为李成桂出身于全罗道全州的名门。但是这点非常可疑，因为就在数代以前，他们家族还居住在朝鲜北部的咸镜道。他手下的兵力强大，也是因为队伍当中吸收了强悍的女真人。而自此之后，倭寇终于得到了压制和驱逐。

李成桂取得政权之后，不仅强化了水军以巩固沿海防备，也开始着手进行谈判。

自高丽时代以来，朝鲜半岛政权就曾遣使日本政府要求剿灭倭寇。李成桂即位的同时也向室町幕府正式提出请求，要求严厉打击倭寇。当时的将军足利义满于是命令九州探题今川了俊等人厉行剿灭事宜并送还俘虏，还向朝鲜派去使节，通告其日本政府已经妥善处置。这一时期，以九州探题为首的九州豪族们送还了大量朝鲜俘虏。

时代终于改变了。日本方面如今的情况是，怀良亲王的征西将军府已日薄西山，处境日渐窘迫；另一方面，松浦党的海贼也渐渐丧失了支持南朝的大义名分，并在今川了俊的铁腕治理下走向土崩瓦解。

李成桂在此过程中也直接与倭寇首领们接触，提供优厚的待遇劝诱他们归顺投降。这些人被称为"投化倭"，其人数与日俱增。他们获得了土地和工作，当中甚至有人成了中枢机构的官吏。这种情况给李朝财政带来了相当大的压力。这些投化倭多数是三岛倭寇当中生活艰难的对马人，这也是自然的。另一方面，松浦党的海贼褪去了政治色彩，摇身一变成了追逐贸易之利的海寇。

其实在日本和朝鲜之间早有贸易关系，率先加入的是将军以及西国和九州的大名们。当然了，那些势力强大的海贼大将也堂而皇之地参与其中，他们在朝鲜受到了隆重的接待。随之而来的是博多这座城市的繁荣昌盛，以及博多商人的活跃。

在这种形势之下，从倭寇转变过来的下层海贼也同样开始投身于贸易，往返于朝鲜半岛和日本之间。但是他们并非从此废止了海寇的营生，而是各逞私欲，其中有些人甚至将兵锋指向了中国本土，将抢夺而来的物资运到朝鲜贩卖。他们依然不改残暴粗鲁的性格。在此潮流当中，富山浦（现在的釜山港）聚居了大量日本商人和离家谋生的日本妓女，他们与乘船而来的商人们进行着喧闹而混乱的交易。

朝鲜半岛的倭寇就这样渐渐平息下去了。

我们再来看看日朝之间的贸易品吧，从朝鲜过来的货物已经不再是倭寇时代的谷物和奴婢，而是变成了虎豹的皮毛、布类、人参、松子等。尤其是其中的棉花，大大改善了日本庶民阶层的服装。而日本出口的产品有国产的铜、硫黄、大刀等物，还有苏芳木、深黄、胡椒、沉香等南海物产。后面的这些是琉球商人运来博多的，是一种转口商品。我们必须承认，明朝的海禁政策也影响到了这里。我们此前提到过张士诚、方国珍与高丽的接触，在他们的势力消亡之后，恐怕是又出现了"南海—琉球—博多—朝鲜"这样一条转运贸易路线。

从中可看到东亚地区这种经济上的紧密关系。

另外还有一点也很值得瞩目，即日本以足利将军为首的守护大名们还热切地希望得到朝鲜半岛的高丽大藏经。这应该是风靡日本中世武家社会的禅文化造成的影响。

倭寇侵袭中国

明朝成立之后，简直就像早已在翘首等待那样，东亚诸国纷纷向新政权朝贡，接受了那种政经一致的外交原则。但是在此形势当中，唯有日本与明朝的外交关系陷于险恶的氛围而难有进展。其原因就是倭寇。在中国，倭寇之害开始变得剧烈的时期基本上和朝鲜半岛一样，也是 14 世纪中期。

倭寇的侵略路径分为南北两条。北路是沿着朝鲜半岛的西岸北上，从辽东半岛横跨黄海侵入山东；南路是从九州出发横渡东海，直接到达浙江、福建、广东。

这些倭寇也和侵扰朝鲜半岛的那些倭寇一样，多是对马和松浦的海贼，可能还有天草、肥后、萨摩等地的海贼。北路的侵袭可以看作是倭寇对朝鲜半岛攻击行动的延长，而南路的情况则稍有不同。

元末时期，中国国内的纷乱也反映到了海上，大陆东南沿海的地区出现了中国海盗横行的局面。除了这些势力，我们此前也讲过，被明军击败的张士诚和方国珍余党也流亡到海上，他们与倭寇勾结在了一起。中国大陆的情况是这样的，如果没有熟悉中国情况的带路人，外人根本不知道该往哪里攻击。总之，这支联合军团横行无忌，北至山东，南至广东，一路烧杀劫掠，简直无法无天。

日明谈判

洪武二年（1369 年）三月，明太祖派使者前往怀良亲王的征西将军府，宣布中国成立了正统的新王朝，并要求日本一侧肃清倭寇。最后，诏书以“要么执臣子之礼朝贡，要么修兵自固。如果倭兵依然继续侵略的话，我方就发动水军，捕捉歼灭此辈，生缚国王”作结。①

就在此前一年，明朝占领了大都，因此此时正是意气轩昂的时候。但是这实属威慑，而非外交，而且太祖的自我介绍也糟糕透了。诏书上只说“朕本中国旧家”，虽然不好提自己出自佃农，但这样则让人完全不知道此人是何方神圣。虽然自称攻破了强大的大元帝国，但是海上之人和山中之人都不追随他。信他才怪呢！征西将军府没有理会这份傲慢的诏书，默默

① 《日本国志》卷五：后村上帝正平二十三年（1369 年），明太祖皇帝遣行人杨载赍诏书至太宰府。书曰：“上帝好生而恶不仁，我中国自辛卯以来，中原扰扰。尔时来寇山东，乘元衰耳。朕本中国旧家，耻前王之辱。师旅扫荡，垂二十年，遂膺正统。间者山东来奏，倭兵数寇海滨，生离人妻子，损害物命。故修书特报，兼谕越海之由。诏书到日，臣则奉表来庭，不则修兵自固。如必为寇，朕当命舟师扬帆，捕绝岛徒，直抵王都，生缚而还。用代天道，以伐不仁。惟王图之！”——译注

地将此事放过了，此后依然继续侵略行为。

心急如焚的太祖改变了做法，第二年又派出了莱州府的高官赵秩来重申前旨。按照太祖的想法，如果从元朝的心腹之地山东派出使者，那么日本方面肯定就会相信元朝已经败退了吧。然而这里他又一次猜错了，征西将军府反而断定赵秩就是元朝的使者。怀良亲王在断然回绝他之前对他说："我国自古便仰慕中华文化之德。而蒙古以小国视我，如今又要逼我称臣吗？以前元朝送赵良弼来说好话，实际却是做奸细，后来变成入侵的元军。你也要用同样的招数吗？"①南朝此时已经日薄西山了，一个人坚守着九州的怀良亲王吐露的言语中依然具有万丈气势，但其中也显露出他那时刻绷紧的心弦。

对此，赵秩泰然自若地指出他错认了实际情况，并向其描述了中国的形势。

明朝的记录称，亲王听后大受冲击而气势顿减，亲自下到庭中握住赵秩的手，对他大加礼遇。其后他还借着赵秩回国复命的机会，派僧人祖来与之同行，以递呈称臣的表文并献上贡品，此外还送还了倭寇从宁波、台州掳掠的七十余人。

这段史料记载着征西将军府态度大变并进行了朝贡，虽然个中真伪不好判断，但是这些材料全都有所根据，绝非凭空捏造而来。可以想见，他们从赵秩那里认识到了新王朝的实力。其实，那时候明朝陆军和海军之强大都是亚洲首屈一指，

---

① 《日本国志》卷五：怀良曰："吾国虽鄙远，未尝不慕中国。惟蒙古以小邦视我，欲臣妾之，而使其臣赵姓者讻诳我。……今新天子帝中夏，天使亦赵姓，岂昔蒙古之裔耶？亦将讻以好语，而袭我也？"——译注

如果不小心招来了，可真没有什么胜算。

借此机会，怀良亲王得到了"日本国王"这一封号并开始进行朝贡外交，可以说这也显示了他的高瞻远瞩。如果一手掌控了日明外交权，那么随之而来的就是回报丰厚的朝贡贸易。这可比掠夺行为更具有财政上的可持续性。不过比起这个，在当时的困境之下，亲王内心深处恐怕也是试图借助明朝强大的军事和经济力量来巩固南朝政权。总而言之，征西将军府不惜冒着暴露自己就是倭寇大本营的风险送回了大量中国俘虏，此事成了两国外交上的一大转折点。

日本使节终于来了！也难怪积郁已久的明太祖喜不自胜，大摆筵席欢迎他们。终太祖一代，日本使节都得到了非常优厚的待遇，而这是前无古人、后无来者的唯一一段时期。

不征之国

在那之后，倭寇的活动并未停止。某日太祖对他的智囊刘基说道："东夷本来就和北胡不一样，不是我们的心腹之患。但是就像蚊虻一样让人心烦，让人无法安睡。"[1] 这恐怕是相当真实的感受。

此时太祖正为如何对付北元，尤其是英雄扩廓帖木儿忙得焦头烂额（这个时期有三件事让太祖烦心：一是找不到传国玉玺；二是抓不住王保保，也就是扩廓帖木儿；三是没有元

---

① 《殊域周咨录》卷二：东夷固非北胡心腹之患，犹蚊虻警寤，自觉不宁。——译注

朝皇太子的消息）。虽说如此，他对日本还是过于轻视了，后来"南倭"和"北虏"一道成了明朝的心腹之患，而这是他当时做梦也没想到的吧。

此时太祖和刘基设想，既然日本人信奉禅宗，那么不如派出高僧，通过他们的力量使日本归顺。于是明朝挑选了宁波天宁寺的祖阐和应天府名刹瓦官寺的克勤两人做了赴日使者。

这一时期太祖对日本内部的政治情况是这样认识的——年轻的怀良和京都的持明正在争夺王位，这便是日本内战的原因。虽然这一认识与实际相比有所扭曲，但他也清楚日本正处于南北朝对立的状态，因此他命二位僧人不仅要说服征西将军府，同时也要游说京都方面的势力。大明僧侣一行于洪武六年（1373 年）六月来到日本。据大明一侧的记载，他们在京都停留的时候，"留宿在洛阳的西山精舍，按照太祖的命令讲说禅之正统教义。听者震惊，皆感叹不愧是中华禅伯，极力延请他们主持天龙禅寺"[1]。然后，二位僧人向国王转达了太祖的意思，恳请其来明朝朝贡以及打击倭寇。而国王也表示了赞成，并派遣使者与二位僧人一同赴明。这里的"王"指的当然是室町幕府。

二位僧人在回程时又拜访了怀良亲王，赠予其明朝的大统历和皇帝的下赐品。皇帝向其统治下的国王授历是有深意的，是为了让他们使用明朝的年号。这种程序意味着这个国家得到了明朝的正式承认。征西将军府由此获得了代表日本的权

---

[1] 《殊域周咨录》卷二：馆于洛阳西山精舍。一遵圣训，敷演正教。听者耸愕，以为中华禅伯，亟白于王，请主天龙禅寺。——译注

利，最终形成了明朝支持南朝政权的局面。

但是，在明僧来日的前一年，征西将军府便已在九州探题今川了俊的攻势之下不得已放弃了大宰府，他们甚至连后来的据点筑后高良山也没能守住，转而投奔了肥后的菊池氏。日本国王不断后撤，明朝僧侣只能边找寻边拜访。由于这样那样的意外，他们在日本停留的时间延长了许久，第二年洪武七年才回国。明朝方面认为"王傲慢无礼，拘之二年"，对此非常生气。[①] 日本国内的政治状况急剧动荡，中国方面可能不太容易搞清楚。但总之，在此之后明朝方面的态度变强硬了。

此时，明朝对内对外的讨伐战争都已经接近尾声，特别是洪武八年，大漠的宿敌扩廓帖木儿也去世了。创业的时代已经结束，大明开始进入建设的阶段。本来呢，太祖对遵纪守法的要求就十分严厉乃至于苛刻，至此就变得更加激进了。这种变化也反映在了日明关系上。

既然两国已经正式缔结了国交，日本的朝贡就必须遵守正式的程序了，违反规定的往来将一概拒绝。

洪武七年六月，足利义满的使者来访，因为没有携带表文而遭到了遣返。随后岛津氏久的使者到来，既没有日本国王的许可，又没有使用明朝的年号，同样遭到了拒绝。太祖还严责礼部，不允许任何绕过国王而进行的私贡行为。

洪武九年四月，征西将军府派使者僧文珪入明。太祖认为其表文的文句毫无诚意而大为生气。其实，太祖的文化素养

---

① 《明史》卷三百二十二：王则傲慢无礼，拘之二年，以七年五月还京。——译注

已逐步提高，他对国内的儒者官僚也是同样态度。

在那之后，连续几年都有日本使者入明，但他们的国书或是被谴责为书式不对，或是被挑剔为态度无礼，总之都被退回了。不过，明朝方面倒是每次都会设宴款待这些使者。

就这样，国交正常化迟迟不上轨道，而另一方面，倭寇却如潮水一般源源不绝地涌来。面对这种情况，明太祖实在坐不住了，他下定决心，给身为"日本国王"的征西将军府和足利幕府两方都送去书信，声言要派军进行征讨。对此，怀良亲王在答书里对大明寸步不让。怀良亲王回答的大要是：天下不是一个人的天下，明朝如果要动武，日本随时奉陪。

但是看看此文的结尾就知道，引发武力冲突绝非他的本意。他说："自古讲和为上，罢战为强。年年进奉于上国，岁岁称臣为弱倭。"这是在表明，日本谨守本分，朝贡之礼未曾有失。就像之前说的那样，征西将军府依旧采取联合明朝的方针。只是，大势对日本不利，现实与理想差距很大。怀良亲王此时已经退出了第一线，藏匿在肥后的群山峻岭之中，两年之后就去世了。这一时期也正是倭寇活动最为剧烈的时期。①

———————————

① 《殊域周咨录》卷二：上常恶倭国狡顽，遣将责其不恭，示以欲征之意。倭王上表答，出不逊语。表曰："臣闻三王立极，五帝禅宗，惟中华而有主，岂夷狄而无君。乾坤浩荡，非一主之独权；宇宙宽洪，作诸邦以分守。盖天下者乃天下之天下，非一人之天下也。臣居远弱之倭，偏小之国，城池不满六十，封疆不足三千，尚存知足之心，故知足者常足也。今陛下作中华之主，为万乘之君，城池数千余座，封疆百万余里，犹有不足之心，常起灭绝之意。天发杀机，移星换宿；地发杀机，龙蛇起陆；人发杀机，天地反覆。尧舜有德，四海来宾；汤武施仁，八方奉贡。臣闻陛下有兴战之策，小邦有御敌之图，论文有孔孟道德之文章，论武有孙吴韬略之兵法。又闻陛下选股肱之将，

李文忠像

　　明太祖看到元朝惨败的前车之鉴，深思熟虑后放下了征讨日本的念头。明朝方面还有一人也极力反对出兵，那便是太祖的外甥——名将李文忠。

　　总之在此之后，太祖加强了东南沿海地带的守备力量。福建新建了十六座城，驻扎海军一万五千人。浙江则建了五十九座城，置兵五万八千余人。此外明朝还在福建配备了一百艘军船，在广东配备了二百艘军船。

起竭力之兵，来侵臣境。水泽之地，山海之洲，是以水来土掩，将至兵迎，岂肯跪涂而奉之乎！顺之未必其生，逆之未必其死，相逢于贺兰山前，聊以博戏，有何惧哉！倘若君胜臣输，且满上国之意；设若臣胜君输，反作小邦之耻。自古讲和为上，罢战为强，免生灵之涂炭，救黎庶之艰辛。年年进奉于上国，岁岁称臣为弱倭。今遣使臣答黑麻敬诣丹墀，臣诚惶诚恐，稽首顿首，谨具表以闻。"——译注

　　太祖在临死之前宣布了祖训，也就是对子孙的训诫，指定了十五个不征之国，日本也是其中之一。所谓的不征之国，就是不得任意征讨的国家。在太祖朝，中国的对日外交就这样磕磕绊绊地告终了。

第六章 篡位者永乐帝

血光肃清

明太祖洪武帝于洪武三十一年（1398 年）谢别了其荣耀的一生，其孙建文帝（建文是年号，1644 年追赠庙号"惠帝"）成了第二代继承人。但是第二年其叔父燕王朱棣谋反，打了三年内战，推翻了这个侄子皇帝，自己登上了帝位。这便是明成祖永乐帝。

下面我们就来谈谈明朝封建体制的实际情况吧，正是这一体制使永乐帝（最初称为"太宗"，嘉靖年间改称"成祖"，而永乐是年号）的篡夺成为可能。

太祖的统治期可以分为三个时期，到洪武十年左右为止是帝国的创业期；洪武十三年，由于胡惟庸的大逆事件而废除了丞相制，此后便是绝对帝制的建立期；而从洪武二十三年开始，太祖进行了一系列血腥的肃清，此后可以说是绝对帝制的完成期。太祖在去世前一年颁布了《大明律》（三十卷，洪武三十年〔1397 年〕颁布，起初是以《唐律》为范本，但是后来还是继承了《元典章》的编目，对应六部设置了六律，再加上名例而成七律），标志着这一体制的完成。

洪武二十三年的血洗被称为胡党之狱。在十年多的年月中，自开国元勋李善长以下的众多人士都被戴上了勾结胡惟庸的罪名，据说胡党之中受刑而死的就达到了三万人。太祖原本标榜"不杀"，在这里却发生了一百八十度的转变，弄出了这个残虐程度空前绝后的事件。而肃清的狂风暴雨还在继续，三年后的洪武二十六年，轮到了蓝玉一家。蓝玉是勇将常遇春的妻弟，在征讨蒙古的战役中立下奇功伟业，受蓝玉一案牵连而被杀掉的多达一万五千人。在此之后还有零星的肃清。

所谓的胡惟庸大逆事件是说胡惟庸试图勾结倭寇和北元以造反，但是此事的真相扑朔迷离，甚至有人认为这是太祖指示宦官唱的一出好戏。这个所谓的真相在十年之后才暴露，实在太可疑了。据说在胡惟庸案爆发之后，满街都有人指着平日关系不好的人称之为"胡党"，最后朝廷只能不分青红皂白将他们统统抓起来。而蓝玉的罪名是征讨北元之战中偷盗了财宝并与元主的妃子私通。

说到底，太祖恐怕别有目的吧！在刚才的胡蓝之狱中我们可以发现，成为靶子的多是那些拥有公侯伯等爵位，被赏赐了岁禄、准许世袭的人物，也就是那些本是帝室之藩屏，沐浴着封建荣光的人物。

大家常说明太祖在各方面都在模仿汉高祖，但实际上他

们有很大的不同。明朝的这些元勋也与过去的世侯不同，手里
并没有对土地、人民、军队的支配权力。

而且明太祖也绝不给臣子授王爵，只在五六名元勋死后
给他们追赠过王号。比如说，徐达就是被追封为中山王的。他
的女儿是永乐帝的皇后，但即使是他也未能安享天年。据说在
他背疽病发的时候，太祖前去探望，并赐其蒸鹅——这正是
疽病之人最忌的食物。徐达接过来，明白这是太祖在暗示他自
杀，于是流着眼泪吃完了。那么，这一系列的肃清行动究竟是
为什么呢？这里我们可以考虑三个理由。

第一个是为了确立独裁体制。将那些靠近权力宝座的人
物以反叛国家的罪名处理掉，以大量的鲜血献祭，这样人民就
会陷入恐怖的深渊，只能绝对服从。这在古今东西的历史上都
不乏先例。

徐达像
（《明代名臣遗像》）

　　第二是为了确保军队的指挥权传给太祖的诸子，这点我们此后也会提到。

　　第三可能是财政上的理由。《明史》上说国家经费中最大的支出就是给文武百官发的薪水。我们之前也讲过，明朝给官吏的俸禄是史上最低的，而这一额度是洪武二十五年定下来的，也就是胡党之狱爆发后不久。

　　胡党的领袖李善长岁禄4000石，王威为2500石，此外还有众多收入上千石的人物。我们将他们的待遇和官吏的俸禄做一下比较吧。文官当中最高等级的官员是六部尚书和左右都御史，都是正二品，他们的年俸是732石，八个人也就是5856石。这个数量还比不上李善长和王威两个人的份额。（王威是六安侯王志的儿子，他坐事被贬为指挥使，不久后死去。其父亲王志被追坐为胡党，但因为王志已死，所以没有问罪。）

　　也就是说，仅仅两位元勋的份额就能把这些国家大臣都招纳下来，甚至还能有些结余。由此推之，不难想见胡党和蓝党的岁禄总额该是多么巨大。而且他们还是世袭的。这些经费的来源只有极为有限的官田，所以筹集资金也绝不轻松。而在这时候，政府又多出了一项新的财政负担——宗室费。洪武二十四年，太祖的十个儿子都被封为新王，这里就需要成倍的财源。焦头烂额的政府在洪武二十八年，不得已以文武官员薪俸不断增加为由削减了宗室诸王的岁额。

　　这么一看，当中的小算盘就很明白了。为了不给人民造成负担，如果将那些空耗金钱而已无利用价值的元勋一网打尽，就能生出巨大的财源。

因此也可以从财政的观点来看胡党和蓝党事件的经过。二十三年胡党被清洗，其财产被充作二十四年给予新王的费用。然后朝廷经过仔细计算，做出了二十五年官吏的工薪表。但是这样预算还是不平衡，所以二十六年又斩了蓝党。可是这样仍然不够，于是二十八年开始缩减宗室费。

普遍认为，上述三点就是血腥清理的原因。不过我认为，对于出身佃农而节俭成性的明太祖而言，第三个财政上的理由没准才是他内心的真实想法。就是说，开国的功臣当中也有许多人因命运不济而早早地就离开了人世，所以给元勋的待遇这些就足够了。

宗室封建

黄宗羲曾说过："将天下视为莫大的财产，企图让自己的子孙永远掌管，是从汉高祖开始的。"[1] 明太祖以汉高祖为榜样，同样也给自己的儿子一个个都封了王。

不过，理性派的明太祖比汉高祖思维缜密。清之赵翼曾这样评价太祖，说他是"兼有圣贤、豪杰、盗贼之性的人物"[2]，这是何等洞见。

太祖以重整世间为志向，他的这份理想主义还是必须予以好评。他推行宗室封建，一方面的确是视天下为私有的观

---

[1] 《明夷待访录》之《原君》：视天下为莫大之产业，传之子孙，受享无穷。汉高帝所谓某业所就，孰与仲多者……——译注

[2] 《廿二史札记》卷三十六：盖明祖一人，圣贤、豪杰、盗贼之性，实兼而有之者也。——译注

念作祟，但另一方面也是为了维护他所建立的农本主义国家体制。

首先呢，他把自己的孩子交给宋濂等硕学鸿儒，让其进行极其严格的教育。其中皇太子朱标自然是特殊的，但是其余二十四名皇子也大多成了教养深厚之人。排名第十的皇子是一位才子，但是因喝了太多淫药，弄坏了眼睛乃至丢掉了性命。太祖非常讨厌他，给了他一个谥号"荒子"。从中可见他对孩子的教育是多么严格。在历代王朝创始人当中，再没有人像太祖那样严格地用儒学教育自己的儿子了。而且他真诚地相信这种教育的效果。

先说结论吧！讽刺的是，他的这种儒学教育，反而使燕王的篡夺成为可能。这个我们之后再详说，还是先来看看太祖究竟给这些接受教育的皇子们指派了什么任务吧。

首先，他让皇太子代行宰相之职。其实，最有效地发挥出此项制度威力的是永乐帝，他能够尽情地投身于热爱的战争之中，也是多亏了这个制度。

其他的诸王就像我们此前说过的那样，替换下开国元勋，负责起守备边境的任务。

其实，诸王的封建和开国功臣的封建是一个性质，他们都只享有岁禄，而不握有领土和人民。只是他们有一点和功臣不一样，功臣都留在京城，而诸王反而必须到地方居住，所以还要配备护卫兵。不过这些不是诸王的私兵，而是归中央管辖。兵员数量从三千至一万八千人不等，根据当地的情况而定。这些兵员数量很少，无法发动叛乱。

在洪武二十六年之后，明朝常备军的数量在一百八十万以上，中央军有二十二万，其余则分散配置到各地。兵员数量和配置地方都属于军事机密，据说连兵部尚书都不了解实情。军队出动的时候，要从各地召集兵员，编成队伍后再任命指挥官。一旦还军就解散编队，并解除大将的指挥权。诸王也不例外，因此根本无法发动叛乱。

但是在胡党之狱后，太祖从洪武二十四年开始命令诸王勤练军队以充边防。我们来看看诸王的配置方位：

东边起自东北地区，沿着万里长城一直到西边的甘肃，沿线配置了十二位王，这是为了防备蒙古和女真。在此当中，实战经验丰富而享有赫赫军功的当属第三子晋王和第四子

明代武人，守护永乐帝长陵的石人

燕王。

除此之外，湖北有三人，四川有一人，云南有一人，他们负责镇抚苗人和藏人，也确实大有成效。

说到底，太祖对诸王大行封建，可以说是要复活唐代藩镇之精神。顾炎武认为，唐朝被藩镇削弱，但却仍然延续了三百年，这是因为藩镇抵挡了异族入侵。太祖的目的也在于此。为此，他让诸王在边境定居，以了解其所守的土地和异族。换言之就是在培养方面军的司令官。

他尽了最大努力消除藩镇体制中可能导致地方出现割据政权的因素，同时对诸王发出了最后的恳愿，希望他们对同一血脉的皇帝保持忠诚。如此一来便可抵挡异族的侵袭，保证王朝的安全。

我以为，这是太祖一家对中华帝国所做的最大贡献。

这项重要的任务当然不可能交给旁人。为此，太祖还将许多弃儿收为养子。其中，沐英负责镇守云南，便非常圆满地达成了此项任务。（太祖收养了许多异姓养子，有周舍、道舍、马儿、柴舍等。其中的周舍就是后来的沐英，其子孙世世代代镇守云南。）太祖的家族主义大概也是学了张士诚、陈友谅、方国珍等人的兄弟之爱吧。

历史教训

皇太子在洪武二十五年（1392 年）因病去世，继太祖之后，皇太孙建文帝即位了。当时他不过二十二岁。建文帝生来就有异状，脑袋形似半个月亮，因而太祖总是叫他"半月

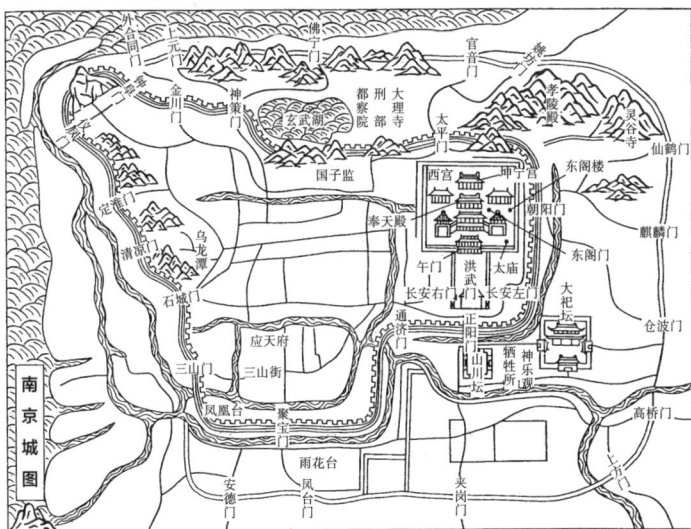

（上）南京城墙，对面是玄武湖

（下）南京城图

子"，暗暗为其考虑将来。建文帝爱好学问，文采斐然，孝顺无匹。但是他的气质偏向女性，同时就如其骨相所示，性格上带有几分偏执。总而言之，他不是帝国草创时期的帝王之材。

开国的元勋功臣多已凋零，只剩下老皇帝。这已经是第二代乃至第三代的世界，风气也完全变样了。

太祖在世时与皇太子曾有过一次交谈，极富暗示性。太祖问皇太子："你怎么看汉代的七国之乱？"皇太子回答道："错在七国。"之后太祖说道："这是教你的儒官的偏见。七国造反的原因在景帝一方，因为他还是皇太子的时候用棋盘杀了吴王的儿子，登上帝位之后又听信晁错之言废削诸侯。"[1]虽然有点结果论之嫌，但像明太祖那样的绝对君主本不该说出这种历史观。因为，其真意难免会被扭曲，造成平地起波澜的事态。太祖的缺点就在于他总是极力宣扬他那一知半解的学问。

不知道到底是偶然呢，还是早有准备，某天，皇太孙向教授他学问的先生黄子澄提问道："如今诸王拥重兵，多行不法，怎么办？"子澄回答："诸王的护卫兵数量稀少，如有万一，以中央军攻之则无一可抵挡。汉之七国强大，但最终也灭亡了。如今大小强弱不是问题，而顺逆的道理也不同。"皇太孙对此非常欣赏。

---

[1] 《明太祖实录》卷二十九：上御文楼，太子侍侧。因问："近与儒臣讲说经史何事？"对曰："昨讲《汉书》七国叛汉事。"遂问："此曲直孰在？"对曰："曲在七国。"上曰："此讲官一偏之说。宜言景帝为太子时，常投博局，杀吴王世子，以激其怨。及为帝，又听晁错之说，轻意黜削诸侯土地。七国之变，实由于此。"——译注

但是，黄子澄所言虽然正确，却有欠考虑。皇太孙有一种偏执癖，他刚刚即位便再次问黄子澄："先生还记得以前的话吗？"黄先生恭敬地回答道："不敢忘记。"[①] 真是微妙的应答。这是在让黄子澄做二选一的抉择，或者做教育者，或者做政治家，而他退下之后马上和同僚齐泰商量如何征讨燕王。这就是事件的发端，不过此处说得实在太简略了。

应该说，明朝廷一直就没有摆脱这个"七国之乱"的幽灵。据说，其实在皇太子病死之后，太祖曾考虑过让第四子燕王继位，但是由于儒官刘三吾的劝谏而作罢。熟知历史的明太祖自然是想模仿宋太祖之后其弟继位的先例，但此时却不自觉地服从了儒家主张的长子继承理论。虽然不全是如此，但基本上继承人问题是很麻烦的。而从一开始，燕王的身影就笼罩在整个过程中。

建文帝的首席顾问是其先生黄子澄。此人以进士第一名及第，入翰林院，曾任太常寺卿（太常寺是掌管宗庙礼仪的衙门，卿是其长官），是出身于中央文教系统的儒官，而对实际政治毫无经验。他在官僚谱系中又属于江西阀。此人有才气，但同时也有一种谄媚之气。

接下来是兵部尚书齐泰，他在应天乡试（应天府举行的

---

① 《明史》卷一百四十一：惠帝为皇太孙时，尝坐东角门谓子澄曰："诸王尊属拥重兵，多不法，奈何？"对曰："诸王护卫兵，才足自守，倘有变，临以六师，其谁能支？汉七国非不强，卒底亡灭。大小强弱势不同，而顺逆之理异也。"太孙是其言。比即位，命子澄兼翰林学士，与齐泰同参国政，谓曰："先生忆昔东角门之言乎？"子澄顿首曰："不敢忘。"——译注

方孝孺之墓

乡试）中以第一名成为秀才，是江苏出身的能吏。虽然他一直在军政领域奋斗，对政治也是门外汉，但是身为兵部尚书，掌管着军队的人事权，所以深知诸位将领的本事。征讨燕王的行动之所以失败了，一个原因是选错了大将。当时黄子澄想要推荐无能的贵公子李景隆，而站出来极力反对的就是齐泰。他还提议要首先制服燕王，但是黄子澄没有采纳他的意见。皇帝的先生不过是一个不知世界的迂儒而已。

接下来是金华学派的方孝孺。他学于宋濂，是其门下数一数二的有才之士，也是声名远播的精神领袖。太祖曾两次召见他，对其十分中意，但以为此人之才只能用于非常之时，因而没有录用他。他获得建文帝的信任时，已经是建文帝即位的第二年了，得志太晚。

建文帝的政治顾问就是这三个人。建文帝正当年少气锐，但对现实的政治一无所知，而且这三人从一开始就没能很好地统一行动。太祖此前尊崇儒教并进行血腥肃清的政策很快就暴露出了弊端。

另外还有一位坚定不移的浙江俊才，那便是户部侍郎卓敬，永乐帝评价他是三十年一遇的人才。建文帝刚即位不久，他便上奏称："燕王智虑无比，雄才大略酷似太祖。北平之地乃天下之形胜，兵强马壮，应趁现在将其移封至南昌。"[1]但是他的意见未被采用。

燕王侧近

洪武十三年（1380 年），二十一岁的燕王奔赴其任地北平。十年之后的洪武二十三年，他第一次上阵就率领大军越过长城远达内蒙古的边境，收服蒙古强酋，立下了赫赫大功。太祖大喜，称："燕王清沙漠，朕无北顾之忧矣。"封建之举早早地显出了成效。

燕王是天生的武人，但是其资质的磨砺也有赖于其任地北平的环境。他的宅邸是元朝的故宫。这个元朝的故都一直就弥漫着不一样的风情，其中三分之一的居民是蒙古人。燕王日日夜夜接触的都是第一线的粗犷武人。总的说来，这里和应天府那个优雅的甚至是僵守礼仪的首都大不一样。

燕王的侧近当中有一位高僧道衍，他本出自苏州一个医师家庭，但因酷好佛学，在十四岁时出家做了僧人，住在当地

---

[1] 《明史》卷一百四十一：燕王智虑绝伦，雄才大略，酷类高帝。北平形胜地，士马精强，金、元所由兴。今宜徙封南昌。——译注

僧道衍像
（故宫南薰殿旧藏）

的妙智庵。他从道士身上学会了阴阳术的奥秘，又熟读兵书。此外他还显露出诗文书画方面的天赋，与高启等吴中四杰关系亲密，与宋濂也有往来。要说这僧人的性格，那首先就是桀骜不驯。

有一次他游览名山嵩山的时候，一位相面先生说"这位异僧眼睛成三角形，就像病虎一般，生性好杀，乃刘秉忠（1216—1274 年，元初的政治家。河北省邢州人，僧名子聪，作为忽必烈汗的政治顾问涉足政治）之类也"①，据说道衍对此非常高兴。可见他也十分勇猛。

_____

① 《明史》卷一百四十五：尝游嵩山寺，相者袁珙见之曰："是何异僧！目三角，形如病虎，性必嗜杀，刘秉忠流也。"道衍大喜。——译注

关于他还有一则逸话，说是他遇见燕王的时候，看见其英武的样貌，立马心悦诚服。于是他对燕王说，如果收其为臣，那么他将让大王多戴一顶白帽子。"王"字之上加上"白"，就是"皇"，也就是助其成为皇帝的意思。不过这个故事也未免过于巧合了。

我们此前提到，马皇后去世后，太祖为其荐福，派道衍跟随燕王到北平，入住当地的寿庆寺。道衍在此夜夜梦见刘秉忠。刘秉忠本是隐居山林的高僧，因感念元世祖的知遇之恩而出仕为官。在蒙古征讨南方的过程中，他制止杀伐，拯救了许多人的性命。

道衍有意仿效刘秉忠，他日日夜夜拜访燕王府，令他人退下独自与燕王密谈。他八成是想把燕王培育成元世祖，令其征讨应天府吧？普遍认为，燕王起兵实际上是由于他的劝诱。

但是，他的反骨究竟从何而来呢？恐怕，这来自对太祖和金华学派的怒气。在他的家乡苏州，市民和文人被太祖敌视，受到残酷至极的打压，特别是与其关系亲密的诗人高启等吴中四杰都被太祖虐待至死。自命为朱子学正统的浙江学派也对苏州的文人白眼相视，尤其是朱子学还排斥佛教，所以道衍对朱子学一向持批评态度。他对浙江学派应该也没什么好感。永乐帝颇赏识建文帝身边的卓敬，而此人最后也被道衍整死了。永乐朝的官员中几乎没有浙江派的身影，大概也是这个原因吧。

道衍还向燕王举荐了一位奇人金忠。这位金忠出身于宁波的一个军户家庭，年轻时曾学过《易经》，精于占卜。他在北京当兵，副业给人占卜，因为结果总是准确无误，被市民敬若神明。燕王起兵前，在道衍的推荐下找金忠占卜，占出"铸印乘轩"一卦。金忠称此卦贵不可言。

自此之后燕王深信金忠，作战感到迷茫时就让他占卜，每每应验。但是他却不仅仅是一个易者，这个我们以后再说。

大元故都的燕王府里升起了自由奔放的叛乱妖云，与阴暗潮湿的应天府形成鲜明对比。

有识者认为建文帝与燕王的对立同时也是道衍和方孝孺的对立。这真是一场世纪大战。

靖难之变

所谓的"靖难"就是"清君侧之恶，靖明室之难"，这是燕王起兵时的口号。所谓的奸人，自然指的就是齐泰和黄子澄等人。

应天府一方呢，就像我们说过的那样，从一开始就没有统一步调，而且还有一个最大的问题，那就是青年皇帝的妇人之仁。黄子澄提议先从恶名昭著的诸王开始肃清，于是首先拿了燕王的亲弟弟周王开刀。而燕王马上呈书讨饶请求赦免，皇帝见其书恳切而心生怜悯，于是便不再追究了。

但是皇帝的近臣们对之视而不见，一口气连废了五个王，其中湘王甚至放火烧掉宫殿自杀而死。这么一来，皇帝就想，自己刚即位就废掉了诸王，如今又要废掉燕王，却如何向天下交代呢？而且燕王虽有病在身，可是依然很难对付，就这样皇帝又软弱下去了。

这之后皇帝改变了方针，令中央军坚守北平周边的要塞，又派得力的大臣和将军驻守北平，以监视燕王。刚好那时燕王的三个儿子都在应天府，齐泰打算将他们抓来做人质，黄子澄却担心引起燕王方面的怀疑会坏事，所以还是放他们回去了。

而另一方面，燕王那边也不是简简单单就能出手。他能依靠的只有八百名护卫兵，而其中还掺杂着间谍和反间谍。在地下室打造兵器会发出响声，所以他们养了大群鸡鸭，试图用鸣声来掩饰。燕王假装发疯，在监视大臣来访之际总要做些表演，比如盛夏之时烧起炉火，寒冬之际在他们面前不住地发抖，但是这些伪装很快就露馅了。

最终，该来的还是来了。某天，监视大臣和将军准备入燕王府抓捕其官校，燕王趁机向两人发动突然袭击，以迅雷不及掩耳之势行动了起来。转眼之间，北平就成了燕王的囊中之物。

燕王手下的亲兵是一支混有蒙古兵的身经百战的精锐部队。他们在征讨蒙古的过程中学会了蒙古式的骑马战术，而且燕王常常亲自在前头领队疾驰。这种军队在元末群雄当中绝无仅有，类型很奇特。

收到战报，应天府方面马上派出残存的老将耿炳文，命其为大将，率领号称三十万的大军出征。在大军出发之际，建文帝对诸将指示道："不要让我背上杀害叔父的恶名。"谋反的当事人反而一根毫毛也不能碰，于是大军提不起士气，战争仿佛成了一场过家家。也是由于这点，他们的前锋九千人在北平南边一百公里的雄县赏月饮酒之际便被燕军全歼了。燕军势如破竹，顺势攻破了大部队，燕王首战告捷。

收到战败的消息，建文帝勃然大怒。黄子澄不顾齐泰的反对，恳请建文帝任命公爵李景隆为新任大将，率领五十万大军进攻北平。李景隆是元勋李文忠家的大少爷，仪表堂堂，但却无大将之器，只能装装样子。

这个消息让燕王喜出望外，他把大军集聚在北平城，自己则经由间道赶往热河地方的大宁城。这里是明朝最北端的要塞，专为经营蒙古而设。而宁王镇守此地，收容北元的降兵，将精锐的蒙古铁骑兀良哈三卫（明代以兴安岭以东地区为据点的蒙古系部族，1389 年明朝在这一地区设立了泰宁、朵颜、福余三卫）收归麾下。

燕王使诈骗住了宁王，控制了北平和大宁城的军队及大量军需物资。由此燕王军一跃而成了强大的势力，不费吹灰之力就赶走了李景隆的大军。

但是，蒙古化的燕王军却在攻城战上暴露了弱点，燕王试图进攻济南城，却险些丢了性命。

在这之后两军互有胜负，而一旦变成长期战争，形势终将有利于皇帝一方。

焦灼的燕王决定要速战速决，长驱直入进逼应天府。其间好几次起死回生，又得幸运眷顾，终于成功攻陷了应天府。这已是开战之后的第四年了。在落城前夕，齐泰为召集勤王兵力四处奔走，他将自己的坐骑白马用墨涂黑以避人耳目，但是在奔走途中马儿流汗而墨迹剥落，于是齐泰暴露了身份而被捕。黄子澄也因为他人告密而被抓，两人一起被处死了。

成祖永乐帝像
（故宫南薰殿旧藏）

据说在应天府陷落的时候，建文帝化装成僧人模样逃走了。但是不知这个传说是真是假。

殉节之士

攻入应大府的燕王于建文四年（1402 年）七月在奉天殿举行了即位仪式，这就是永乐大帝。但是这个御座满是殉节之士的鲜血，其篡夺帝位的污名也不可能永远从历史上抹去。

这些殉节之士的抵抗在中国精神史上闪耀着永远不灭的光辉。

就在燕王将要征讨应天府之际，道衍向燕王进言："就算应天府陷落了，方孝孺也绝对不会投降。但是一定不能杀他。

如果杀了孝孺，好不容易有点苗头的天下正统儒学就要绝种了。"永乐帝也点头答应了。即便是这个道衍，对金华学派之大才也是赞不绝口。

其时方孝孺拒绝了燕王之召，被收入了监狱，仅仅保住了一命。永乐帝听从臣下的建议，命令方孝孺为他书写即位的诏敕。如果当时道衍在场，肯定不会让他这么做的吧。

方孝孺身着丧服，大声悲泣。皇帝早有准备地向他抛出荒诞的说法，恳请他写诏书。即，举出周公辅佐侄子成王的例子，声称想要效仿。这是在将自己比作周公——那个孔子奉为中国最高圣王的人物。这样一来，作为孔子信徒的孝孺就失去了论辩的依据。

但是方孝孺立马回问："成王安在？"皇帝回答："他自己把自己烧死了。"下面双方便来来回回重复着这种浅薄幼稚的问答。之后皇帝从椅子上走下来，说现如今家丑也不可外扬了，恳请先生写诏书。而方孝孺手书"燕贼篡位"几个大字，将笔一扔，高声叫道："纵诛十族，我志不折！"边骂边号啕大哭。①

于是，一场世纪大悲剧开始了。怒气冲天的皇帝命人硬

① 《集义轩咏史诗钞》卷五十一：成祖发北平，姚广孝以孝孺为托，曰："城下之日，彼必不降，幸勿杀之。杀孝孺，天下读书种子绝矣。"成祖颔之。至是欲使草诏。召至，麻衣入见，悲恸声彻殿陛。成祖降榻劳曰："先生毋自苦，予欲法周公辅成王耳。"孝孺曰："成王安在？"成祖曰："彼自焚死。"孝孺曰："何不立成王之子？"成祖曰："国赖长君。"孝孺曰："何不立成王之弟？"成祖曰："此朕家事。"顾左右授笔札，曰："诏天下非先生草不可。"孝孺大书"燕贼篡位"四字，投笔于地，骂曰："死即死，诏不可草。"成祖怒曰："汝不顾九族乎？"孝孺曰："便十族奈我何！"于是尽逮九族，并收其朋友门生为十族杀之，共八百七十三人。——译注

生生地豁开方孝孺的嘴，从嘴角一直割到耳边，又将他的血亲、友人、门生一个个叫过来，让他眼睁睁地看着他们被处死。他的妻族和母族等九族被诛（九族指父族四、母族三、妻族二），最后还加上门生凑够了十族，但是仍然不能使方孝孺屈服。这是历史上绝无仅有的残酷杀戮，据说死者多达八百七十三人，被判流放者更是不计其数。

最后，这份诏敕是由同是宋濂弟子的楼琏写的。楼琏回到家后说，如果他拒绝，家人就都没命了，说完他就上吊自杀了。

兵部尚书铁铉是忠臣，差点就在济南城逮住了燕王。他被带到皇帝面前时背对皇帝，骂不绝口，耳朵和鼻子都被削去了也依然不停。皇帝将他的耳鼻煮熟，逼他吃下去，问他好不好吃，他回答道："忠臣孝子的肉怎么会难吃呢？"然后继续骂。勃然大怒的皇帝找来大釜，装满滚油，把其尸体扔进去炸，想让他面向皇帝。但是他的尸体也依然背对皇帝。皇帝又命令宦官用铁棒将其翻过来，一定要让他面向皇帝，这才满足。但是翻到途中油突然炸开，宦官被烫到吃痛松手，于是尸体又背了过去。

御史景清表面上装作顺从皇帝，却在怀中一直藏剑，时刻准备取皇帝的性命。某日朝仪结束后，他穿着绯衣扑向帝舆左劈右砍，但是未能成功。被捕后他的牙齿被生生挖出，而他含血向前喷，其鲜血溅上了帝衣。他的尸体被剥皮填草，戴上枷锁绑在长安门。当天晚上皇帝从此经过的时候，捆绑他的绳索突然断裂，戴着枷锁的人皮向前冲了好几步，仿佛就要侵犯皇帝的模样。受到惊吓的皇帝将其一把火烧掉，但是这次他又在梦中显形，挥剑绕御座追着皇帝跑。于是皇帝将其全族都杀掉了，余波甚至祸及乡党，整个村子都成了废墟。此事世人称之为"永乐的瓜蔓抄"。

还有这么一个故事。礼部侍郎黄观为募兵奔走，此时应天府陷落，其妻子和两个女儿受罚被许配给象奴。其妻将发簪和手镯都交给象奴，令其出门买酒，趁机带着女儿和家人一起投河自尽了。黄观听闻后，也身着朝服随之而去。由于找不到尸体，只好用浮出水面的衣服作为黄观当街示众。

这样的事情史不绝书。这个时候的殉节之士，加上牵连被诛之族人，多达三千人。

六部尚书当中除了工部，全部殉节。侍郎、御史、翰林院成员也大多殉死了。

这些人中为首是四十六岁的方孝孺，他少壮气锐，以科举榜首及第，是俊才中的俊才。太祖和金华学派于此儒教帝国中倾注了全部理想，刚刚才出现一些成功的苗头，而肩负起下一代重任的人才就几乎全被永乐帝弄死了。道衍的担忧应验了。自此之后，明代士风为之一变。明朝的末代皇帝形单影只地自缢于景山，其时为之殉死的只有一个宦官而已。风气的滥觞，远始自永乐帝。

江西派阀

翰林院是文章之府，汇集了天下的英才。在崇尚文学的中国，进入翰林院一直以来就是文士梦寐以求的成就。

应天府陷落的前夜，吴溥家中来了三位客人——解缙、胡靖、王艮，他们都在翰林院任职。解缙力陈大义，胡靖悲愤慷慨，唯有王艮在默默流泪。三人离去后，吴溥年幼的儿子与弼感叹道："胡叔叔是不惜一死的人啊，真是了不起！"而父亲吴溥说："不，恐怕只有王叔叔一个人会死吧。"话声未落，外头传来吵闹声，是胡靖在追赶逃走的猪。于是父亲又对儿子说："连一头猪都舍不得的人，哪能舍得自己的生命呢？"此后不久，王艮家中传出了哭声，他已经服毒自杀了。①

燕王入城后，解缙早早地就去拜见了，燕王对此大喜过望。第二天，在解缙的推荐下，胡靖也受到了提拔，另外还有李贯也出仕了。

他们都是同乡，出身于江西省吉水，属于吉水文学一脉。其中，王艮、胡靖、李贯三人都在建文二年中举，同是第一甲进士出身，是了不起的人才。不过，当时的考试成绩虽是王艮排在第一位，但他容貌不美，于是建文帝钦定胡靖为状元（科举制中，由殿试产生一甲、二甲、三甲三等成绩，一甲有三人，第一名称状元，第二名称榜眼，第三名称探花）。胡靖在答卷中历数亲藩的暴行恶状，甚得帝心，于是建文帝特别赐予其"靖"这一名字。他本来的名字叫胡广。

---

① 《明史纪事本末》卷十八：北师入城，胡靖、解缙、吴溥为（王）艮乡人，皆集溥舍。缙陈说大义，靖亦愤激慷慨，艮独流涕不言。溥曰："三子受知最深，事在顷刻。若溥去就，固可从容也。"随即去。溥子与弼尚幼，叹曰："胡叔能仗义，大是佳事。"溥曰："不然，独王叔死耳。"语未竟，隔墙闻靖呼曰："外闹甚，可看猪。"溥顾与弼曰："一猪不忍，宁自忍乎！"须臾，艮舍哭声动，已伏鸩死矣。——译注

　　另外，此时年纪尚幼的吴与弼后来发展出明代独特的儒学思想，成了王阳明所学习的先驱，也就是崇仁学派的始祖。

　　此外还有这样的故事。江西泰和人周是修常说："忠臣不计得失，故言无不直。"是修曾与杨士奇、解缙、胡广、金幼孜、黄淮、胡俨同约，将为义而死。在应天府烧起来的时候，是修走入府学，礼拜孔子之后自杀了。而其他人全都为永乐帝出仕了。这些都是被称为"名臣"的人物。后来杨士奇为周是修作传，对是修儿子说道："如果那时候我也死了，谁来给你父亲写传记呢？"据说听者大笑。

　　除了黄淮，这些人全都是江西出身。这些江西官员的领袖人物则是解缙。

　　此人才高，很早就受到了太祖的赏识，还仿照同乡前辈王安石递进了万言书。但是他也有因过分恃才傲物而走岔路的时候，胡党的李善长被逮时，解缙好巧不巧就为其代笔写了求

杨士奇像
（《明代名臣遗像》）

情书。于是太祖把解缙的父亲叫来，说这孩子大器晚成，让他回乡，十年之后再求出仕。

但是，到第八年的时候太祖去世了。解缙慌慌张张地跑到京城，却背上了违背遗命的罪名，被流放到了边境，最后好不容易才获准当上了翰林院待诏（最低位从九品的官员，不设定员）。对怀才不遇的解缙来说，投靠永乐帝是理所当然的选择吧。

解缙料事如神，尤其是善于识人，辅助皇帝良多。但是他也直言不讳，再加上遭到谗言陷害，后来不幸失宠于帝，被杀于诏狱（囚禁因天子之诏而受罚的罪人的狱舍）。不过，他作为江西派阀的领袖，足可与太祖之宋濂、建文帝之方孝孺同称为"国初三杰"吧。

秘书政治

政府首脑的誓死抵抗，让永乐帝对应天府的官僚阶层极不信任。如此一来，国初以来的浙江派就一时销声匿迹了。

然而很现实的问题是，永乐帝虽从北平乡下入主了中央，却难以马上精通政情。

于是永乐帝首先起用了解缙等江西官员，这些人早早地就向永乐帝表达了效忠之心。秘书政治开始了。秘书的成员有解缙以及此前提到过的杨士奇、胡广、金幼孜、胡俨、黄淮，还有福建出身的杨荣七个人。他们都是出身于翰林院的年轻文士，完全没有政治经历。

他们平常在宫廷中的文渊阁值夜，侍奉皇帝，参与天下政治中枢的运转。这就是内阁的由来。

　　他们的官位在五品以下，比六部郎中还低。但是，皇帝赐予他们尚书的礼服加以优待，理由是"秘书之职事属机密，其重要不下尚书"。

　　高炽（仁宗）被立为皇太子后，他们又被委任以教育太子之职。这个立太子的决定，其实也是历经了诸多波折。

　　永乐帝的长子高炽宅心仁厚，有帝王资质，但是他过度肥胖，而且腿脚不好，甚至走路也要人搀扶。生性豪迈的永乐帝对其非常不满意，甚至曾怒气冲冲地命其减肥。但是高炽的儿子瞻基有英武之名，在孙辈中最得永乐帝喜爱。

仁宗像
（故宫南薰殿旧藏）

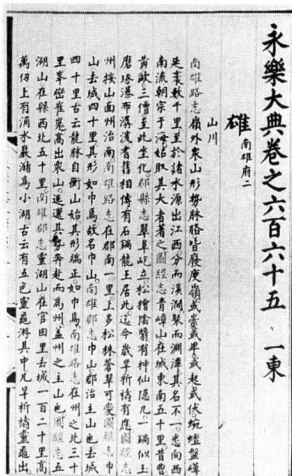

《永乐大典》

　　而另一方面，永乐帝的次子高煦武勇无匹，却是个奸佞小人。但是在靖难之变中，他率领的蒙古骑兵立下了大功，救永乐帝于危急之中。永乐帝感激之下，当即承诺会将其立为皇太子。军队的老将们也推举高煦，但我们此前提过的占卜出身的金忠却极力反对。永乐帝思虑难定，于是召解缙商量，最后听从其意见，决定立高炽为皇太子。不久之后，高炽以皇太子的身份担任监国，也就是皇帝代理。而解缙等人又辅佐其理政，并承担起教育皇太孙朱瞻基的重任。

　　此外，这些人当中的胡俨后来出任了国子监的祭酒，国子监是国家文教的最高学府。胡俨在职二十年，其间负责了国家级的编纂事业，多达两万卷的《永乐大典》（类书，共22877卷，目录60卷。遍搜"经史子集"等天下之书，按照韵目进行分类）也是他总裁其事。

就这样，这些江西出身的内阁官员一手掌控了国家政教。后世出现了称为"仁宣之治"的太平盛世，而他们才是实际上的推进者。

江西派阀有自己的特色，虽然比不上苏州之文学，也不及浙江之思想，但是按照中国人的说法，他们是"识大体"之人。这真是一个妙评。这些人又有教养，又能做实务工作，万事无可挑剔。他们提拔了夏原吉和周忱等经济方面的能吏，这些人也同样是江西出身。

总之，他们成了明清士大夫的原型。明代的守成之业就是由他们推上轨道的。他们做了一件被后人批评的工作——编纂了儒教标准教科书。其中包括《五经大全》（《易》《诗》《书》《礼》《春秋》，这五经的解释都被朱子学统一了）、《四书大全》（《大学》《中庸》《论语》《孟子》，也遵从朱子学说）、《性理大全》（汇集了宋以后朱子学者的学说），这些书日本也曾大量翻刻。这些书都统一采用朱子学的解释，成了科举考试的参考书，但是其内容极为粗糙，评价也非常差。

然而崇仁派的吴与弼作为一个朱子学的批评者，发展出了自己独特的观点。江西派阀已取代浙江派占据了永乐朝的朝廷，便不可能再热情对待金华之学。朱子学已经由太祖和金华学派付诸实践，而其使命已经完成，再没有议论种种的余地了。

金华学派没落的同时时代也在前进。代之而起的是江西的崇仁派，其中诞生了天才王阳明，反过来影响了浙江学派。

正是王阳明，将朱子学彻底击倒在地。

皇帝与宦官

关于宦官，太祖曾有如下议论："据《周礼》所载，以前的宦官不满百人，而后世人过数千，成了乱政之由。此辈本来只负责饮食、服装和清扫，不能委以更多重任，其数量也绝不能过多。而这些人当中，善人只占千百分之一二，恶人却总是多达数百数千。如果用他们为耳目，反而会闭目塞听。用其为心腹，反成心腹之患。驾驭之道，唯使其畏法，不可使其立功。其畏法，则老实可使。其立功，则骄纵难制。"①

太祖对宦官本质的把握是如此准确。那么说来，干脆废除宦官不就好了吗？但他并没有这么做，这就是中国社会复杂的地方。而后来，正如太祖担心的那样，皇朝的继任者们增加了宦官的数目，让他们做了君王的耳目和心腹，允许其建功立业，并委以国政，最终导致了国家覆亡。这可以说是太祖的一个误算吧。

但是，自信满满的太祖确实也曾动过取缔宦官的念头。虽然第一个察觉胡惟庸的阴谋并连忙通报太祖的人是宦官，但

---

① 《明太祖宝训》卷三：八月己巳，太祖令吏部定内侍诸司官制。谕之曰："朕观《周礼》所记，未及百人。后世至逾数千，卒为大患。今虽未能复古，亦当为防微之计。古时此辈所治，止于酒浆、醯醢、司服、守祧数事。今朕亦不过以备使令，非别有委任，可斟酌其宜，毋令过多。"又顾谓侍臣曰："此辈自古以来，求其善良，千百中不一二见。若用以为耳目，即耳目蔽矣，以为腹心，即腹心病矣。驭之之道，但当戒饬，使之畏法，不可使之有功。有功则骄恣，畏法则检束，检束则自不为非也。"——译注

是太祖并没有纵容他们骄傲自得。即使是长年侍奉太祖的宦官，只要有一点点关心政治的迹象，太祖就会将其撤换下去。

另外太祖设立了制度，禁止他们学习学问，因为太祖认为他们保持无知就可以了。但是这样也还是不够，所以洪武十七年太祖又铸造了三尺高的铁牌竖在宫门前面，上面写着："内臣不得干预政事，犯者斩！"他还向外省下达了敕命，禁止他们与宦官有公文往来。

简而言之，太祖就是要他们像猪一样无知，把他们关在内廷里，切断他们与外界的联系，以这些手段防止他们跋扈。

但是太祖百密一疏，他忘了考虑内廷的主人。太祖的后继者建文帝对这些"无知的蠢猪"厌恶得不行。

这个其实也是儒学教育造成的结果。青年皇帝一直以来都被教导以前亡国的原因就在于这些"蠢猪"，他又非常认真，所以对他们厌恶至极。

可是这样一来，这些"无知的蠢猪"就招来了大祸。燕王之所以能够攻入应天府，据说就是因为应天府的宦官秘密地向燕王一侧泄露了内情。

可能也是出于这方面的原因，永乐帝很喜欢任用宦官。其中最主要的一个用途是对文武官员进行监视。此前说过，皇帝不信任应天府的官员，这可能导致了他采取此种办法。

永乐帝设立了秘密警察机构东厂（位于北京东安门之北），任用宦官为其长官。这是直属于皇帝的情报机关，也是检察机关。他们要搜集京城乃至全天下的情报，甚至还要调查谷物等重要物资的日常价格。他们还与皇帝的宪兵队锦衣卫进行密切的合作。因此，在有明一代，他们权势熏天，让官民都慑服于其膝下。

此外这些宦官还被委以监军的重任，每当军队被派驻到地方，都要他们随行监视。这是因为皇帝对将军们也不能相信。

宦官们甚至还被大量派往海外。这与太祖推行的闭关锁国政策实有云泥之别，让永乐帝声名远播。总之，从永乐朝起，宦官开始涉足政治活动了。

远征蒙古

永乐帝亲率大军越过长城，横跨戈壁沙漠，直攻蒙古老巢，这件事情被视为永远闪耀在史册上的辉煌武功。对于汉人皇帝而言，这种壮举是空前绝后的。而且，其远征多达五次。汉人自10世纪以来就被北方民族强力压制，其间受尽屈辱，这次却一举攻破了北方民族的老巢，因此他们歌颂皇帝的远征

雄伟的长陵（成祖陵墓）之石坊

（上）长陵宝楼

（下）内部

也并非不可理解。

但是，就内容而言，这些远征却并不怎么值得称赞。

明帝国最重点的任务是北边的防御。明兴起之际的北方
世界里，朝鲜、蒙古等地都处在元的统治之下，形成了一个绵
延不断的带状地带，将汉地围在其中。太祖为明朝设定的战略
方针是首先击溃其核心蒙古势力，同时切断包围网。即在东边
切断朝鲜等地与蒙古的联系，在西边则控制西域干道，隔绝蒙
古和西藏。这一战略几乎就要成功了。

但是在蒙古老巢的作战，有时成功，也有时失败（洪武
五年，徐达为大将率领十五万精兵分东、中、西三路进军，中
军大败，东军也损失惨重）。于是太祖停止了机动作战（太祖
痛感远征军的失败，其后采取了寸土相争的策略，扎扎实实
地推进在边境的开垦事业），在长城外侧设立了许多强大的军
事据点，如热河地方的大宁卫、元上都的开平卫、其西的兴和
卫、黄河东北角的东胜卫，形成了一种随时都可以出击的态
势。此前提到过的封建诸王被任命为这些卫所的军队指挥官。

另一方面，忽必烈汗的子孙从中原撤退了，虽然他们自
称为蒙古大汗，但是其地位和势力都不复强大，也再无威势。
他们在中原乐不思蜀之际，故园已经荒芜。那个游牧封建社会
中出现了日本战国时代的光景，以下犯上成为世间常态，人们
终日进行着战争和掠夺。

这时候，在蒙古的西北方出现了新兴的瓦剌势力。他们
是森林之民，刚从狩猎进入到畜牧生活。而与瓦剌相抗衡，北
元正统所统治的部族则被称为鞑靼人。因而此时蒙古内部也就

出现了鞑靼与瓦剌对立斗争的局面。

但是由于靖难之变，这个防御体系彻底改变了。明朝放弃了前线基地，一部分封建诸王也转移到了内地。而大兴安岭以东，兀良哈三卫的蒙古人由于协助永乐帝之功而受到了皇帝的优待，甚至获得了进行朝贡贸易的特权。一切都变了。

另一方面，鞑靼继任大汗的本雅失里和部将阿鲁台远游归来，他们发誓要向明朝报仇，接连两次斩杀了永乐帝派去的使者，态度非常强硬。

负责北方防备的最高权力者永乐帝此时正在大力推进和平谈判，因而被打了个措手不及，堪堪保住了平手战绩。

这样一来，皇帝赌上大帝国的面子命令出兵，但是却遭到了不可挽回的失败。这次的出兵以靖难之变的第一功臣丘福为总兵官，共派出了十余万大军。丘福是士卒出身，不过是一个冲锋队长，完全不是当大将的料。本雅失里和阿鲁台连瓦剌都打不过，却把丘福大军打得落花流水，致使其全军覆灭。这时候，明军开始想念被太祖除去的那些名将了。

震怒的永乐帝在第二年，即永乐八年（1410年）二月率领五十万大军御驾亲征。他们从克鲁伦河绕向兴安岭，大破鞑靼部。但是削弱鞑靼之后，瓦剌势力又强大起来。于是永乐帝决定再度亲征，讨伐瓦剌，这次皇太孙宣宗和文臣们也听命随行。

但是这次阵容豪华的亲征却让明朝原形毕露。进行一回战事，需要二三十万石米和三万辆以上的运输车辆。此外士卒逃亡，他们留在家中的妻妾通奸等各类事件亦频发，皇帝亲自裁决的案件就多达一百多件。

　　更难堪的是，皇帝在永乐二十年（1422 年）到二十二年（1424 年）之间连年亲征，却不过是在大漠中闲晃了一圈，几乎没有什么值得一提的战果。负责财政的阁僚对此表示异议，马上就被投入了监狱，当中甚至有人悬梁自尽，但是皇帝仍然一意孤行。这只能说是朱家遗传性的偏执了。最后，在二十二年远征的归途中，永乐帝在榆木川结束了六十五年的生涯。

宣扬国威

　　喜好远征的永乐帝向国外派遣了大量宦官，督促各国向其朝贡。这些使节团的规模也非常庞大，正符合皇帝的口味。

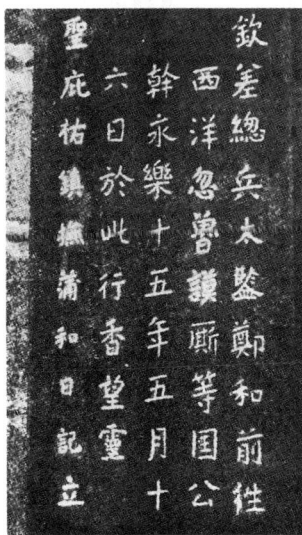

郑和于天妃庙所立石碑，祈祷下西洋成功

　　其中最著名的是郑和的南海远征。明朝第一回派出了六十二艘大船，搭载着二万七千八百余名将士，于永乐三年（1405年）六月出发。航海时间为两年零四个月，到达的港口从占婆、柬埔寨、暹罗，延至爪哇、巴邻旁、苏门答腊等印度尼西亚地方，甚至还从锡兰延伸到印度西海岸。

　　郑和在二十七年间共尝试了七回远征，其间甚至从波斯湾航行到了东非。

　　在航海途中，郑和镇压海盗，还逮捕了锡兰国王，其目的都是宣扬中华帝国的国威，并促使外邦朝贡。就像永乐帝的谋臣道衍自认像刘秉忠那样，永乐帝自己八成也梦想着胜过忽必烈汗吧。南洋诸国受到忽必烈的征讨，曾一度向其称臣。永乐帝的行动，可以说是试图恢复这一局面。

　　在北方，明朝也在招抚关外的女真人。这方面明朝派出的是女真人宦官亦失哈，他带领一千多名兵士乘坐二十五艘船

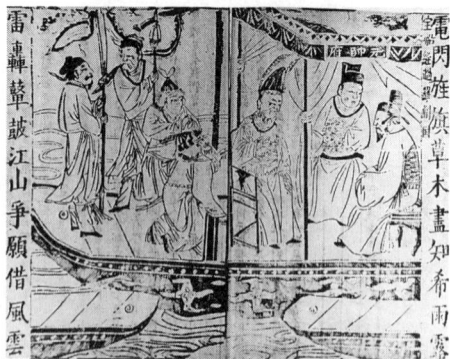

暹罗王族至郑和船上行礼
（小说《三保太监下西洋记》插图）

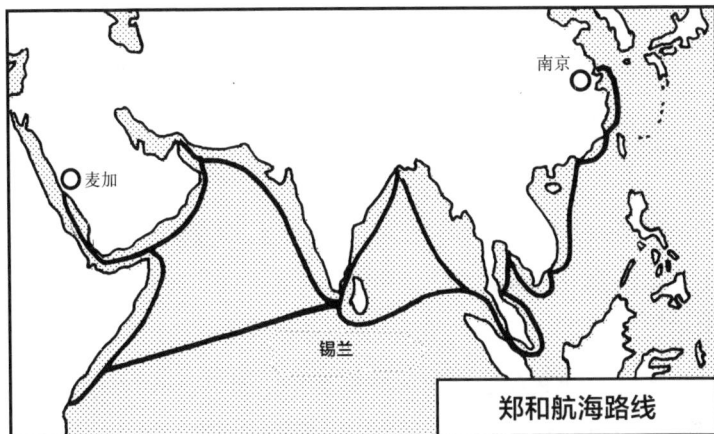

郑和航海路线

从吉林出发，沿松花江而下，最终到达黑龙江下游。这次出使的结果是在北部设立了奴儿干都司、在南部设立了建州卫，将女真人纳入了明朝的统治之下。这些部落各自都设置了明朝军制的卫所，并获准以此为单位进行朝贡，由此获得了贸易之利。

永乐帝笼络这个精悍的狩猎民族，是为了让其从侧面牵制蒙古。同时他在讨伐蒙古的战役中也使用了女真人的兵力。

日明复交

在日本的应永八年，即明朝的建文帝三年（1401年），九州商人肥富某向足利义满力陈对明贸易之利，足利义满十分心动，于是向大明派去了使者僧人祖阿。

祖阿带去了国书，形式上用了"日本准三后道义上书大明皇帝陛下"的字样，献上的礼物有一千两黄金、十匹马、铠甲、刀、扇子，此外还送还了漂流至日本的明人。

在明太祖的时候，足利义满曾以"征夷将军源义满"的名义派出过使节，但是被回绝了。也不清楚明朝方面到底知不知道这其实是同一个人，总之这次是接受了。道义是义满的法名。建文帝与祖父相比，采取了宽大的政治方针，因此可能也不那么执着于祖训。之后，明朝一侧也派出了答礼使，通过返书正式册封义满为日本国王，并向其颁发了大统历。

那时足利义满在北山的宅第引见了明使，礼拜之后接过了大明的国书。日本的公卿世家对这份国书所写的封王一事，以及义满当时过于卑躬屈膝的态度大加批评，此事也是众所周知了。

不过总之，义满在这之后就以"日本国王道义"的名义开始与大明进行外交往来了。

就在永乐帝通过靖难之变登基后不久，义满的使节恰巧来到了明朝。这或许只是个偶然，但却成了外交上的大热点。就在永乐帝为收拾内战残局苦恼的时候，向来难以应对的日本竟然派来了使节！永乐帝真是大喜过望。而且日本还抓获了壹岐和对马的倭寇大首领献给明朝，这简直让他高兴得手舞足蹈。那段时间明朝和日本每年都互派使节往来，用现在的话来说就是外交蜜月期。

永乐三年（1405 年）明朝的来日使者有鸿胪寺的少卿潘赐（福建浦城人，永乐进士，号容庵，秀于诗文。在永乐、宣德年间三度来日。鸿胪寺少卿为从五品官），永乐四年有侍郎俞士吉（浙江象山人，洪武举人。任金都御史〔正五品〕

之际于浙江西部有农政之功，终于南京刑部侍郎〔三品官〕）。这些都是名声显赫的文臣，是次官级别的大人物。另外，足利义满获得了九章冕服，这在太祖时期仅赐予朝鲜国王；他还获赠了御制的石碑，上面刻有"寿安镇国之山"（为明朝对日本山峰的赐名）。

让我们来看看永乐五年日本获得的赠品，其中有一千两花银、一万五千贯铜钱，还有众多丝绸和奇珍异宝。此前义满献上的一千两黄金按照当时的比价，大约相当于五六千两白银或者五六千贯铜钱。很明显，日本方面实在是占了大便宜。

总之，与苛刻的太祖比起来，永乐帝的恩宠实在是太大了。

一般认为，这一时期明朝对日本的朝贡有所限制，要求十年一贡，人数不超过二百人，船只不超过两艘。但是最近的研究表明，这个限制可能是后来才颁布的。其实，这段时间两国间连年的使节往来就是一个证明。

但是足利义满去世后，到了其子义持这一代，情况发生了一百八十度的大转变。最初是明朝来使吊问，并带来了给义满的谥号"恭献王"，义持也表示了谢意。但是应永十八年，也就是明朝的永乐九年（1411 年），义持突然表示要断绝国交。此后明使还是不时来访，但是义持一概不接见，每次都将人赶了回去。一般认为，其原因在于义持对父亲十分反感，以及他不得不回应日本公卿世家们对义满屈辱外交的批评。

但是对明朝一侧来说，这完全让人摸不着头脑。而且，倭寇的入侵又开始了。此前义满将在对马等地抓住的倭寇献给明朝的时候，永乐帝把处置的权力交给了日本使节。据说，后来日本使节在宁波将这些倭寇塞入大缸里，全都烹杀了。会不会是倭寇们知道了这事，所以发怒了呢？

　　永乐十七年（1419 年），明朝将领刘江等人在辽东半岛金州附近的望海埚发现了倭寇两千人。他们攻破此地，生擒数百，斩首数千，取得了大战绩。此战之后，倭寇基本上就销声匿迹了。

第七章　侧近政治

和平的到来

帝国终日深陷于血腥的肃清行动和内外征战，此时终于迎来了和平。仁宗深孚众望，肩负起了守成之业。但是他即位不久就去世了（1425年），这份事业将由其子宣宗加以实现。

宣宗是一位文武兼优的明君，就像祖父成祖（永乐帝）期待的那样。

宣宗首先解决了祖父遗留下来的难题——叔父汉王高煦。成祖没有遵守承诺立汉王为皇太子，因而他心生怨恨，夜以继日地策划阴谋，在侄子宣宗即位不久后就揭起了反旗。这简直就是靖难之役的重演，但是这一次角色完全调换了。侄子皇帝率领大军亲征，叔父身着白衣投降，被幽禁在北京城。

在那之后，宣宗向宗室下达了禁令，不许他们离开封地

进京朝觐，甚至连出城扫墓也要获得批准，而且亲王之间不准
会面。如此一来，宗室就完全沦为食禄寄生虫，太祖让他们承
担边境防御重任的构想也从此化为泡影。而几代之后，宗室数
量猛增，庞大的王室费用变成了国家财政的毒瘤。

其次，宣宗收拾了外交上的烂摊子。当时明朝在安南的
战争已经深陷泥潭。成祖在位时向安南出兵，设置了交阯布政
司，将其并入了中国本土。但是派驻当地的宦官为非作歹，招
致了安南人的反感，又再一次演变成了内乱。安南的抵抗出乎
意料地顽强，这让明朝甚感棘手。

朝廷分裂成了主战与主和两派。宣宗认为这项军费实属
白费，于是不再拘泥于面子，废撤了布政司，就此引兵回朝。

正在此时，北方兀良哈又现变数。他们大举进攻大宁，
于是宣宗率领三千精兵北出喜峰口，对其进行镇压。同时他还
抓住这次机会，将孤悬于长城外的开平卫迁回内地，让长城地
带化为帝国的防御线。

宣宗像

南北的国防线都得到调整后，人民的负担和国防费用也大大减轻了。

终于，大明的内外都恢复了安宁，经历了一段漫长的岁月后，和平终于到来了。在这之后，宣宗为了继承祖父的荣光，接连干了几件大事业：派郑和下西洋，派亦失哈招抚女真，此外还积极谋求恢复明日之间的外交关系。

税金之诗

此时，大明的内政也到了一个转折点，宣宗在这个问题上也下了许多功夫。

首先是要广求人才。第一个手段就是改革科举，这自其父仁宗以来一直没有得到很好的解决。如果会试仍然采用原来的方式，那么及第者绝大多数都是擅长读书的江南人，所以宣宗将全国科举分成南北两榜，对合格的名额进行了分配，比如规定南方六十人、北方四十人。

在内阁大臣们看来，江南人虽然有才气但却流于轻薄，而北方人中则每每出现逸才大器。所以最终，宣宗将天下科举分为南、北、中三卷（北卷区域包括北直隶、山东、河南、山西、陕西，中卷区域包括四川、广西、云南、贵州、南直隶的凤阳和庐州二府，以及滁州、徐州、和州，其余的都是南卷），决心要将天下人才尽数收入囊中。

到了这一时期，官吏的贪污行为也日渐显著。这股歪风其实在永乐中期就开始了。为了以示惩戒，宣宗将素来享有令名的监察长官都御史也撤职了。

后来，宣宗提拔了清廉的顾佐继任都御史。但是这次又出了状况，一个小吏向通政司（处理内外的上奏文，并纠察官员的不正行为，受理民间人士诉讼的冤案）举报，称新官上任的顾佐收受奴仆的贿赂而将他们放走了。

宣宗大惊之下召阁臣杨士奇质问，才知道他也做了同样的事。杨解释说，朝臣每月的俸禄只有一石米，而薪炭和马料都必须自行筹措，所以实在不得已他们只能让奴仆们回乡下筹措这些东西，在京的官员全部都是如此。其实，仁宗时期官员补贴已经有所增加了，但却依然是这般惨状。这么看来，明代官员的贪污与工资如此微薄恐怕也并非全无关系。

此外，宣宗还时刻惦记着农民的负担，时不时地就给官田免税。宣宗对农民的感情到了什么地步呢？有这么一段佳话，说是他微服出游时借来农民的锄头耕地，感叹他们太劳苦。但是，皇帝的免税恩典却遭到了出乎意料的阻力。掌管财政的户部向地方发出指示，命令他们不得执行皇帝的减免政策。

知晓真相的宣宗极其不高兴，将阁臣召集起来，示以自己写的免税长诗并加以训斥。皇帝亲自创作免税之诗，这也是史无前例了。

但是户部的抵抗其实也有自己的理由。此前我们说过，官田的税额是太祖时代定下来的，这是财政的基础，官吏的俸禄和其他开销都要从中支出。因此，这个数字是绝对不能改动的。

可是呢，官田主要集中在苏州、松江等原属张士诚统治的地区。那时制定的征收额度其实带有惩罚意味，因而过分严苛了。而且这个数字也完全没考虑天灾等情况。但是从永乐帝的时代开始，这些地方就不时遭遇水灾，滞纳的数额也在不断增加。

此外征税的方法也非常恶劣。农民们必须自己用车船将米送到官仓，其间米自然地就有所损耗。而官员们将米收入官仓的时候，又将损耗的那部分米算在农民的头上，加到他们的税额中。这其实形成了一种附加税。

还有收米的时候政府用的量斗比通常的要大。另外，量米时操作者的手法不同，结果就大相径庭。这当中就有了贿赂的空间，而农民的负担只有越来越重。

结果是出现了农民大量逃亡的情况。但即使如此，户部也必须设法筹措此前的定额。面对冷峻的数字，宣宗的人情味也毫无办法。

最后实在没有办法，宣宗只能派能干的周忱常驻江南，主持税制调整的工作，这在某种程度上获得了成功。其实，太祖推行的农本主义政策此时已经和现实脱节了，明朝终于来到了一个转折的关口。

侧近政治

有一次，江西巡按御史陈祚向皇帝上奏称："皇帝应该学习帝王之学，在政务的余暇不妨读读《大学衍义》。"宣宗见此大怒，言道："这是在笑话朕不读书，连《大学》都不知道，没有资格做天下之主吗？"于是他将这位监察官陈祚同其家人统统投入锦衣卫狱，关了五年之久。

宣宗对自己的经史修养一直颇为自信，这件事情极大地伤害了他的自尊心。其实宣宗不仅精通学问，他的画技也达到了大师级的水准。

宣宗本人是个多才多艺的人物，因此他也喜欢亲近那些优秀的文臣。之前永乐帝设立内阁，是为了推行秘书政治，但是到了宣宗的时代，这一制度的性质已经发生了很大变化。此前，永乐帝为了压制政府首脑的抵抗，起用了内阁大学士作为秘书，以推行自己的专断决策。但是对宣宗来说，这些阁臣都是皇太子时代就教导自己学问的先生，而且他们还身兼六部尚书之职，其地位也与永乐帝时代大不相同，所以阁臣就变得非常有分量了。这一时期的阁臣有人称"三杨"的杨士奇、杨荣、杨溥。他们住在京城的不同方位，杨士奇被称为"西杨"，兼有学问和德行；杨荣是"东杨"，才识过人；杨溥是"南杨"，世皆称道其公正无私。他们各有过人之处，为人也堪称楷模。

杨士奇等"三杨"继承的是吉水文学一脉，他们开创了诗歌中的"台阁体"（庄重典雅，不过缺少趣味。正德年间的李东阳是鼎盛时期的代表人物。这种诗体为人所看重，据说是因为作者都是宰相级别的人物）。

"三杨"既是先生，又是诗人，又是政治家，所以很自然地，宣宗与他们有很深的交情。宣宗常常与"三杨"等文臣宴饮游乐，有时还会在夜里微服造访杨士奇的府邸，这都反映出他们的深厚交情。"三杨"为宣宗的政治提了许多重要的建议，这才形成了上面所述的宣宗的善政。

但是这样一来，又形成了侧近政治的局面。

自太祖废除丞相制度以来，行政权就分给了六部。其中掌管人事的吏部、掌管财政的户部、掌管军事的兵部尤其为人看重。但是到了宣宗的时代，所有的事情皇帝都会与阁臣们商量，尤为重要的是皇帝将"票拟"之权托付给了他们。

本来呢，所有的上奏文都要由天子亲自用朱笔写下裁决，这个就是"批答"。但是上奏文的数量实在太恐怖，宣宗便令阁臣们细读这些上奏文并写好"批答"的底稿。这些底稿写在小纸片上，用的是墨笔，附在上奏文之后，这就被称为"票拟"。天子参考着底稿做出最终决断。所以这就等于说，六部以下的意见可以由阁臣加以修正。于是这里便出现了没有宰相之名的宰相。当然，这种情况出现是由于当时的阁臣与宣宗有特别深厚的个人交情，不过这仍然是一种侧近政治。不能不承认，太祖的构想在这一方面也被突破了。

一旦实行了侧近政治，那么不可避免地，侧近又会演变成别的侧近政治。宦官的跋扈后来成了明代政治的毒瘤，其中一个根源也在于此。

宫廷异闻

宣德三年（1428 年），宣宗突然宣布要废掉皇后胡氏，改立贵妃孙氏为皇后。他向重臣们说明原因："朕已经三十岁了，还没有子嗣，现在幸好孙氏诞下了龙子。母凭子贵，希望立其为皇后。但是胡皇后应该如何处理实在让人为难，你们想一个

明王朝世系图　括号内为在位期间

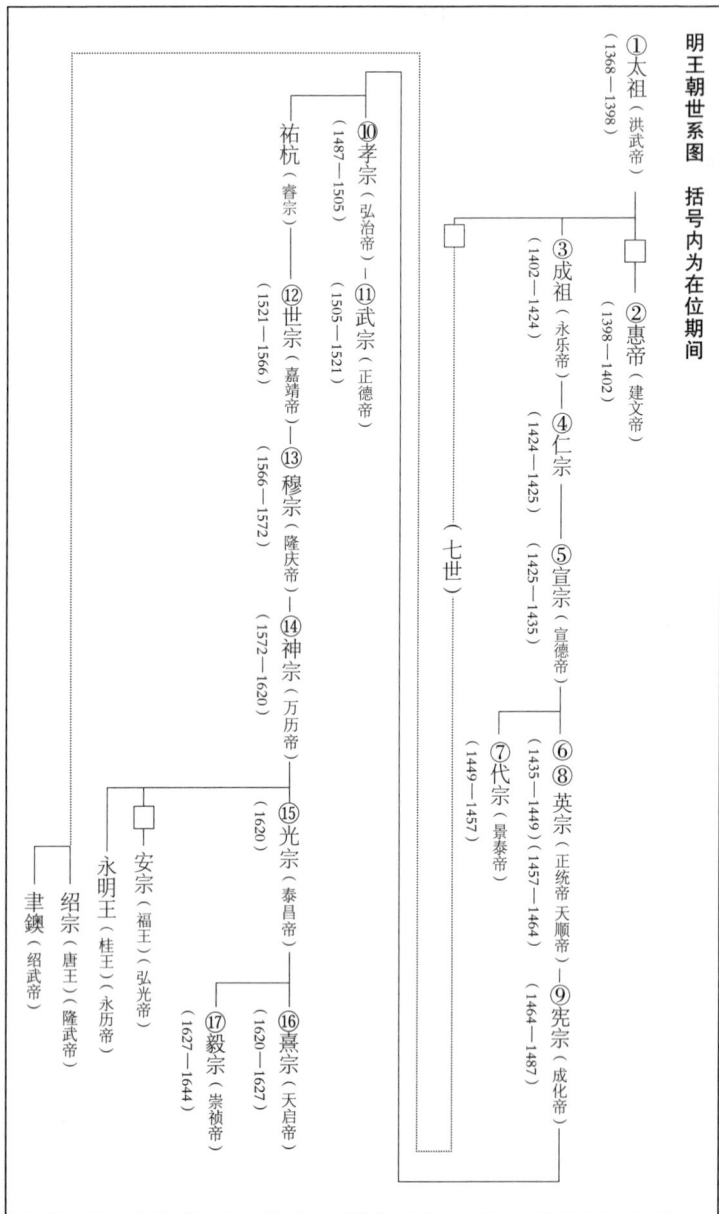

①太祖（洪武帝）（1368—1398）
②惠帝（建文帝）（1398—1402）
③成祖（永乐帝）（1402—1424）
④仁宗（1424—1425）
⑤宣宗（宣德帝）（1425—1435）
⑥⑧英宗（正统帝 天顺帝）（1435—1449）（1457—1464）
⑦代宗（景泰帝）（1449—1457）
⑨宪宗（成化帝）（1464—1487）
⑩孝宗（弘治帝）（1487—1505）
⑪武宗（正德帝）（1505—1521）
祐杬（睿宗）
⑫世宗（嘉靖帝）（1521—1566）
⑬穆宗（隆庆帝）（1566—1572）
⑭神宗（万历帝）（1572—1620）
⑮光宗（泰昌帝）（1620）
⑯熹宗（天启帝）（1620—1627）
⑰毅宗（崇祯帝）（1627—1644）
安宗（福王）（弘光帝）
永明王（桂王）（永历帝）
绍宗（唐王）（隆武帝）
聿鐭（绍武帝）
（七世）

足以废掉皇后的罪名来!"

重臣们对此大伤脑筋,最后回复皇帝:"臣下与皇后之间的关系宛如母子,万万没有儿子废母亲的道理。"

宣宗很不满意,于是对先例进行了多方研究,但是仍然找不到突破口。这个时候,颇有才气的杨荣列举了皇后的二十条罪状献上,以此作为废后的理由。

宣宗一看其内容,全都是诬陷之罪,因此勃然大怒,训斥其不要讲这些毫无根据的谎话。

重臣们又说,这时应该听听皇帝的母亲,也就是皇太后的意见,而宣宗却说,皇太后的意见也是如此。

这里其实是有原因的,孙氏是皇太后的母亲所荐,由皇太后抚养长大,后来成了宣宗的妃子,所以这对于皇太后而言绝不是无关痛痒的事情。

实在毫无办法的宣宗招来杨士奇密谈。士奇先问皇帝:"皇后与孙妃的关系怎么样?"宣宗回答道:"非常要好。"士奇又说:"如今皇后卧病,可以抓住这点令皇后辞退让位。"宣宗对此也表示赞成。

此后便上演了一出好戏 —— 皇后力要让位,孙妃力辞不就,皇太后也力劝不可。这般推让反复几次之后,孙氏终于成了皇后。然后臣子们纷纷进言,根据《春秋》之大义,母凭子贵,所以此次废后实乃本于礼教的正当程序云云,并推举孙氏之子为皇太子。这位便是英宗。

看看这次废后事件的前后经过,江西派官僚的怕事主义简直一目了然。若是换成方孝孺那种金华学派的硬骨头,绝不会那么顺利。士风当真改变了！

而且，这当中其实还隐藏着阴谋。这位皇太子呢，其实并不是孙氏的儿子，而是一位无名女官诞下的儿子。如果再深究下去，恐怕到底是不是宣宗的儿子都成问题。或许是孙氏抢了别人的孩子，将其假装成了自己的儿子。

这么一看，这真是变了味的《春秋》之大义。后来，英宗在土木堡之变中成了瓦剌的俘虏，还朝后被幽禁在南宫之中，而策动其复辟的幕后黑手就是这位孙皇后。

影子内阁

宣德十年（1435 年），英宗即位。当时英宗刚满七岁，还是个幼小的孩童，因此由祖母张太皇太后和"三杨"承担辅佐之责。据说有一天，祖母太皇太后当着重臣的面指责宦官王振行为不检，声言要治其死罪，随即便抽出女官身上的佩剑往

英宗像

王振的头上砍去。危急之际，幼帝为王振请命，重臣们也都同声效仿，于是太皇太后只能作罢。王振是英宗的贴身宦官，好容易捡回一命，他后来成了司礼监（宦官的主要衙门有十二监，司礼监为其首，内有提督、掌印、秉笔等太监）太监，从此宦官政治正式揭开了帷幕。

那么，为什么在这一时期，宦官的权势开始抬头了呢？直接的原因其实始于宣宗时期。

我们此前说过，太祖的方针是让宦官们保持蠢钝的状态。但是到成祖时期，这一方针被断然废除了，皇帝反而开始培育优秀的宦官。比如安南人宦官王瑾负责教育宣宗，安南人宦官范弘也非常博学，深受皇帝信任。

而宣宗也感到有必要配备一些有才学的宦官。这其实是有原因的。

皇居紫禁城内以云台门为界分为内外两部分，皇帝处理公务的乾清宫位于内廷。这里在原则上是禁止其他男性出入的，阁臣们最多也只能走到云台门。但是另一方面，皇帝的机案之上，既决和未决的内外文书堆积得如小山一般，所以也需要专人整理。于是皇帝在内廷当中新设了文书房，命令那些能读会写的宦官整理这些文件，而这就需要大量的宦官事务官。为此内廷当中又设立了宦官学校"内书堂"对宦官进行教育。这些内书堂出身的宦官被视同科举出身者，于是便诞生了宦官官员。

但是，宦官获得了政治上的发言权，绝不仅仅凭这个。那些搬入乾清宫当中的文书，就像我们之前讲过的，阁臣们都已经附上了票拟。而皇帝便参考着这些票拟来写批答，不过基本上都会按照票拟来，这是基于皇帝对阁臣的信赖。然后皇帝又命令宦官官员将这些批答整理好抄上去。但是宦官并不只是机械性地抄写票拟，他们也可以提出自己的意见。这大概是因为，自永乐帝设置东厂以来，宦官就拥有了自己独特的情报网络吧。

这种时候他们便将自己的意见写在纸片上，放在票拟之上，请皇帝再三斟酌。这些宦官的意见书被称为"搭票"。

更何况，皇帝若想和阁臣商议些什么，就只能自己到外廷去，或是将阁臣叫到云台门来。但如果是宦官的话，他们随时都可以到乾清宫进行说明。侧近的势力是与他们同皇帝之间的距离以及会面的频率成正比的。阁臣的票拟之上盖上了宦官的搭票，这一情况预示了宦官终将压制阁臣的结局。阁臣的墨书不过是草稿，而宦官的朱书则是天子的裁决。这在效力上实有天壤之别。

外廷的阁臣们在文渊阁，司礼太监们仿效它在内廷设立了恭协堂并在此办公。他们是影子内阁，与外面的内阁相呼应。这便是有明一代宦官得以耀武扬威的原因。说到底，这其实还是宣宗的侧近政治所带来的产物。

王振便是这个影子内阁的首席。"三杨"本来可以压制他，偏偏又欠下了他的人情。其时，福建有一位按察佥事将驿丞杖打至死。应该如何处分这位检察官呢？杨士奇和杨溥争执不下，最后只能请太皇太后裁决。其实呢，这位检察官是杨士奇的同乡，而被杀的驿丞则是杨溥的同乡，两人都在袒护自己的乡党，因而才争吵起来。

太皇太后问王振该怎么处理，王振奏请道："人命重于公务，请将此检察官降级。"最后太皇太后按这个办法处理了。日渐衰老的"三杨"也失去了往日的光彩。杨士奇的儿子在乡里为非作歹，他为此遭到了弹劾。虽然英宗决定不追究，但是老臣的末日着实让人心痛。[①]

土木堡之变

王振是出身于内书堂的俊秀。在英宗还是皇太子时，他负责教育，对未来皇帝十分严格。在那之后英宗就喊他王先生，总是顾及他的脸色，万事都要与他商量。这恐怕是因为王振知道英宗的出身秘密。

手腕高超的王振又将直属于皇帝的宪兵队锦衣卫纳入自己的支配之下，只要他有意，无论是谁都可以投入狱中。

接着他开始着手改造外面的内阁。王振曾问杨士奇："朝廷全靠三位老先生，但是以后该怎么办呢？"杨士奇回答道："老臣至死方休。"而杨荣则托王振寻找继任者。数日之后王振真的就推举了几位年轻的官员。杨荣的解释是，虽然他也想再努力一下，可是只要内廷一纸调令，他们便都束

① 《明史纪事本末》卷二十九：（正统）四年冬十月，福建按察佥事廖谟杖死驿丞。丞故杨溥乡里，佥事又士奇乡里也。溥怨谟，论死。士奇欲坐谟因公杀人，争议不决，请裁太后。振曰："二人皆挟乡故，抵命太重，因公太轻，宜对品降调。"太后从之，降谟同知。振言既售，自是渐揽朝事。——译注

手无策。[1]

此后王振用一些有的没的理由，将重臣们一个个都送进了监狱，旋即又马上释放——这是在显示他的威风。太皇太后和"三杨"去世后，他之所以能独断专行，就是因为有过这么一段过往。如此这般，影子内阁的首相最终掌握了权力。

王振撤掉了太祖立下的铁牌。他曾提拔一位工部的郎中为侍郎（副长官）。这个男人是一位美男子，只是没有胡须。王振问其原因，新侍郎回答道："阁下都没有胡须，我怎么能有胡须呢？"因为宦官都是没有胡须的。

在这之后，百官争先恐后地给王振送礼行贿，见他一面要一百两白银，如果出到一千两就能坐上他的餐桌。而如果忤逆他，就会被毫不留情地收拾掉。

正当此时，北方风云急变。当时的瓦剌部已经压倒了鞑靼部，而且出现了一位英雄也先，其强硬手腕让北方世界都为之屈服。

但是，就像我们此前说的那样，蒙古这个封建社会中有一条铁的规则——只有成吉思汗的子孙，也就是黄金家族能够坐上大汗之位。也先本人也无法打破这条规则。所以没有办法，他只能将姐姐的女儿嫁给在其父辈时代就已是大汗的脱脱

---

[1] 《明史纪事本末》卷二十九：（正统）五年春二月，命侍讲学士马愉、侍讲曹鼐并直内阁，预机务。先是，王振语杨士奇曰："朝廷事赖三位老先生。然三公亦高年倦勤矣，后当何如？"士奇曰："老臣当尽瘁报国，死而后已。"荣曰："先生安得为此言。吾辈老，无能效力，当以人事君耳。"振喜。越日，即荐曹鼐、苗衷、陈循、高谷等，遂次第擢用。士奇因尤荣，荣曰："彼厌吾辈，吾辈纵自立，彼容能已乎？一旦内中出片纸，命某某入阁，则吾辈束手矣。今四人竟是我辈人，何伤也。"士奇是其言。——译注

不花为妃，而自己坐上太师之位。

这两人来到大明朝贡，同时又在大同办起马市以进行贸易。

根据明朝的朝贡规定，朝贡人数不得超过五十人。但是也先无视规定，擅自增加人数。后来人数超过了三千，交易的马匹也多达数万头。

此等巨额花销让大明朝廷感到吃不消，于是大幅削减了购马价格。自不待言，也先对此非常生气。当时的蒙古社会物资非常匮乏，人们只追随有经济实力的强权领袖。而也先的不安正在于此。为了继续保持权力和地位，他只能威胁大明朝廷，以获得大量的赐予分发给追随者。如果做不到，那就是致命的打击。

明朝方面对此也心知肚明，他们给脱脱不花王和也先的待遇是有差别的，企图以此离间两人。

于是也先诉诸武力，以破竹之势侵入明朝。王振不顾群臣的反对，力劝英宗御驾亲征。由于十分仓促，明朝方面的战备非常不完善，作战也很生疏。他们一路进发到了大同，王振从大同的宦官那里了解到也先军队惊人的破坏力，吓得脸都变绿了，于是慌忙回兵。但是时间已经晚了。

当时正值酷暑，明朝大军已经连续两天滴水未进。他们好不容易才在土木堡（位于河北省怀来县附近）附近找到了一个山谷，正想下去稍事休整，却遭到也先铁骑的突击而惨败。英宗成了俘虏，王振以下的重臣全部战死。这被称为"土木堡之变"（1449 年）。

群龙无首的北京一片混乱，朝廷紧急决定让英宗的弟弟

于谦像

（出自《三才图会》）

郕王做代理皇帝，压下南迁的意见，决心固守北京城。一代名臣于谦担任指挥，击退了也先对北京的包围。而起用并保护他的，正是铁骨铮铮的宦官兴安。

社会弛缓

英宗做了俘虏，后来又回到北京，隐居在南宫之中。后来，他趁弟弟景帝（景泰帝）因病卧床之际发动政变，又再次登上了天子之位。

当时，从宣德直至正统，长期的和平让社会日益弛缓。大学长（国子监祭酒）李时勉曾上奏请求禁止小说的流行，他说道："近来，俗儒捏造怪异之事，搬弄无凭无据之语，出现了诸如《剪灯新话》（明初文士瞿佑的作品，记载了古今的怪谈，对日本的江户文学也产生了影响，《牡丹灯笼》就被认为是此书的翻版）这一类的东西。不仅市井轻浮之辈争相记诵，就连经生儒士也抛弃正学，日夜热衷于此，以为谈资。"①
朱子学已是陈年旧物，如今怪谈才是时兴样式。

　　这种社会状态已经和太祖描绘的那种禁欲式农本主义的
社会相去甚远了。

　　果不其然，太祖拼命打压的银货逐渐登场了。这一时期，
人们对政府的禁令熟视无睹，到处都在用银货。随着纸币价值
出现暴跌，官吏也开始认可用银货缴税了。虽然这在名目上仍
然不过是用米缴税的一种替代，不过时代的变迁已不能视而不
见。商人很快就活跃起来，贫富差距触目惊心，地主与官吏勾
结，通过贿赂获取利权，这些问题一个个地都浮出了水面。

　　助长这种风气的是王振的贿赂政治。将这种贫富差距与
社会阶级对立彻底暴露出来的，便是邓茂七之乱。

　　邓是出身于江西的游侠之徒。这一时期，江西、福建、
广东三省交界处正是贩卖私盐的通道。官盐是专卖品，价格高
得离谱，民众很希望得到便宜的私盐。政治上的弛缓让私盐的
走私变得更加猖獗。邓茂七有一段时间曾经做过黑市的管理工
作，后来迁入福建，成了一个有势力的佃农。

　　福建当时是经济不发达地区，封建色彩很重，佃农除了
要向地主缴纳年贡米，过年还要送上薪柴和鸡鸭等作礼物，这
已成当地风俗。茂七将此风俗废除，而且年贡米也不再亲自送
到地主家，而是让地主自己过来取。

----

① 《明英宗实录》：近年有俗儒，假托怪异之事，饰以无根之言，如《翦灯
新话》之类，不惟市井轻浮之徒争相诵习，至于经生儒士多舍正学不讲，日
夜记意，以资谈论。——译注

于是地主们向县衙提出诉讼，要召唤茂七对其问罪。但是茂七不仅不自首，还杀了派来捉拿他的三百名官兵。

被逼上绝路的茂七最终发动了"叛乱"，远近的游侠之徒群集在其麾下，将福建全省都卷入了动乱之中。

最后，明朝廷派出政府军将动乱镇压了下去。这个茂七之乱可以说是农民起义，是佃农对地主的经济斗争，而且很明显，政府站在地主一侧。这就是这场动乱所具有的社会性意义。在此之后各地接连爆发各种形式的民乱，大明帝国的面貌渐渐地发生了变化。

百年岁月

在英宗之后即位的是宪宗（1464 年），年号为成化。从太祖的洪武元年数到这里，大体上是一百年。

宪宗像

这一个世纪的岁月里，万事万物都以常识为准绳被赋予了秩序，并逐渐变得保守。太祖铆足力气开创了无比周密的社会改造事业，但也正是因为这种周密，一旦有一角出现崩塌，其他的关联部分也将随之崩溃。改革是现实的改造，肯定会在哪里出现脱离现实的不合理的地方。而热情和执行力消退之后，人们便开始习惯于退缩。迎来了建国百年的宪宗一朝，就是这种意义上的稳定期。

绝对帝制也固定下来了。皇帝被称为"九五之尊"，这时的皇权确实如此。宰相制度的废除、血腥的肃清、东厂的设立等都推进了皇权的强化。宦官王振的专横常常被人非难，但是反过来说，也正是他使皇帝的权力成了不可动摇的绝对之物。无论是多么不合理的恶政，只要冠上了皇权之名，就能通行无阻。这可说是王振的另类功绩。

最终，由于庞大官僚组织的稳定化，皇帝的独裁权力变得愈加不可动摇。明朝有一大特色，官僚组织由士大夫和宦官明暗二重组织构成。个人也是组织当中的个人。皇帝作为这个二重组织的交叉点和顶点，他的好恶完全左右着个人命运的浮沉。因此，皇帝的性格发挥着非常重要的作用。

宪宗朝稳定且保守，这一倾向在对北方政策中体现得最为明显。宪宗之后的明君孝宗曾与群臣议论是否要讨伐蒙古，当时的兵部尚书刘大夏回答道："如今之上策唯有专守防御。"孝宗亦深表同感。这种倾向在宪宗朝其实就已经出现了，当时已经在着手修建万里长城。在此之前，都是明军越过长城攻击蒙古，而宪宗时明朝便不再出兵，转而采取了加固城墙、专守内部的方针。能干的余子俊花了七年岁月，修成了约 1200 公里的新长城，从陕西以东的山西省境内一直延伸到西边的宁夏。无比的毅力和人海战术，这是中国人的看家本领。在此之后东西两头又有补修，终于形成了今天我们看到的长城之雄姿。后来明朝沿着长城一线设立了九个军管区，各自分担防卫任务，这就是九边镇。

另外，作为补修长城的一种变化形式，明朝在东北地区也指派名臣马文升修筑了蜿蜒的边墙，以防备女真。

由于此前忙于应付北方形势，南方问题一直被搁置。明朝此时迅速派兵，一举平定了广西的瑶人之乱，并在当地设立了武靖州。

然后明朝还平定了中原地方的民乱。汉水的上游、湖北省的北部地区是山岳地带，长期以来就是无法无天之徒放肆的乐园。元朝也没能控制这块地方，但是在明朝洪武年间，朝廷将这里的非法分子一扫而空，又将这块地方规定成禁止百姓进入的禁地。

但是到了正统年间，由于中原地方的饥荒和政治的弛缓，流民又潜入了这块区域，因为这里还勉强能够吃上饭。于是这里再度成了无法无天之徒的乐园。一些手腕厉害的强人开始压榨流民，简直将他们当成了自己的奴隶。

另一方面，官府对此也无所作为。这个地区位于河南、湖广、陕西三省边境，也就是所谓的三不管地带，各省都互相推卸责任，所以根本无法解决这种情况。

这时出现了一位名叫刘通的人物，他生于河南，因为能举起千斤重的石狮子而被称作"刘千斤"。他与妖僧石和尚结成徒党，潜入这个法外地带，掀起了造反动乱。他们甚至还制定了国号和年号，试图建立一个独立王国。红巾军过去很长时间之后，河南人再次出现在了历史上，但是他们也并没有什么特别的建国理想。

政府军出动并采取了包围作战的策略，很快就把叛乱镇压了下去。和讨伐蒙古不一样，平定内地动乱，因为对手是汉人所以往往会处理得很好。奇怪的是，元和清等少数民族主政的王朝在对付内乱时就甚为棘手。这也是中国的一种特色吧。

不过，才过了五年，此地的残党又再次兴起了叛乱。这回朝廷调来了善于山地作战的四川土民军队进行讨伐，而数量惊人的无罪流民由此惨遭杀害。

这时河南大旱，饥民又一次蜂拥入山。鉴于这种情况，朝廷更改了祖法，解除了进入此地的禁令，允许他们迁入进行开垦。朝廷在这块新开发的地区划定了行政区域，定名为郧阳府。负责这项开设任务的都御史原杰不辞劳苦地翻山越岭，深入山谷之间寻访流民，向他们宣讲政府的方针政策。最后，除了希望返回本籍的一万六千户，还有九万六千户希望从事开垦，于是原杰将土地颁给他们，并设定了税率，最终清除了长年的祸根。在归途之中，他因为过度劳累而去世了。得知这个消息，当地百姓为其痛哭，悲不自胜。

这也是一百年之期所做出的改革吧。

宪宗一朝，还有这样能干的人才充满火热的使命感，默默地操持着烦琐枯燥的基础工作。可以说，当时的社会和个人

英宗皇后像

都还是健康的。

万贵妃

绝对帝制的悲剧，在于皇帝的公私不分。但是如果真要忠实于皇帝的职能，那些严峻的任务立马就会折损人的寿命。反过来说，如果要按照人的本性生活，庞大的国家机器又立马就会陷入停顿。如此看来，皇帝真是无情与人情两个极端相克的产物。而宪宗这个人物就像双头蛇一样，竟然能将两者截然分开。

英宗的皇后没有子嗣，宪宗是贵妃周氏所生。英宗死后，皇后和贵妃两人同称皇太后。贵妃希望自己独享称号，却由于重臣们的反对而没有实现。但是，皇后去世之后又生出了变故。英宗的陵墓将要修成皇帝、皇后、贵妃三人合葬的形制，而贵妃万分不愿（不希望皇帝皇后合葬）。宪宗出于孝顺母亲之心，打算顺从贵妃的意思，但是重臣们却因其有违礼法而极力反对。皇帝慨叹道，违背礼法是不孝，违背母亲之命也是不孝，真不知如何是好！然而百官以礼法为盾牌，无视皇帝的意旨，围坐在文华门外放声号泣，哭声由朝至夕未见停息。

宪宗实在没有办法，只能听从了臣下的请求，于是百官齐呼万岁。

由此可以看出宪宗为人的软弱和率直。这种我们日本人几乎无法理解的礼法，对于以家族社会为特征的中国来说，却着实有着十分重要的意义。而这个礼法问题到了世宗朝，终于形成了僵局。

宪宗的这种性格，总是需要一个强大的心理支柱。宪宗在三岁时成为皇太子，六岁的时候被叔父景帝废黜，而英宗复位的同时他又再度成为皇太子，那时他十一岁。在绝对帝制之下，皇太子和普通的王不啻天壤之别。对于幼小的他而言，在这些事件中心灵经历的震撼绝非一般。再加上宪宗还有天生的口吃毛病，因此他非常不愿意会见臣下。

成为这位少年之支柱的人物是万贵妃。万贵妃本是宪宗祖母孙皇太后的侍女，宪宗成为皇太子后她开始侍奉在身旁。当时她二十岁，与宪宗相差十七岁之远。而宪宗在十八岁即位后，让三十五岁的她做了贵妃。

据说在宪宗外出的时候，万贵妃常常身着军装，佩剑随行。按照清朝学者的想法，女人只要温柔贤淑就好了，所以他们总在感叹此事的异常。

万贵妃在成化二十三年（1487 年）急病而死，享年五十八岁。宪宗非常悲痛，说"我也不久了"，终日郁郁不乐。他在同一年随万贵妃而去，时年四十一岁。对一位后妃来说，四十岁之后就难有恩宠，所以这个也可谓是特例。总而言之，如果不考虑万贵妃，就理解不了宪宗的重要一面。

其实，在宪宗即位的第二年，万贵妃诞下了一个儿子。但是讽刺的是此子很快就死了，此后贵妃就再无子嗣。下面也是中国学者的说法，他们说男性气质的妇女极其善妒，于是万贵妃为了独享帝宠使尽了各种手段，一旦其他妃子怀有身孕就令其流产，或者将她们生下的儿子杀掉。

深得万贵妃青睐的是一位瑶人出身的恶宦官汪直。他靠着万贵妃而得到了宪宗的信任。

性格软弱的宪宗还沉迷宗教，甚至提拔了道士、僧侣为官。

有时宪宗会陷入一种妄想，以为有妖人潜入了宫廷。胆怯心惊的他对外部世界感到极度不安，于是想到了设立自己的私人情报网。这就是西厂的由来，而汪直成了此机构的长官。他藏在西厂里干尽不可见人的勾当，其势力甚至凌驾于东厂之上。

这个汪直与那些一心想往上爬的野心家式的将军和军官勾结在一起。国家的国防方针已经转为了防御，因此再没有大型的战争。但是对于职业军人来说，只有参加战争才能快速晋升，所以他们热切地渴盼发动战争。这些人围绕在汪直身边，成了战争狂热分子。他们出击蒙古和东北地区，杀掉无辜的蒙古人和女真人，对战功十分贪婪。

后来，这些事情招致了北方民族的激愤，成了明朝灭亡的祸端。汪直后来被手下出卖，悲惨地倒台了。

皇太子出生

孝宗被誉为中兴明朝之明君，而他的出生也极其富有戏剧性。

首先，他能在万贵妃的眼皮子底下出生，这本身就是一个奇迹。更意外的是，这位皇帝的生母不是汉人，而是一位少数民族女子。

成化年间，朝廷对广西瑶人发起征讨。在这次征讨中，有一位土官的女儿也成了俘虏，这便是纪氏。纪氏聪颖又有学问，被提拔为女史，负责管理内廷库房。一次偶然的机会，宪宗来到内藏，对她的举止应对十分满意，她因而受宠有孕。

万贵妃知晓此事，大发雷霆，命令下婢逼其堕胎。但是

孝宗像

下婢误诊而报告说纪氏腹中只是肿块，于是纪氏被转移到内安乐堂（和北安门附近的安乐堂不是同一处。这幢建筑位于皇城西苑内太液池的桥边），这是收容生病女官和女囚的地方。孝宗就是在这里出生的。然后万贵妃又命令门监宦官将这个婴儿投入水中淹死。宦官得到命令大惊失色，说道："圣上尚无子嗣，为何要杀掉呢？"于是悄悄地将其藏在别室当中，用蜜混合粉、饴喂养抚育。万贵妃日夜监视，却总找不到他的行踪。据说也是因此，小儿长到五六岁都还没剃掉胎毛。

宪宗本有一位吴皇后，但是因为万贵妃从中作梗而被废掉了，之后在西苑隐居。西苑和内安乐堂很近，所以这位废位的吴皇后知道了纪氏之子的事情，常过来秘密抚育这名少年。

此前其他妃子也曾诞下皇子，但都被万贵妃杀掉了，皇帝久久没有后嗣，内外均忧虑不已。

成化十一年（1475 年）的某一天，宪宗在宦官为其梳头的时候慨叹了一句："老之将至，而我尚无子嗣。"那位宦官当即俯身于地，禀告道："此事诚当受责，万岁爷（内廷对皇帝的称呼）其实已经有儿子了！"

吃惊的宪宗问道："此子在何处？"此时敢于直言的宦官怀恩回答道："事情正如此人所言，此子被藏于西苑抚养，今已六岁。"宪宗大喜，即日便驾临西苑迎回了皇太子。

生母纪氏抱着皇太子，边哭边说道："你离开之后，我就再没有孩子了。那个穿着黄衣、有胡须的大人就是你的父亲。"然后她给孩子穿上小小的绯色上衣，让他坐上了小小的乘舆。到了台阶下面，皇太子披着长发，跑入宪宗的怀里。宪宗也将他抱于膝上，悲喜交集，呼道："这是我的儿子！和我真像！"父子神奇地相见了。

在那之后，皇太子的生母纪氏突然死了。也有说法是万贵妃将其逼死，令其悬梁自尽。

此子成了皇太子之后，就由宪宗的母亲周太后抚养。某天，万贵妃邀请皇太子吃饭，太后叮嘱他千万什么都不要吃。结果皇太子推辞说"腹中已饱"，甜羹上来后又说"这当中有毒吧"。万贵妃怒火中烧，言道："才几岁就这样了，他日怕是要报复欺凌我吧！"其怒积甚，转成病痛。①

——————————

① 《明史》卷一百一十三：孝穆纪太后，孝宗生母也，贺县人。本蛮土官女。成化中征蛮，俘入掖庭，授女史，警敏通文字，命守内藏。时万贵妃专宠而妒，后宫有娠者皆治使堕。柏贤妃生悼恭太子，亦为所害。帝偶行内藏，应对称旨，悦，幸之，遂有身。万贵妃知而恚甚，令婢钩治之。婢谬报曰病痞。乃谪居安乐堂。久之，生孝宗，使门监张敏溺焉。敏惊曰："上未有子，奈何弃之。"稍哺粉饵饴蜜，藏之他室，贵妃日伺无所得。至五六岁，未敢剪胎发。时吴后废居西内，近安乐堂，密知其事，往来哺养，帝不知也。帝自悼恭太子薨后，久无嗣，中外皆以为忧。成化十一年，帝召张敏栉发，照镜叹曰："老将至而无子。"敏伏地曰："死罪！万岁已有子也。"帝愕然，问安在。对曰："奴言即死，万岁当为皇子主。"于是太监怀恩顿首曰："敏言是。皇子潜养西内，今已六岁矣，匿不敢闻。"帝大喜，即日幸西内，遣使往迎皇子。使至，妃抱皇子泣曰："儿去，吾不得生。儿见黄袍有须者，即儿父也。"衣以小绯袍，乘小舆，拥至阶下，发披地，走投帝怀。帝置之膝，抚视久之，悲喜泣下曰："我子也，类我！"使怀恩赴内阁具道其故，群臣皆大喜。明日，入贺，颁诏天下。移妃居永寿宫，数召见。万贵妃日夜怨泣曰："群小绐我。"其年六月，妃暴薨。或曰贵妃致之死，或曰自缢也。谥恭恪庄僖淑妃。敏惧，亦吞金死。敏，同安人。孝宗既立为皇太子，时孝肃皇太后居仁寿宫，语帝曰："以儿付我。"太子遂居仁寿。一日，贵妃召太子食，孝肃谓太子曰："儿去，无食也。"太子至，贵妃赐食，曰："已饱。"进羹，曰："疑有毒。"贵妃大恚曰："是儿数岁即如是，他日鱼肉我矣。"因恚而成疾。——译注

负责抚养皇太子的是一位叫覃吉的老宦官。太子长到九岁时，覃吉口授其四书章句和古今政典。宪宗曾想赐予太子庄田，覃吉劝其推辞不受，告诫他"天下最终都是太子之物"。还有一次，太子跟随内侍读佛书，正在此时覃吉走进来，太子慌忙拿起《孝经》。覃吉问道："太子是在读佛书吗？"太子回答："没有没有。"然后覃吉就教导他佛书是虚妄之说。孝宗具备成为明君的资质，全赖这位覃吉之力。[①]

由于万贵妃最后的争取，宪宗晚年又打算废掉皇太子，这时候又是怀恩站出来与宪宗据理力争。结果怀恩被流放到了凤阳。

继承了少数民族血脉的孝宗，同时也是由宦官加以抚育和守护的皇帝。

明君的局限

孝宗即位后，将宪宗宠信的道士、僧人、恶宦官等一扫而空。曾经保护过孝宗的宦官怀恩被召回京城，当上了影子内阁的首席，孝宗在他的指引下完成了新的人事任命和人才提拔。

孝宗罢免了与万贵妃勾结的阁臣万安，又起用清廉的王

① 《明史》卷三百零四：同时有覃吉者，不知所由进，以老阉侍太子。太子年九岁，吉口授四书章句及古今政典。宪宗赐太子庄田，吉劝毋受，曰："天下皆太子有也。"太子偶从内侍读佛经，吉入，太子惊曰："老伴来矣。"亟手《孝经》。吉跪曰："太子诵佛书乎？"曰："无有。《孝经》耳。"吉顿首曰："甚善。佛书诞，不可信也。"弘治之世，政治醇美，君德清明，端本正始，吉有力焉。——译注

马文升像
（出自《三才图会》）

恕为吏部尚书，负责管理人事。因为王恕，朝廷聚集了许多优秀的人才。此外，孝宗还将身在南京的名臣马文升召回中央，任命其为左都御史，掌管监察工作。这些都来自怀恩的建言。

王恕上任后立马就直率进言，他认为自正统年间以来，皇帝与大臣之间只剩下形式上的会面，因此皇帝的侧近之人嚣张妄为。他觉得皇帝应该像以前那样与大臣促膝而谈，然后推行政治。这一建议被采纳了。因此，享有诗人宰相之名的李东阳在后来深深赞叹这个时代，说这是天顺末年以来三十年未曾有的局面。

此外，孝宗还广泛征集臣下的直言，尤其是遭逢天变、旱灾等时候，更是强制臣子们进言。但是，这些上言的内容都集中在对皇帝私生活的非难之上，比如要求节约宫廷费用、削减宦官数量，或是指责皇后亲族等，实在是数不过来。在可能的范围内，这些意见孝宗都尽力采纳了。宦官们对此扼腕切齿，这点自是不必多言。

深谙帝王之道的孝宗给明面上的内阁赋予了更多权重，同时尽力压制自己汹涌澎湃的人性。

奇怪的是，明君也会祈愿自己长生不老，为此痛饮种种不明药物。唐太宗是这样，明孝宗也不例外。而抓住这个弱点进而侥幸获得帝宠的，便是孝宗朝唯一的恶宦官李广。

宪宗时开了一个很坏的先例，当时皇帝可以不经过吏部，直接随意任命官员。这种官员被称为传奉官。这项任命乃是影子内阁的特权。李广就以此为诱饵，从士大夫那里收受贿赂。后来李广自杀，在他家中发现了贿赂的账本。大家一看，发现上面满是文武大臣的姓名，还写着收到黄白米百石或千石等。震惊的孝宗问臣下："李广收了这么多米，到底是吃了多少啊？"臣子回答道，所谓的"黄白米"其实是隐语，"黄"是金子，而"白"则是银子。

猎官这种行为，一定会跟着结党和贿赂。李广的案例只不过是冰山一角。在一切都固化了的社会，只凭一时的措施，

丘濬及夫人墓（海南岛琼州）

是绝不可能轻易改正的。这便是明君的局限。

有影响力的大臣一旦分成朋党，就会造成感情上的对立。王恕就曾突然向孝宗请辞。原因是孝宗宴请重臣以示慰劳的时候，大学士丘濬坐在王恕的上座，王恕咽不下这口气。丘濬写了《大学衍义补》这部名著（《大学衍义》中缺治国平天下部分，所以丘濬对其进行了补充），由此获得孝宗的信任。此时的丘濬虽是阁臣，却只是礼部尚书。依王恕的看法，自己是吏部尚书，应该坐在其上座才是。另一方面，丘濬则批评王恕直言不讳不过是贪图名声而已。明君也为此苦不堪言。

宣宗心忧农民，而孝宗则在意人民的劳役负担过重。国家机器一旦变得复杂，就会过度要求人民为国家服务。孝宗希望将这种负担控制在合理的范围内，于是在全国推行了均徭法。每年都要出劳役，对人民来说这种负担实在难以承受，所以朝廷将种种劳役都归并到一起，仿效里甲法，原则上十年征收一回。但是为了避免和里甲法重复，所以将时间定在了里甲役后的第五年。这个制度下地主要承担更多的负担，而且朝廷准许以纳银代替直接服劳役。

这个时候，租税已经基本上采用了纳银制，而劳役也允许用纳银代替了。大明开国之初定下的农本主义方针，早已是过时的幻梦了。

但是孝宗的这个改革，其实也是治标不治本。地主们为了逃避劳役，便把自己的土地挂在别人名下。由于官员和科举合格者拥有免除劳役的特权，所以地主便与他们相勾结。地主逃避了劳役，而官员们则获得了挂名费。可能也是每月俸禄太低的缘故，明代官员和乡里之间保持着十分强韧的连带关系。官员会极力为乡土争取利益，这点我们在"三杨"的例子中已经看到了。另外，官员同地主和大商人勾结这一点在邓茂七的起义中也体现得很明显。

除此之外，江南与江北在经济实力上的差距也纠缠在这些问题中，仅凭明君一个人，总归是无法顾及周全的。

不过，由于皇帝本人竭尽全力，孝宗一朝总体上还是一个和平的时代。

不肖天子

明朝有选秀女的制度，因此帝室的妃子都是从民间女子当中选拔出来的。这样做很节俭，也有利于通晓下情，而且还能防止外戚擅权。

孝宗的皇后来自知识分子家庭，其父出自大学（国子

孝宗皇后像

武宗像

监）。而孝宗又有点恐妻症，因此终身只守着张皇后一人，并不另置后妃。这在普通人也惯于妻妾成群的中国社会，实在是史上仅有。明代学者对此有所保留地夸赞道："以至于上仙，真千古所无之事。"[1]

武宗（正德帝）是孝宗的长子，由于弟弟早夭，所以可以说是一棵独苗。另外他也是母亲成为皇后之后出生的儿子，所以很顺利地就当上了皇太子，然后即位。

像这样完全经由正统路径登基的天子，在整个明朝也只有武宗一个人。拿现在的话说，他就是一个模范家庭的孩子。

与其父亲孝宗相比，他的出生与境遇简直是截然相反。孝宗临死之前还召来阁臣刘健、李东阳等人，仔细嘱咐后事，

---

[1] 《万历野获编》卷三。——译注

把武宗托付给了他们。

然而,在这种完美无缺的环境中成长起来的独苗天子,却是一个放荡残忍之人。他在中国的历代君主当中,也属于可列入"怪人传"的人物。

武宗醉心于藏传佛教,还从僧人那里得了一个"大庆法王"的称号。他尽情发挥自己语言上的天才,乐于诵读藏语经文。他还在宫中兴建了一个名叫"豹房新寺"的邪淫寺院,日夜沉迷于秘戏和饮酒。

他一时兴起,就在内廷里大摆集市,玩起做买卖的游戏。玩腻了之后,又集合宦官们分成敌我两队进行战争游戏。他将擅长弓箭的宦官组成一军,自己亲自上阵指挥,终日高声呼喊着奔来跑去,其喧嚣之声响彻北京的街道。

后来,武宗玩厌了宫廷游戏,又跟随江彬这个自夸武力超群的奸人秘密潜出宫殿,微行到外城的烟花巷。这个玩够了他又开始向往远方。江彬的老家在北京以北靠近长城的宣府,他劝诱武宗说当地都是乐手和美人,悄悄地将皇帝带到了宣府。武宗好几个月都没有返京,夜里私闯民宅,掠夺人妻,沉溺于淫乐。后来,武宗说要做真正的军人,于是自称"威武大将军总兵官朱寿",身着军装,驱马奔走于各地。他翻山越岭,顶风冒雪,最后由于所乘之船倾覆而落水,虽然被救了上来,但是却因此生病去世了。

武宗在位期间,几乎没放什么心思在政治上。他偶尔颁布些政令,也都是禁止民间杀猪之类的法令。如此一来,人民可就无法忍受了。总而言之,武宗没有一个地方像他的父亲孝宗。

　　武宗选择遵从自己作为人的本能，而放弃了皇帝的事业。

　　这是对孝宗朝的一个反动。将武宗打造成无赖的人，就是大恶宦官刘瑾。

内阁的崩溃

　　刘瑾和明初的王振、明末的魏忠贤并称为明代三大恶宦官。王振本来就是内书堂出身的司礼太监，所以能专权擅势。但是刘瑾不但不学无术，身份也很卑贱，武宗即位的时候他只是个钟鼓司的长官。这个机构负责宫廷内的戏曲演出等娱乐，换言之就是宦官艺人的大剧团。但是这个职位成了他攀龙附凤的阶梯。因为武宗喜好游玩。

　　当时包括刘瑾在内，有八个恶宦官互相勾结，世人称之为"八虎"。他们接二连三地给武宗推荐狩猎、马球、戏曲、摔跤等游艺，以此讨皇帝欢心，让他沉湎于游乐。他们就这样取得了武宗的宠信。

　　阁臣刘健受孝宗顾命之托，他听说武宗终日只顾着与八虎嬉游，于是犯颜进谏，可是却为时晚矣。其他的重臣也百般进谏，但是武宗全然不顾，依然我行我素。

　　某日，心情沉重的户部尚书韩文流下了眼泪。诗人郎中李梦阳鼓励他："现在正是阁臣在内的全体廷臣团结起来抵死抗争的时候啊！"接着亲自手书了对刘瑾等人的弹劾文。在李梦阳的鼓励下，韩文四处奔走，全体廷臣都发誓要战斗到底。他们把弹劾文交到皇帝手上，坚决要求武宗将刘瑾等人处死。①

外廷的汹汹气势把当时年少的武宗都吓哭了，恶宦官们也只能忍气吞声，胆战心惊地度日。

到此为止还算好，但是在此之后就变坏了。

任性的武宗屈服于此，派影子内阁的八名长官到明面内阁宣旨，称内廷自会处分，希望外廷对刘瑾等人稍稍高抬贵手。但是明面内阁的阁臣刘健等人态度坚决，就是不听。只有尚书许进一个人劝同僚："过激恐生变。"但是他的意见没人听。

在孝宗时代备受优待的阁臣，可个个都是强硬之辈。

第二天，廷臣们继续追击，大家统一行动，决心要与皇帝对决。一向立场坚定的宦官首相（司礼太监）王岳因为早就苦恼于为人奸险的刘瑾势力不断膨大，也决心与明面内阁携手，他回到内廷后反而向武宗转述阁议，进言道应该明天一早就将刘瑾等人下狱。这下就连武宗也打算放弃了。

但是在意想不到的地方出现了漏洞。有谁料到，此时吏部尚书焦芳背叛了阁议！他将事情的机密都泄露给了刘瑾。于是刘瑾等"八虎"在夜里赶到武宗面前，平伏贴地，惨声痛哭，恳求道："如果没有上恩，我们就要变成饿狗的饵食了！"

---

① 《明通鉴》卷四十一：先是，尚书韩文以八党用事，每朝退与僚属言辄泣下。郎中李梦阳进曰："公泣何为？比谏官疏劾诸奄，执政持甚力。公诚及此时，率大臣固争，去八人易易耳。"文捋须昂肩，毅然改容曰："善！纵事勿济，吾年足死矣，不死不足报国。"即令梦阳草疏。既具，文读而删之曰："是不可文，文恐上弗省，不可多，多恐览弗竟。"遂合九卿诸大臣上言。——译注

武宗颜色一变，他们看准机会继续哭诉："坏事的根源是王岳。东厂本来的任务是监察外臣，但是王岳却违背了这个职责。另外，鹰犬马匹都是王岳买来献上的，却只有我们要受罚，这太不对了。"听闻这些，武宗勃然大怒。刘瑾继续煽动说："鹰犬怎么就有损于陛下了呢？现在外臣如此嚣张，不就是因为司礼太监不得其人吗？"

结果，皇帝在夜里行使大权，刘瑾被任命为司礼太监，"八虎"的各位被委以东厂、西厂等处要职。王岳等影子阁臣们在夜里被贬为南京的宦官奴隶，在路上遭到了杀害。[①]

一夜之间，许进担心的最坏情况成为现实。对此一无所知的外臣们第二天登朝一看，就知道形势已经彻底变了。阁臣们还没来得及递上辞呈，免职的命令就下达了。但是，李东阳一个人被留了下来，这是因为他始终都保持着沉默。

明面上和影子里的内阁就这样在一夕之间全部崩溃了，紧跟而来的是刘瑾发动的前所未有的大狱。但是阁臣刘健以下的诸多名流怎么这么轻易就认输撤退了呢？真是让人百思不得其解。

---

① 《明通鉴》卷四十一：于是八人者夜伏上前环泣，以首触地，曰："微上恩，奴侪碟喂狗矣。"上色动，瑾进曰："害奴侪者，王岳也。"上曰："何故？"瑾曰："岳结阁臣，欲制上出入，故先去所忌耳。且鹰犬何损万几？若司礼监得人，左班官安敢如此？"上大怒，立命收岳，擢瑾掌司礼监，永成、大用掌东西厂，各分据要地。——译注

奸党与谋叛

刘瑾政权到手，他将叛徒焦芳安置到了明面的内阁，在内在外都巩固了自己的权势。他把自己的几百名心腹任命为将校，安插到皇帝的亲卫队锦衣卫里面，与特务警察东、西两厂狼狈为奸，监控起整个都城。这都是为了镇压反对派。

此外，为了彻底巩固自己的权力，他还从皇帝处获得了代行处置权。他总是趁武宗玩得正在兴头时请其做政治上的裁决，而每次武宗都不胜其烦地将他赶出去，这正中其下怀。

在这之后，他将全体廷臣都召集到外廷，公布了所谓的"奸党"名单。其中自前阁臣刘健以下，有一连串正义派官员的名字。诗人李梦阳和哲学家王阳明的名字也在其上。他们不仅被免掉了官职，还被剥夺了作为官员的特权，被降格成了平民。

王阳明像（明曾鲸笔）

　　还有更恶劣的，他以"提拔奸党"为由，对孝宗朝的元勋和重臣们一一问罪，把他们流放到了边境。这是孝宗朝的反动，邪恶压倒了正义。

　　他的魔爪不仅伸向官员，甚至还伸向了宦官。他设立"内行厂"，实行严酷的镇压，杀害了许多宦官。

　　奸佞之徒纷纷攀附刘瑾，他们结成了党派，以压制天下人的反抗。

　　刘瑾成了皇帝实际的代理，他与其妹夫，还有中间商出身的一位男子，三个人在私宅中裁决天下的政治，而他们所写的破烂批答文则由阁臣焦芳修改。

　　一切事务都得靠贿赂解决。地方官员回中央办事，要给刘瑾行贿，一省总额就有二万两。他们会先向京城的富翁借钱行贿，待回到地方时再挪用国库来填补债务，这个就是"京债"。

　　军人也一样，只要行了贿赂，就能将打败仗改写成打胜仗，反而能够得到晋升。将官的任免也同样不经过兵部，而是视贿赂的额度，由刘瑾在纸片上随手一写交给他们。刘瑾所行的种种恶政之中，以腐败军人之罪过为最大。此事导致北边的守备衰颓，成为嘉靖朝北虏之难的原因。

　　然而刘瑾终于也迎来了末日。正德五年（1510 年），安化王朱寘鐇历数刘瑾之罪，传布檄文，发动叛乱。"八虎"之一的张永因为被刘瑾冷遇而怀恨在心，于是连同杨一清，趁着安化王之乱平定的机会向武宗揭露了刘瑾的恶劣行径。刘瑾终被下狱，历时五年的暴政终于彻底告终。当时查抄出刘瑾的巨额财产，其中有黄金二百五十万两、白银五千万两，这真是一个天文数字。

武宗如此失政，其下民乱四起。天子脚下的河北首先爆发了刘六、刘七之乱（刘六，名宠。弟七，名辰。河北省文安人。他们曾协助官府逮捕盗贼，但是刘瑾的下人反而诬陷他们是盗贼，自此之后两人反叛。山东、河北、河南等地为之大乱），此后江西、四川等地也群雄蜂起。这些都是任侠之徒发动的暴乱。腐败的官军从乱贼手中收取贿赂，与其串通一气，敷衍了事，由此民乱愈加不可收拾，久久难治。

贪污的宰相

武宗没有孩子。阁臣杨廷和援引"兄终弟及"的祖训，建议迎立孝宗之弟兴献王的长子，太后也表示同意，这就是世宗（嘉靖帝）。世宗的祖母因家贫在杭州卖身，被当地的宦官买下献给宫廷，后来成了妃子。得知孙子成了皇帝时，她已经看不见了，便将世宗从头到脚细细抚摸了一遍，心里不胜欢喜。

世宗从封地安陆出发进京，路上耗时四十日（1521年）。在此期间，杨廷和奉遗诏之名整顿了武宗的种种乱行，内外均以为阳春将至，为之欢欣鼓舞。

世宗即位之初，事事听从杨廷和的意见，削减了江南的漕运粮，并将宦官的养子以及因刘瑾关系得官的人几乎统统罢免了。尤其需要提及的是，他撤回了在地方上负责守备监视的所有宦官。内外皆歌颂新天子的圣德，以为前途一片光明。但

世宗像

是在暗地里，那些失去职位的人恨上了杨廷和，在其身边亮出
了刀刃。

世宗是一个顽固而自我的人，不久，他和杨廷和等人就
爆发了正面冲突。世宗希望在太庙祭祀中，以自己的亲生父亲
兴献王为皇父，以孝宗为皇伯父。但是杨廷和等人极力反对，
因为世宗本来是以养子之名入继皇室大统的，所以他们坚持，
不以孝宗为皇父就是违反了礼法。

此事被称为"大礼议"，廷臣对此争相发表意见。最终他
们决定仿效宪宗朝的先例，高喊着"死节就在此时"，围坐在
外廷放声哭号。

但是与个性柔弱的宪宗不同，行事偏激的世宗固执己见，
寸步不让，将这些号泣的廷臣统统下狱。而在此期间，又出现
了谄媚皇帝的见风使舵之徒。最终礼法派一败涂地，而那些谄
媚的官员得到了重用。明朝特有的派阀之争自此拉开了帷幕，

官员的纪律开始松弛。

另一方面，刘瑾恶政的后果终于在地方守备的层面暴露出来了。军队纪律松弛，武将贪利图益而丧失了统率力，因此在北方边备的中心大同屡屡爆发兵变。

后来，世宗追求长生不老，开始沉迷于道教。他接近道士，在宫廷开设祭坛，对政治不管不顾。尤其是在十几名宫女趁夜潜入皇帝寝宫试图绞杀他的事件之后，他更加迷信。明代自宣宗以后的皇帝几乎无人活过四十岁，这可能是世宗疯狂信仰道教的一个原因。

在此期间又出现了扰乱政治、腐败官界的恶势力，这就是严嵩、严世蕃父子。

严嵩是个无能的伪君子，但是诗才横溢，他一个劲儿地谄媚世宗，得其信任而做了首相。其短脖独眼的儿子严世蕃是个满脑子诡计的奸才，他操纵着自己的父亲，在政界呼风唤雨，又在重要部门安插私党以自固，开启了大行贿赂之门，攫取了庞大的财富。简直就是刘瑾再世。

严嵩是明代第一个推行贪污政治的宰相。在他之后是名臣徐阶上位，严氏父子倒台了，但是世宗一朝已经因之笼上了阴影。

北方世界

这一时期在北方世界，鞑靼部诞生了黄金家族出身的英雄达延汗，统一了漠南蒙古。

蒙古曾因以下犯上的风潮和抗击瓦剌的战争陷入动乱，

此时达延汗再度给蒙古封建社会带来了秩序。他把蒙古部众六万户封给其子，又各取三万户为左右翼，自己率领左翼，让副汗济农统率右翼。这种统治形式后来也延续了下来。

他们频频入侵大明，以谋求贸易。后来，在右翼三万户中又诞生了英雄俺答汗，其英勇甚至胜过了达延汗。

俺答汗进一步开疆拓土，向北讨伐仇敌瓦剌部，向西一直占领到青海地方。然后他将大本营设在了归化城（现内蒙古自治区的呼和浩特），招揽大明的逃兵和白莲教的流亡分子，用他们为先锋向大明发起了攻击。

河北北部和山西北部每年都要遭受他们的蹂躏，其间男女被杀二十余万人，家畜被夺二百万头。1550年他们终于发展到包围了北京，这极大地震撼了大明朝廷。

他们将抓来的汉人农民驱使至绿洲地带，让他们从事农耕，另一方面也把他们当成人质勒索赎金。随着时代的演变，蒙古的游牧社会也建立了自给自足的体制。但是他们的经济力

帐中的俺答汗夫妻

量尚属薄弱，仍然无法脱离物产丰富的中原汉地自立，他们入侵也是为了恢复通商贸易。这是因为就像我们此前讲过的那样，和平对领主有利，掠夺战争则对下层民众有利。

明朝一边苦恼于己方军队的孱弱以及军事开销的巨大，一边坚持抵抗。生性顽固的世宗总是接受不了讲和。

1571 年，双方突然达成了和平协议。事情的起因是这样的，俺答汗抢走了孙子把汉那吉的爱妾，而把汉那吉一怒之下投降了明朝。明朝答应交还王子，以此换回了白莲教徒，这些人曾像恶鬼一般发誓要报复大明朝廷。随后，明朝封俺答汗为顺义王，由此重开了马市。

自国初以来就被称为"北虏"之地，一直混战不断的北方世界，此时终于迎来了和平。这样的和平一直持续到明亡之时。

同时在这一时期，藏传佛教开始流行于蒙古社会。俺答

俺答汗的势力范围

汗也是信徒，并从明朝获赠了蒙古文的大藏经。蒙古草原上白色的寺庙处处开花。

产业与商人

进入 16 世纪，中国的社会经济发生了很大的变化。

大米的产地从国初的粮仓地带江南三角洲转移到了长江中游流域，嘉靖初年出现的俗语"湖广熟，天下足"正反映了这一状况。洞庭湖周围的湖南地方便是其中心。

而在江南三角洲一带，蓬勃发展的纺织业开始取代农业。

16 世纪，丝绸生产在苏州及其周边地带急速发展。盛泽镇、震泽镇等在国初只有五六十户人家的村落到了嘉靖年间已有数百乃至上千户。在这一带农村里，手工纺织作为副业十分兴盛，因此大量产品都汇集到了苏州。

与此同时，苏州又兴起了染织业。在国初遭到毁灭性打击的苏州借助这些产业重新站了起来，商品的集散和交易也使城市重归繁荣。

此外以松江为中心，棉织业繁荣了起来。

再有，在江西的景德镇，围绕着官窑也出现了大大小小的民窑，时至明末劳动者已多达数万人，瓷器的产量大幅增加。

这些丝绸、生丝、瓷器不仅仅供给国内，日本以及柬埔寨等地也有大量的需求。在吕宋岛（菲律宾），西班牙人甚至高薪聘请中国织工来开展纺织业。

这些轻工业的繁荣促进了商人的活跃。当时执中国经济界之牛耳的商人是山西商人和新安商人。

可是，商人是怎么突破太祖的重农抑商政策而兴起的呢？

国初，北边守备实行屯田制，以实现自给自足。但是由于土地贫瘠和战争频仍，此政策并不成功。作为对策，永乐以来北边开始实行开中法。所谓的开中法，就是由贩盐的御用商人进行承包，他们负责将米运送到北方的边防地带，然后官府授予他们盐引（贩卖官盐的许可证）作为补偿。

尤其是设立九大边镇之后，北方成了一大军政地带，商人纷纷雇佣失业者来此地开垦，借着这种官僚统治的方便而谋获巨利。山西和陕西商人享有地利优势，势力随之兴起。他们同时兼营粮食和盐，获得了能使之傲视天下的巨大财富。

新安位于安徽南部，此地自古以来就易诞生中间商和行商，和日本的近江很类似。正统以后朝廷变更了开中法，不再要求商人到北方当地缴纳现物，而是代之以盐场纳银制，由政府将收到的银子运送到北方，然后再购买粮食。

盐的主产地在江苏和浙江，新安商人享有地利。他们以盐商为背景，借着纳银制的机会而崛起，与山西商人平分天下商权。新安商人在全国各地铺开了商业网络，之后又开始经营苏州的织物和景德镇的瓷器，开展国际贸易。

第八章　后期倭寇

官方贸易重启

　　足利义持的强硬态度使日明贸易中断了好一阵子。同时倭寇也在望海埚之战中惨败，基本无法再兴风作浪。

　　风平浪静之际，首先递出了橄榄枝，希望重新缔结国交的是明朝。明宣宗在外交方面十分积极，他认为别的国家全都过来朝贡了，却只有日本久疏往来，这怎么可以呢？便请琉球从中斡旋，向日本方面传达他的旨意。于是，日本在永享四年（1432 年）又派出了遣明船。

　　日本方面看样子也早就翘首以盼了。义持之后的将军是义教，他欣喜非常，不顾路途遥远专程跑到兵库，亲自祝贺遣明船出航。是否使用"日本国王"的称号，以及是否使用明朝纪年，这些义持时代的大问题此时都得到了现实的处理——日本按照明朝方面的要求采取了"表文"的形式。当时日本人对"唐物文化"（即中华文物）无限憧憬，大概正是这点让他们采用了求实不求名的做法吧。

此次永享遣明船由五支船队组成，一号船主是将军家，二号是相国寺，三号是山名家，四号是三宝院以下的诸寺社和斯波氏等守护大名总计十三家，五号是三十三间御堂。船上装载的货物有硫黄、苏芳木、刀、扇子、漆器，等等。其中的硫黄乃是岛津氏听将军之命提供，有十五万斤。船队的每艘船有二十张帆，乘员包括正副使节等人在内总共一百五十人。要派出一艘船，需要租金三百贯、整修费和工具费三百贯、船员四十人的报酬共四百贯、装粮食和淡水的木桶费及翻译费等杂费共五百贯，加起来总共需要一千五百贯铜钱。当时的价格标准是大米一石值一贯铜钱，相当于我们现在（1967年的价格）的一万八千日元。这也就是说，准备一艘船就要花费大约两千七百万日元。此外还要加上船上货物的价值。派出遣明船需要的庞大开销由此可见一斑。

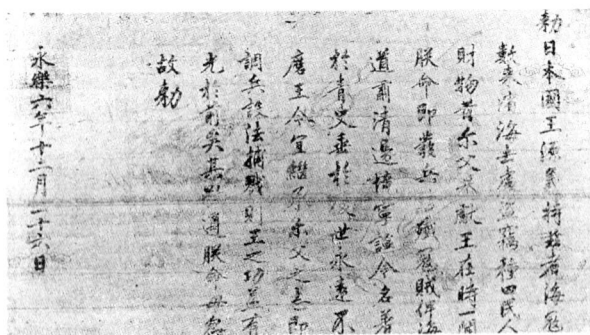

成祖命令足利义满取缔倭寇的敕书（浅野家藏）

在日明双方的合作下，永享遣明船顺利地完成了使命。明朝收下日本的贡物，并回赠了铜币、宝钞、布匹和丝绸，而且派出使节随回程遣明船抵达了日本。明朝使节向日本重申了两项要求：一是加强对倭寇的取缔，二是送还被掠的明人。

于是双方的贸易关系又重新上了轨道。日本派出的勘合船来来往往，而当中又出现了一些伪装的勘合船。他们在船上同时携带商品和武器，如果遇到了明朝的官兵就给他们看商品，自称是来入贡的糊弄过去，如果对方毫无防备，就马上拿起武器进行掠夺。明朝的官吏都秉持多一事不如少一事的态度，因此看到了也当作没看到的样子，更助长了此种歪风。

这些人不时烧毁官仓和民家，掘毁坟墓。日本战国时代的那些陋习，他们都原样带到了中国。但是当时明朝的纲纪到底没有弛颓到那种地步，因此注意到这种情况后，马上就加强了对他们的取缔，使得这些恶徒老实了下来。只是，倭寇猖獗放肆的倾向，总归是一股潜流。

贸易受限

中日双方互生疑心，引起了一些利害冲突，而步入轨道的官方贸易也不复往日的顺利。足利义政将军派遣宝德遣明船的时候，这个问题彻底暴露了出来。

众所周知，义政将军是一位"新舶来唐物"文化的狂热爱好者，不用说，这在很大程度上也影响了时代的风尚。义政将军列出的购物清单中，北绢、唐纸、砂糖、豹皮、麝香脐、唐墨、蜡烛等物品琳琅满目，由此可见其一端。宝德遣明船的声势十分浩大，由九支船队组成，规模比二十年前永享年间的那次增加了一倍，这也反映出当时日本上下对唐物的万分喜爱。宝德船携带的货物有硫黄 397500 斤、铜 154500 斤、苏芳木 106000 斤、太刀 9500 套、扇子 250 把、莳绘器物 634 个，数量十分惊人。由此可见，日本方面可是打足了如意算盘：

当时进口货物中卖得最好的是生丝，唐丝一斤 250 文到了日本就变成了价值五贯铜钱。而在出口货物方面，日本备前和备中地区的铜一驮价值十贯铜钱，但是渡海到了明朝的贸易港明州或是云州，就能换到价值四五十贯的上品生丝。另外金和苏芳木在两国之间也有巨大的价格鸿沟。我们上面点到的只是进口物品当中的大宗商品，但其实远不止这些。比如说，中国的道士和女官们穿的旧衣服在日本也很受欢迎，因为这些都是高级布料，在薄纱之上施以印金。虽然这在中国并不是什么特

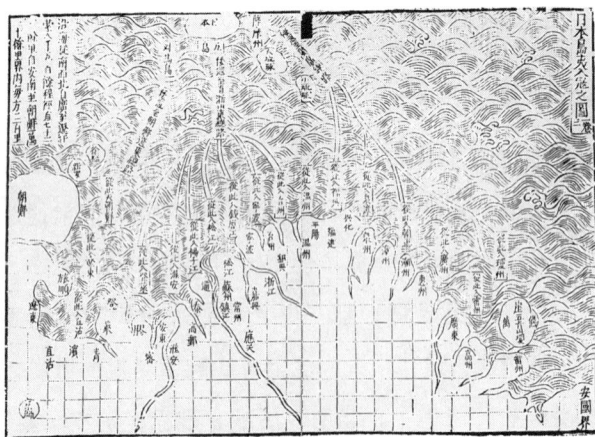

《筹海图编》所载倭寇的入侵路径

别的东西，但带回日本就成了抢手货，即使是五寸、三寸的布头也有人抢着要。

这些市场记录都来自楠叶西忍的报告。他最后得出的结论是，要做这种买卖，最好是投入大量资本，一次性购买十种以上货物。这是因为有些货物的价格能翻十倍乃至二十倍，而有些则可能亏本。所以说到底，这终究是一种投机事业。进行跨海贸易的商人们都要投入巨资雇船，甚至还有人以返还四五倍利息的条件进行借贷。此外，再想想那极端危险的航海、那些觊觎宝船的海盗，就知道这确实是赌上了性命的冒险。日本战国时代的强悍之风，以及永不满足的商人之魂，才使得这些冒险能够实现吧。

而应对此辈的明朝方面，也有着非同一般的苦楚。外国向明朝供奉了各种特产品，能够支配这些奇珍异宝，让君临世界的皇帝感到满足。但是，一旦所需的赠答品超出了限度，致使国家财政空虚，那情况就完全不一样了。日本的这次宝德遣明使远道而来，然而明朝实在没有能力接受这些超额的进贡物了。

这个时候，由于北方蒙古的入侵，大明北边正骚动不已。瓦剌的也先入贡，明朝为赏赐就耗费了一百万两以上的白银。和现在不一样，当时的日本对大陆情况的认知完全是一抹黑。因此日本毫不了解明朝的内部情况就来了，只能说是太不走运了。结果双方的交涉陷入了僵局。

明朝方面给了一个说辞，称之前永享时期双方已经更改了条约，贡船限定在三艘、人数限定在三百人以内。可是这次日本严重违反了约定，船队规模超出了三倍，携带的私人货物多达十倍。如果按照宣德时期的旧例定价，则高达铜钱二十一万七千贯。这样太不像话了，所以明朝决定大幅削减价格，支付三万四千七百两白银。

当时公认的比率是银一两相当于铜钱一贯，因此上述定价只相当于宣德时期的六分之一不到。然而如此大幅的降价，其标准其实是不清楚的。之前我们也说过，这是按大明宝钞算出的结果，但是宝钞本身的价值就一直在暴跌。大明开国之初，宝钞一贯相当于银一两；但是到了永乐时期，银一两已经相当于钞八十贯，即宝钞只相当于原来价值的八十分之一；到了弘治时期，宝钞已经跌落到千分之三的低价了。但是面对这种情况，政府在政策上不顾其实际的价格，将法定价限定在十分之一，这个就是所谓的"政治价格"。朝贡时送来的贡物也据此政治价格换算，六分之一的数字可能也是由此算出来的吧。

不难想象，明朝公布这个价格的时候，日本方面是如何

倭寇登陆
（出自传仇英笔《倭寇图卷》）

大受打击，他们之前的小算盘全都白打了。其实日本商人的小算盘也并非全无道理，因为事实上永享那次用的也是政治价格。就拿日本刀来说吧，按照日本行情大概是一把相当于八百文到一贯铜钱，但是在大明市场上能卖到五贯铜钱。而永享那次，明朝政府的购买价格是一把十贯，为市价的二倍。当然，这也就是在宣宗慷慨款待外国来客的年代出现的待遇，而到宝德年间就变成半价了。甚至到后来规定变得愈发严厉，不仅一把只付三百文，又把数量限制在三千把以下。

　　之后，由于日本方面再三要求提高数额，结果还是增加了一万贯铜钱和一千五百匹布帛。最后，日本使节收下六万贯铜钱和五百匹缎子踏上了归途。当中有些人甚至连商品都没卖出去，就这么原样带回了日本。西忍曾叹息这次遣明船的遭遇，说他们由于各种准备不周，结果什么生意也没做成。《明史》当中也记载说日本人士"快快而去"。不知道是不是这个原因，日本使节仿佛要把不满都尽情发泄出来，竟在上京路上的一个叫临清的地方掠夺民货！遭到明朝将校的诘问后，又重伤将校。鉴于日本使节的这种暴行，明朝在弘治年间又将准许

倭寇登陆后观察形势
（出自传仇英笔《倭寇图卷》）

日本入京的人数限制在了五十人以内。

如此这般，由于明朝的内部情况和日本方面的非法行径，中日官方贸易随着年月的流逝增加了种种限制。因此在这之后，日本与大明之间为了限额发生了许多摩擦，朝贡贸易也渐渐失去了魅力。

宁波之变

嘉靖二年（日本大永三年，1523 年）的五月一日，在日本船的停泊港宁波发生了一个重大事件。日本的大内和细川两家使者互相大打出手，造成惨烈伤亡。

这一时期，勘合贸易经营权已不在足利将军手上，而是落到了细川和大内两家手中，这两家为主导权争得不可开交。细川氏支持堺商人，大内氏支持博多商人，两派相持不下。

正德六年（日本永正八年，1511 年）的遣明船是大内氏主持的。这个时候明朝的武宗即位（1505 年），与此同时发行的新勘合符都被大内氏独占了。然后到了世宗的嘉靖二年，按照十年一贡的约定，又到了日本派遣使节访明的年份。于是大内氏理所当然地行使自己的正当权利，派出了三艘勘合船，以禅僧宗设谦道为正使。但是细川一方对此并不服气，他们为了与之对抗，又命僧人鸾冈瑞佐为正使、中国人宋素卿为副使，带着已经失效的弘治勘合符从堺出发，经由海路抵达宁波。可是他们入港一看便发现，大内一方的船已经先到了。

显而易见，情况对细川氏非常不利，不过副使宋素卿自有手段。此人本名叫朱缟，是宁波本地人。据说他小时候因为唱歌好听而深得日本使节的欢心。后来，由于当中间商的叔父拿了日本商人的刀和扇却没付钱，朱缟被卖给了日本人抵债，于是他在弘治九年（日本明应五年〔1496年〕）来到了日本。在这之后，他在遣明贸易的领域大展其才。正德五年（1510年），他给此前提到的恶宦官刘瑾赠送了千两黄金，从而得到了破格待遇。

当时，在社会上摸爬滚打多年的宋素卿立马就给市舶司的太监赖恩送去了贿赂。结果效果立现，明朝一方马上打破先例，先从细川一方开始检查贸易品，而把先入港的大内一方晾在了一边。招待宴会上的席位次序也是让细川一方坐在大内一方上头。

两家本就积怨很深，这事肯定不可能就这么轻易了结。大内一方认为自己才是正当的使节，至此终于遏制不住暴怒，宗设带着自己的手下袭击了细川的人马，杀了十二人。作为武家的精神导师，禅僧们也会挥舞破邪之剑。面对此种事态，太监赖恩又把武器发给细川一方暗中加以援助，所以这事更加闹得一发不可收拾。最后，宗设他们一把火烧了接待所嘉宾堂，

倭寇焚掠民家
（出自传仇英笔《倭寇图卷》）

又袭击了武器库，甚至把细川的船也烧掉了。然后他们追杀逃跑的宋素卿等人，一路追到了绍兴城下。明朝方面没能抓住他们，他们又返回了宁波，沿途一路肆意杀烧抢掠，又俘虏、杀害了防备倭寇的明朝将士，最后从海上逃走了。

对此公然的暴行，明朝官民竟然全都坐视不理，没有一个人拿起刀反抗。这想必让日本人觉得中国人好对付吧。这次异常事变可以说正是后期倭寇的开端。

市舶司的废止

宁波之变后，宗设等人烧毁的嘉宾堂得到了重建。但是明朝人对日本的观感变坏了，充满了不信任和厌恶感。当时年少气盛的夏言向朝廷上奏，认为倭人的暴行都是因市舶司处理不当而起，因此奏请将其废止。大概就是出于这个原因，嘉靖八年（1529 年），明朝废除了市舶司太监。其实呢，日本直到嘉靖十八年（1539 年）才再次派出遣明船，实际上也接近于闭锁状态。但是这种险恶的空气反而招致了走私贸易的兴隆，也挺讽刺。

市舶司太监设于永乐二年（1404 年）。由于朝贡时收到的贡物都要搬入宫廷库房，所以由负责此项事务的宦官来担任所赴市舶司的长官，这也合情合理。但是这一旦成了宦官的囊中之物，就生出无数弊端。特别是刘瑾还一再地偏袒市舶司太监的不法行径。名义上市舶司只负责朝贡船的管理，但是正德年间他们违反规定，对普通的入港船只也插上一手，对其征收关税。因为这当中大有油水。此事让官员们很反感，但是谁也动不了他们。到了嘉靖朝，宦官的势力终于得到了遏制。夏言对市舶司的攻击也是这种情况的一种反映吧。再引申一点，就像我们之后会说到的那样，这也使得官员强制推行海禁成为可能。

但是，事物总是有一利则有一弊。

其实，市舶司太监的监督制度也有好处。对此刑部主事唐枢曾说过："泰平日久，市舶司的宦官比中央派出的监察官还要有权有势。结果是国家所禁止的民间贸易自然而然地勃兴起来。天顺末年以来一直是这种状况，其间也没有海寇这回事。贸易商人本来就会自拥武备，以使弱小的海盗无可乘之机。但是自嘉靖以来，市舶司被废止，监察也加以强化。然后私人贸易一开展，海寇反而猖獗起来。其原因是海寇与商人本是同一物，贸易通则海寇变成商人，禁则商人立成海寇。"这段发言很好地反映了后期倭寇性质的一端。①

说到底就是，宦官主掌市舶业务的时候，由于他们抵制官员揭发违法行为，所以私人贸易得以持续，一点摩擦也没有。而废除市舶司太监，虽说是国禁，但也无视了时代呼声。除此之外，市舶司还有别的好处，比如带来了交易的稳定性。朝贡贸易本是官营贸易，所以如果在朝贡者与中国民间人士进

---

① 《筹海图编》卷十一：承平日久，市舶之官，势胜流职，于是为私通之计。自天顺末以来安之，而海上亦无盗警。凡商于海者，武具而力齐，虽有小寇，无所容于其间。嘉靖初，市舶罢，流臣严其私请，商市渐阻。……视抚设而盗愈不已，何也？寇与商同是人也，市通则寇转而为商，市禁则商转而为寇。——译注

行交易的时候，政府指定的中介人能参与其中，那么交易也能当场顺利结算。而一旦变成只有民间人士参与的交易，就做不到了。后期倭寇出现的一个原因，也在于商品交易无法顺利结算。

市舶司的废止，只能说是一招败棋。

走私贸易与海商

市舶司被废之后的情况，《明史》中是这样记载的："市舶司废止之后，日本海商肆无忌惮地来去，与中国沿海的走私贸易者做交易。虽有禁止之法，却等同无物，结果他们转而为寇。"① 这段话大体上将当时的情况都讲清楚了。那么，倭寇是如何变得如此猖獗的呢？

日本海商常到的地方有浙江宁波洋面的双屿（位于定海六横岛的西岸）、定海、宫前这些舟山群岛当中的港口，还有福建漳州和广东潮州沿海一带。中国方面也有大大小小的船只，他们载着交换物资来到这些岛上，或者把物资藏在沿海的民家之中，以进行交易。就像贸易商人西忍所说的那样，不同于在官方管制之下进行的朝贡贸易，自由贸易一本万利来钱快，但同时也伴随着许多风险。尤其是交易时没有保证，所以产生了许多问题纠纷。

于是，一些盘踞在海岛上的日本海商（海贼）拿着武器

① 《明史》卷八十一：市舶既罢，日本海贾往来自如，海上奸豪与之交通，法禁无所施，转为寇贼。——译注

明军与倭寇作战，对岸是逃难之民
（出自传仇英笔《倭寇图卷》）

登上大陆，拼命劫掠。

这当中还混杂了从生活穷困者到失业官吏和科举落第者等各色中国人。

此前我们提到过的唐枢认为："如今海寇的数量号称数万，均称倭人，但实际上日本人不过数千，其他的均为中国之民，其中福建漳郡出身的占了大半。"[①]这就是后期倭寇的实际成分。

倭寇巨魁

嘉靖初年倭寇频发，真实原因就是之前说的那些，交易变成了个别交易，而且日明双方的走私贸易中间缺少保证交易业务顺利进行的第三方，等等。我们此后会讲到，有些行为一开始就以劫掠为目的，但是这些行为的性质似乎略有不同。因

---

① 《筹海图编》卷十一：今之海寇动计数万，皆托言倭奴，而其实出于日本者不下数千，其余则皆中国之赤子无赖者入而附之耳。大略福之漳郡居其大半，而宁绍往往亦间有之，夫岂尽为倭也？——译注

此此时自然出现了一种呼声，要求设立国际交易场所，同时希望出现一个能很好运营此场所的人。但是，那个拥有强大武力和巨大能量的人何时出现？人们只能盼望等待。

当时控制着海上权力的是海贼。他们的老巢在福建，就像我们说过的那样，这里自古以来就是诞生大大小小海上首领的地方。但是只靠海贼组织主宰不了商贸世界。理所当然地，还需要商人阶级。而正在此时，此前我们提到过的执江南经济之牛耳的新安商人登上了舞台。他们拥有全国规模的商业网络，自然也开始介入国际贸易。这些福建海贼和新安商人联手打造了一个国际走私贸易的交易场。这个交易场所设在宁波洋面上的双屿，创建者是福建海贼的首领邓獠，据说时间刚好是宁波市舶司废止前不久的嘉靖五年（1526 年）。"獠"是海贼们对首领的敬称。

邓獠曾犯罪入狱，后来逃狱做了海商，在双屿开辟了交易场与葡萄牙人做生意。这一时期发生了此前说过的那场倭寇骚动。后来在嘉靖十年（1536 年）前后，福州出身的海贼李光头和新安商人出身的许栋联手将双屿港打造成了国际贸易交易场。这两个人据说也都是来自福建的逃狱囚犯。他们之所以来到双屿，恐怕也是因为邓獠从中引导。

许栋家中有四兄弟（四人分别是许一、许二、许三、许四，许一和许三去世早，许二是许栋，许四是许楠），很早就到南方的马六甲和葡萄牙商人做生意。他们把日本商人和葡萄牙商人都请到了双屿，于是在这里出现了大规模的交易场。中国方面也打破国禁，建造了双桅大船，满载着禁运商品而来。

这些的背后是实力商人和有权有势人家的投资和支持，尤其是福建漳州和泉州人非常多。负责取缔的官吏也威慑于他们的势力，或者早已被收买，因此都装出一副毫不知情的样子。

如此一来，双屿就成了欲望和金钱的熔炉，繁盛至极。葡萄牙人记录中那个宁波附近的"Liampo"所指的应该就是这个地方。据他们说，这个地方比印度和阿拉伯的任何一个交易场都要宏伟和富庶，这里垄断了对日贸易，获利能高达投资的三四倍。嘉靖二十二年（1543 年）之后，其繁荣程度达到鼎盛，据说贸易额超过 300 万达克特[①]，为数三千的人口当中葡萄牙人就多达一千两百人。

首领许栋命同是新安商人出身的王直掌管财务，同时与手下的徐维学、叶宗满一起，做尽心狠手辣之事。

正义的悲剧

出现了这种非法地带，还成了倭寇激化的原因，就算是大明朝廷，也感到绝不能放任不管了。嘉靖二十七年（1548年），正义派的官员朱纨被起用为浙江巡抚，肩负起取缔沿海非法活动的重任。他是当地人，苏州出身，对操纵倭寇的走私贸易分子及其背后的巨大黑幕等情况了如指掌，毅然向这坚实的铁壁发起了冲击。

另外，他看到当时的海防极为孱弱，为防御倭寇而准备的战船和巡逻船数量只有国初的十分之一二，守备兵约有一千

---

① 当时欧洲通行的金币。——译注

两度作为朝贡使渡明的策彦和尚

人都虚弱不堪，在半数以下，于是下令，禁止明人的一切出海行动，双桅以上的大船也全部销毁，违反禁令者一律处斩。而曾给倭寇带路的不逞之徒更是严惩不贷。

福建人本以贸易为生，所以对这些严厉的取缔措施颇有怨言，而士大夫也不同他一条心，有意无意地总在掣肘。

但是在嘉靖二十八年（1549年），朱纨还是攻入了双屿这个罪恶的巢穴，对此地进行了扫荡，擒住了其中一个大首领李光头。此时日本的遣明船时隔多年再次来到了宁波港，而其一行人也被卷入了风波之中。贡使策彦等人住宿在嘉宾堂，收到不署名的投书，上面写着"朱纨承天子之命，欲尽杀日本使节，汝等应取先手杀纨"。在此之后，朱纨的追击也并未松懈，最后成功地抓住了另一位大首领许栋。

如此一来双屿就崩溃了，外国船不再来港，中国方面有势力的贸易商损失惨重，更加深深地恨上了朱纨。而朱纨对此毫不畏惧，他将浙江、福建的有权有势者通倭的情况原原本本地上奏给朝廷，并放言道："去外国盗易，去中国盗难。去中国濒海之盗犹易，去中国衣冠之盗尤难。"因此憎恨朱纨的声音喧嚣不止。

于是他们指使福建出身的御史周亮纠弹朱纨，成功地削除了他的部分权限。不巧又在这时发生了葡萄牙人侵略的事件，于是朱纨独断专行地将李光头以下正在收监的十六人全部处斩，这就再次为浙江、福建的权贵提供了弹药。与这些人狼狈为奸的御史们最终决定将朱纨唤回北京质询。听到这个消息，朱纨流下了悲愤的眼泪，他说道："我既贫且病，不堪其任。纵天子谅我，浙闽之人亦必杀我，何必假手他人？"于是他亲自做好墓志铭，写好遗书，便饮毒自尽了。[①]

得知此事，朝野均为其扼腕叹息。见到他满腔热血却碰壁身亡，此后再也无人胆敢议论海防，朝廷也再未设置专任的大臣。因此军备更是松弛，以致倭寇肆虐东西沿海长达十余年。

海上之王

朱纨突袭双屿的时候，还是出现了一些漏网之鱼，这当中就有一个大人物王直。王直是新安人，是同乡前辈许栋的手

---

① 《明史》卷二百零五：纨闻之，慷慨流涕曰："吾贫且病，又负气，不任对簿。纵天子不欲死我，闽、浙人必杀我。吾死，自决之，不须人也。"制圹志，作绝命词，仰药死。——译注

下，当时已经是一方之雄了。后来他以"五峰"为号，成了海上之王，作为后期倭寇的中心人物君临东海。

王直年轻时落魄不堪，但是很有男子汉的气概。随着年龄增长，他变得谋略过人，在周济他人时又出手大方，展现出了首领的气度。

他曾对同伙叶宗满等人说道："国内处处均是法网，不得施展拳脚，何不在海外开辟新天地？"[1] 于是众人决定一同出海。他们在嘉靖十九年（1540年）无视国禁，一同奔赴广东，建造巨船，满载禁运的硫黄、生丝、棉布等商品往来于日本、爪哇、柬埔寨，五六年就积累了庞大的财富。

嘉靖二十三年（1544年），王直加入双屿许栋麾下，成为其心腹，执掌财务出纳。第二年他跟随贡使来到日本做生意，又与博多商人助左卫门（明郑舜功所著《日本一鉴》中记为"博多津倭助才门"，又记为"种岛之夷助才门即助五郎"）等三人一起回到双屿。自此之后，他深得日本人信任。朱纨拿下双屿的时候，他八成也是逃到了日本吧。后来他召集许栋等人的残党，自己做了船主，以图重建组织。

跟随他的有大首领徐海、日本人首领陈东及辛五郎等人。他深知日本人的勇猛，所以直系保镖用的是门多郎、次郎、四助、四郎等一族之党。这些人大概是聚居在九州松浦地方的海贼吧。据说为了招揽他们，王直可是一掷千金。侄子王汝贤、养子王激则是他的心腹。

---

[1]《筹海图编》卷九：中国法度森严，动辄触禁，孰与海外乎逍遥哉？——译注

这一时期与许栋齐名的海贼还有广东出身的陈思盼。由于陈拒不服从新兴的王直，王直使计杀了陈，终于一手掌握了海上霸权。自此之后，王直就自称王五峰，控制着中国东海。以下这则逸话很能反映其势力的强大：

正当朱纨决意镇压倭寇的时候，日本的遣明船刚好来到宁波，担任正使的是天龙寺的策彦。有一天，策彦去拜访家住宁波的知名文人丰坊（出自宁波名门，嘉靖进士，博学而能文，亦为书法名家、大藏书家），意外地发现客厅里挂着禅僧中峰明本的书轴。中峰明本是日本入元留学僧人的祖师，策彦见到他的手书连连惊叹，百般恳请丰坊转让给他，但是遭到了拒绝。第二年王直来到日本山口，若无其事地将这幅书法献给了大内义隆，之后义隆又将此书转赠给了策彦。这个故事很好地说明了王直的实力。

王直在嘉靖三十一年（1552年）放弃已被封锁的双屿，将据点转移到舟山群岛的烈港，在此开设了一个国际走私贸易的交易场，由其一手把控。在他的时代，倭寇气焰更盛。这是有原因的，缘由如下所述。

上次双屿之战中，朱纨突然袭击，这一伙人光顾着逃命，完全顾不上身家资产。沿海地方的商人拿走了日本人的货物。王直便怂恿日本人上岸去把损失的部分掠夺回来。日本方面一开始也犹豫，最后还是服从了命令，而这么一来却收获颇丰。此事一传开来，日本本土便开始接连不断地派兵船来了。

另一方面，商品交易是有一定规则的。中国方面派出小船，成群结队地满载货物往返于烈港，而王直等人负责为其配

上日本护卫。这些护卫大约有二十人，均拔刀警戒，如果遇见
交易对象以外的商船就攻击掠夺。那些商船简直毫无还手之
力，因此出击便会大获。这些事情传回日本，被大肆宣扬开
来，于是众人都摩拳擦掌地离乡前来。在王直之后，倭寇越来
越倾向于以掠夺为目的，这些就是原因所在。

让这股风潮愈演愈烈的是王直的态度。一方面，他因五
岛日本人的反抗而心生怨恨；另一方面，他自己大概也厌倦了
长年累月的海上亡命生涯，于是主动向大明官府提出要协助他
们清剿倭寇。对此明朝方面回赠了一百石米作为回礼。王直对
这份薄礼很不满意，震怒之下将这些米都扔进海里去了。后来
听说王直到了烈港，明将俞大猷等人又率领一千艘兵船赶来追
捕。王直虽然再次逃脱了包围，但是自此之后他对本国无比怨
恨，一心只想着复仇。

王直自号为徽王，把据点设在肥前的松浦津，并把烈港
改造成倭寇的基地。他打造了巨舰，足可容纳两千人，甲板上
还可跑马，声势浩大地对陆地发动侵略。

倭寇猖獗

嘉靖三十一年（1552 年）阴历夏四月，倭寇侵袭浙江台
州和黄岩，劫掠定海村庄。这是前哨战。明朝的记录中是这样
描述倭寇的："倭贼勇而憨，不甚别死生。每战辄赤体，提三
尺刀舞而前，无能捍者。"[1] 可谓栩栩如生地描绘出日本战国无

---

[1] 《明史纪事本末》卷五十五。——译注

赖的样子。

到了第二年，嘉靖三十二年（1553 年）三月，王直率领诸倭大举入寇。数百艘舰船排列整齐，遍布海面，北至长江口，南至浙江，肆虐沿海地方数千里，如入无人之境。其间他们也一再败给明军的善战之将，但是其大势不可阻挡。总体说来，官军胆小怯懦，而江苏和浙江的居民本来也是虽能侃侃而谈，却手无缚鸡之力，根本没有武力抵抗的念头。这次倭寇侵略出现了两个尤其引人注目的情况，一是他们前所未有地深入到内地，二是他们一度占领了首府。

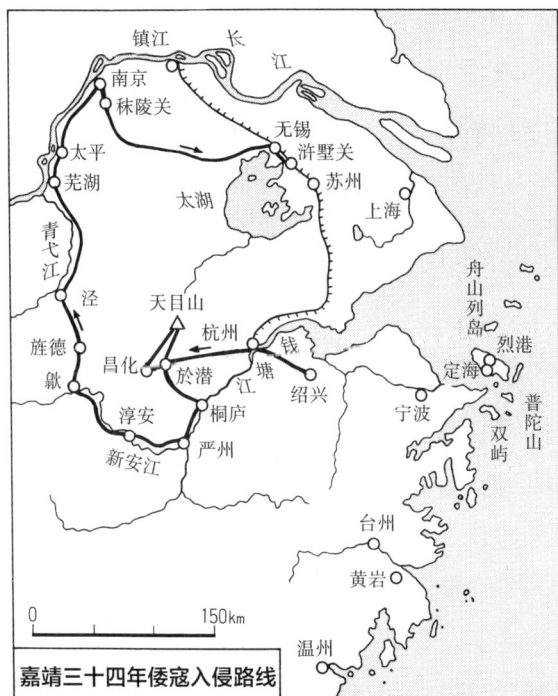

嘉靖三十四年倭寇入侵路线

　　嘉靖三十四年（1555年）春天以来，倭寇的入侵更加剧烈，最后甚至蹂躏了天子脚下的南京和苏州，简直是让人束手无策。到了旧历的八月，大概一百名倭寇突然在杭州城以东五十公里的绍兴附近登陆。

　　这里是绍兴酒的产地。他们迅速侵入绍兴高埠并占领了民家。官军把他们团团围住之后，他们趁夜坐上竹筏悄悄地从东河逃走了。然后他们很快又在杭州以西露出身影，此后一直向西，将一百公里之外的於潜和昌化洗劫一空。这些地方位于大名鼎鼎的禅宗名刹天目山的南麓。此后他们折向东南，大概是沿着桐溪顺流而下，一直行到七十公里之外钱塘江中游的桐庐。然后他们又溯江而上，劫掠了上游五十公里处的严州，并沿着支流新安江侵寇了向西七十公里处的淳安。这些地方都是很有历史的城市。

　　在天目山之后，他们入侵的地方都是有山有水、宛如中国山水画一般的幽境。他们在淳安得知明军马上就到，于是迅速改变了前进方向，流窜到此地西北一百公里之外的安徽省歙县。这是因为，一旦跨过省境就逃出了管辖范围，浙江兵就不追了。

　　这一带正好是新安商人的老家，歙县就是倭寇大头目王直的出生地。也不知是有意还是无意，他们将此地烧杀一空，然后又流窜到歙县北方八十公里之外的旌德，然后从那里通过泾县，沿着青戈江北上，最后到达长江边上的芜湖。这中间大约有150公里，来到平原地带的他们沿着长江一路烧杀抢掠，从太平府一路杀到江宁镇，又大摇大摆地出现在了南京。

据说这个时候他们的队伍穿着红衣，打着黄盖，这些东西也不知是在哪里弄到手的。他们从南京出秣陵关，一路劫掠杀到无锡，听说官军已经出动，又一昼夜疾行120公里逃到浒墅关。然后就在此被明军逮住了！明朝方面的南直隶巡抚曹邦辅亲自指挥，名臣王崇古等人摆出巨大的包围阵，终于将这些倭寇统统消灭了。

据说这股倭寇此时的总数不过六七十人，而曹巡抚向皇帝报告说是大获全胜。这些人自上陆以来足足行进两千公里，其间杀伤明朝人口四五千，历经八十余日方才被平定。

占领兴化府

嘉靖四十二年（1563年），倭寇再次出现在城市，占领了福建兴化府。此时，倭寇侵略的中心已经从浙江转移到了福建。福建共分为八府，兴化府是其中之一，府城在现在的莆田。

倭寇围困兴化府城达数月之久，但是当地紧闭城门顽强抵抗。其间倭寇洗劫了周边地区，甚至掘开高官和富豪的坟墓，抬着棺材到城下向城里人勒索赎金。他们声称如果拒绝支付，就要把尸体烧掉。中国最看重对死者的礼节，这种凌辱是绝对不能容忍的。

如此一来，城中的米价飞涨，薪柴和储水也见底了，生活苦不堪言。此时新来的援军都督准备对倭寇的营地发动夜袭，于是联络守城士兵，让他们在看到信号前保持肃静。而后援军派来的八名士兵带着公文来到城下。倭寇把他们杀了，伪装成明朝士兵的样子，大摇大摆地进了城。①

到了夜里，守城士兵都服从命令没有半点动静，同时也由于疲惫而全部陷入了熟睡。倭寇悄悄地潜入，放肆地叫嚷着"城里人全都死了吗？"而城内士兵还没反应过来。紧接着倭寇点燃烽火，打开城门，一举占领了府城。他们将兴化的名士和富豪一网打尽囚禁在寺院里，向他们的家人勒索赎金。如果赎金达不到要求，就将他们砍头或锯死。

等到倭寇弹尽粮绝，已经过了一个多月。他们撤离了兴化城，后来被名将戚继光击溃。此前倭寇侵袭大陆并占领的大大小小州县城池已经不下百座，但是府城失守，兴化府是第一个，听闻这个消息，远近都为之震惊不已。

倭寇的战法

按照明人的说法，倭寇之所以能胜过明朝士兵，全因为他们的战术高超。在我们看来，这些并不是什么特别奇绝的战术，但是对于明人来说，倭寇的行为毫无疑问是奇异的。我们下面就来介绍一下《筹海图编》所载的倭寇战术：

一、倭寇惯用的战法叫蝴蝶阵。战斗的时候挥扇为号，一人挥动扇子，众人就亮出白刃，挥舞着前进。然后他们会猛地将刀抢起，趁着明军慌张仰身的时候迅速变刃，自下而上斩杀。此外又有长蛇阵，队伍前方举着带锯齿状边缘的旗帜，成

---

① 实际上是倭寇装成援军入城后伪称将要发动夜袭，而非援军真的打算夜袭倭寇。——编注

讨伐倭寇的福建大军船

（出自《筹海图编》）

员排成一列纵队行进。最强的斗士做前锋或殿军，中间则强弱交错配置。

二、贼每日都闻鸡而起，在地面围坐同食。会食结束后，头目便坐到高处，众人听其命令。头目静静打开账本，定下今天要劫掠什么地方，还有谁做队长、谁做队员。一队共有三十人，各个队伍的距离大约一二里。以海螺声为号，一旦听到螺声响，就立刻驰援。还有二三人的小队，挥刀横行。民众见到这种阵仗，要么是吓得浑身颤抖逃得远远的，要么是站都站不起来被斩掉首级。

晚上他们陆续回来，献上掠夺而来的财物，谁都不会藏私。头目根据其多少调整分割。他们每次都会掳掠妇女，夜夜饮酒作乐，欺凌妇女，之后像烂泥一样入睡。他们劫掠完之后还要放火烧屋，之后便趁机遁逃。明方之民被失火分散了注意力，就在犹豫要不要追击之际，倭寇便全身而退了。

三、贼到一处，村人若拿出美酒佳肴招待，他们会恐惧其中有毒而让村民先吃，随后他们才吃。走在街市上时，他们会警惕是否有伏击，因此只走大道，不走小巷。还有他们绝不沿着城墙走，以防上头砸下石头、瓦块、砖块等物。

四、他们的行军方式是排成一列纵队，缓慢步行，走路的节奏也很统一。因此他们的队伍能延展二十公里，他人根本无法靠近。而且即使过了几十天他们也不会疲惫。另外他们的阵形疏松，因此能迅速形成包围圈。

五、在对敌之时，他们先让一两个人时跳时伏，以吸引并耗费明朝方面的箭矢和火炮。

六、他们冲击敌阵时必先侦察，待对方一动便突入，乘胜长驱。战斗正酣之际伏兵必自四方而起，突绕阵后，以此震慑敌军，将其击溃。

七、他们总是使用一些奇怪的战术，比如说在队伍前头赶着羊和妇女等，令见者心惊。他人耳迷目眩之际，他们挥舞着双刀杀过来，一旦人们只注意到上头的刀，下面的刀就马上劈过来，防不胜防。

八、他们用枪的时候，枪柄藏在后边，手握住前端，突然之间就投过来，根本无法判断方向。

九、他们使用长弓和大箭，而且靠近人后才发射，因此每每命中。

十、他们显露出撤退的迹象是要进攻，虚张声势则意味着遁逃。他们在前面横摆着破船，做出要逃走的样子，却突然冒出来攻击。或者扎个竹梯，做出要进攻的样子，却转瞬之间撤退。他们将要远逃则逼近城池，欲走陆路则取舟棹。他们有时会挖坑，弄成陷阱；有时设置一个绳圈，一旦有人走过就拉起来；有时将削尖的竹子插在土里，刺伤逃走的人。

十一、他们总以玉帛、金银、妇女为诱饵，妨害明军进攻和迎击。

十二、他们给据点附近的住民许多赏赐，所以能探听当地的虚实。

十三、他们给投降的工匠丰厚的赏赐，以方便准备各种器具。

十四、他们用我方平民为间谍，因此很难抓到。而向导用的也是我方平民，因此进退很娴熟。

十五、他们制作名册，写着有钱人的姓名，依次追逼，因此掠夺所获也非常多。

十六、他们吃饭停宿的时候，会将住房的墙壁弄破，或者居高临下警戒，因此没有可袭之隙。

十七、他们陷入重围的时候，会用假首级逃脱，或者穿着蓑衣、戴着斗笠站在田中小便，又或者装扮成游人的样子在街市闲逛。导致明军或是让贼逃过，或是因怀疑而误杀了良民。

十八、贼掳掠平民，让他们引路取水，早晚出入的时候按名册点名。所以他们走到哪儿都要制作点名册，写上所有人的姓名，分班点名。真倭非常稀少，不过数十人，而他们担任前锋。他们回国时都要说"做客回矣"。

十九、他们被抓住处死的，全都隐瞒不报，连边上的同伙都不知道。①

①《筹海图编》卷二《寇术》：

倭夷惯为蝴蝶阵，临阵以挥扇为号。一人挥扇，众皆舞刀而起，向空挥霍。我兵苍皇仰首，则从下砍来。又为长蛇阵，前耀百脚旗，以次鱼贯而行。最强为锋，最强为殿，中皆勇怯相参。

贼每日鸡鸣起，蟠地会食。食毕，夷首据高坐，众皆听令。挟册展视，今日劫某处，某为长，某为队。队不过三十人，每队相去一二里，吹海螺为号，相闻即合救援。亦有二三人一队者，舞刀横行，人望之股栗远避，延颈授首。

薄暮即返，各献其所劫财物，毋敢匿，夷首较其多寡而赢缩之。每掳妇女，夜必酒色酣睡。劫掠将终，纵之以焚，烟焰烛天。人方畏其酷裂，而贼则抽去矣。愚诒我民，勿使邀击，自为全脱，专用此术。

贼至民间遇酒馔，先令我民尝之，然后饮食，恐设毒也。行衢陌间，不入委巷，恐设伏也。又不敢沿城而行，恐城上抛砖石也。

其行必单列而长，缓步而整，故占数十里，莫能近驰，数十日不为劳。又阵必四分五裂，故能围。

对营必先遣一二人跳跃而蹲伏，故能空竭吾之矢石火炮。

冲阵必伺人先动，动而后突入，故乘胜长驱。战酣必四面伏起，突绕阵后，故令我军惊溃。

每用怪术，若结羊驱妇之类，当先以骇观。故吾目眩而彼械乘。惯双刀，上诳而下反掠，故难格。

钯枪不露竿，突忽而掷，故不测。

弓长矢巨，近人则发之，故射命中。

敛迹者其进取也，张扬者其外遁也。故常横破舟以示遁，而突出金山之围。造竹梯以示攻，而旋有胜山之去。将野逸则逼城，欲陆走则取棹。或为穽以诈坑，或结稻秆以绊奔，或种竹签以刺逸。

常以玉帛、金银、妇女为饵，故能诱引吾军之进陷而乐，罢吾军之邀追。

俘虏必开塘而结舌，莫辨其非倭，故归路绝。

恩施附巢之居民，故虚实洞知。

赏丰降掳之工匠，故器械易具。

细作用吾人，故盘诘难。向导用吾人，故进退熟。

防倭对策

朱纨悲愤而死后，海防更是一日不如一日，此种情况我们已经讲过。这一时期，如果出现倭寇的警报，官府便雇佣渔民和渔船进行巡逻戒备，但是一旦真要上阵了，这些人就都四散而逃。因此大明朝廷也不得不认真考虑防倭对策了。

嘉靖三十一年（1552年），明朝重新任命巡抚镇压倭寇，起用了当时人在山东的王忬。此人十分聪明能干，受命当天便奔赴地方上任，开始大展身手。

他先是任命名将俞大猷为总兵官，将拘留中的犯人福建军人卢镗任命为俞的部下。福建和沿海的地方幕后黑手对此极力阻挠，但是王忬不为所动，依然强力推行新举措。

王忬反过来派出眼线，搜出那些通倭的幕后黑手，将他们通通扔进了监狱。由此倭寇就弄不清楚中国内部的状况了，粮食和火药也得不到补给，其活动明显得到了限制。此外王忬又给地方上未有城墙的村镇迅速修筑了防御工事。

预籍富室姓名而次第取之，故多获。

宿食必破壁而处，乘高而瞭，故袭取无机。

间常一被重围矣，饵以伪馘而逸之。或披簑顶笠，沮溺于田亩。或云巾缢履，荡游于都市。故使我军士或遇而投贼，或疑而杀良。

江海之战本非其所长，亦能联虚舟、张弱帘，以空发吾之先锋。捐妇女，遗金帛，以弭退吾之后逐。

凡舟之裙墙左右，悉裹布帛被褥而湿之，以拒焚击。交哄间或附蓬而飞越，即雷震而风靡矣。

寇掳我民引路取水，早暮出入，按籍呼名。每处为簿一扇，登写姓名，分班点闸。真倭甚少，不过数十人，为前锋。寇还岛，皆云"做客回矣"。

凡被我兵擒杀者，隐而不宣，其邻不知，犹然称贺。——译注然后王忬对王直占据的普陀山（浙江省定海县东方的海岛，从日本航海而来的第一站就是此岛，此地也有佛教名刹）山寨发动夜袭，将其彻底摧毁，立下大功一件。这可以说是明朝对倭寇发动的第一次反击。但是，由于北方边事告急，王忬又突然被调往大同，于是海边又再次陷入了不稳的状态。

王忬的继任者也是一位大人物——南京兵部尚书张经，此人受命总督江南军务。这是有原因的。当时中国最强的军队中有一支狼兵，这就是位于广西北部的"猺"，其勇猛天下尽知。明朝方面的计划是用此狼兵征讨倭寇，而张经在两广总督任上招抚了这批猛士。他也意气风发地投入战斗，根本不把区区倭寇放在眼里。

在接二连三吃了多次败仗之后，嘉靖三十四年（1555年）夏天，人们期待已久的狼兵在女酋长瓦氏的率领下抵达了苏州。前不久又有一波新倭寇登陆，地方民众吓得胆战心惊，因此他们的到来让大家都有一种迎来新生的感觉。这批军队马上按计划投入战斗，迎击三千倭寇，但是他们虽然取得了些战果，其后却不敌倭寇。

有些残兵剩勇反过来抢掠、残杀民众，为此大明朝廷也感到棘手，又将他们都赶回故乡去了。

这一时期，明朝方面的指挥系统也变得很不稳定。最大的原因是佞臣赵文华从中央来到了前线。此人没什么本事，偏偏又爱虚张声势，功名心很重，还会因嫉妒别人的功劳而向皇帝进谗言。赵的后盾就是那个权臣严嵩。赵狐假虎威，立马就将矛头对准了张经，说他是福建人，所以故意放走了倭寇。皇帝听到后震怒异常，马上就逮捕了张经。其实真正的理由是，张经是尚书，赵文华是侍郎，而张经常常摆出大臣的架子看不起赵文华，因此被记恨上了。

总之，指挥官走马灯似的换了好几任，最后起用了著名的胡宗宪。

权谋与弹压

将后期倭寇的大佬们一个个收拾掉的胡宗宪，以及立下无数赫赫战功的名将戚继光，都在抗倭史上留下了不朽的名声。

那么，胡宗宪究竟是采取了什么手段达成此丰功伟绩的呢？简单用一句话概括，那就是他的权谋策术。这当中有与生俱来的成分，但也不能说与环境毫无关系。他出生于新安商人的老家绩溪。

在普遍推重士大夫的中国，新安地方是一个特殊的环境，这里非常重视商人。如果并非人中龙凤之秀，他们不会选择官僚仕进之路。而反过来，一旦他们踏上官场，那么整个乡党都会倾尽全力支援。因此可以说，新安商人能在政商两道都呼风唤雨，与他们同新安出身的官员多有结托也有干系。总而言之，新安人一旦当了官，就充分发挥新安精神，在一件件事上建功立业，不断向上爬。在胡宗宪此人身上，这一面表现得很明显。

他向佞臣赵文华献媚，借其手挤掉了上司，终于使自己当上了征讨倭寇的总督。然后他又巴结赵文华的上级权臣严嵩的亲儿子，每年都向其进献无数黄金、美女、绢帛、奇珍异玩等物，牢牢地结下关系，借此靠山狐假虎威大摆威风。据说要和他见上一面，即使是大臣和将军，都得从侧门进去，在庭中拜谒。

他同时也很善于交际，上至高层的士大夫，下至身怀一技之士、商人，甚至是喂猪的，他都会接见，不惜金钱收买人心。他采取那些计策，比如搜集情报、放出间谍、对倭寇巨头使用离间计等，都是通过这批人实现的。而这当中需要巨额的资金，他就征收附加税，甚至还动用了国库，并对有钱人加征税金。面对种种非难，他反驳道："国难之用，何罪之有？"世宗也默许了他的行为。

如此这般，他登上了右都御史之位，还获得了加官太子太保的许诺。在新安出身的人士当中，他也是出人头地的第一人了吧！

但是，胡宗宪人生中出现了一件大事——权臣严嵩倒台了。百官像是早就等不急了，强烈要求将其抓起来。世宗有意偏袒他，但是在严嵩之子严世蕃的住处搜出了胡宗宪的信件，于是就因为这点他被投入了大狱。非常让人痛心的是，他在狱中一病不起，就此去世。还有一种说法是，他在被捕之前就自杀了。

徐海之死

徐海是王直手下的倭寇大佬，据说他原本是杭州名刹虎跑寺的僧人，不知出于什么缘故投奔了倭寇，自称"天差平海大将军"，纵横于海上。

王直主要与日本北九州的各路势力联手，而徐海则主要与萨摩、大隅党合作。与徐海合作的日本人头目有叶麻、陈东，其中陈东号称是萨摩王的弟弟。此外徐海的手下还有一位头目叫辛五郎，据说他是大隅国主的弟弟。

胡宗宪使计打败了徐海。嘉靖三十五年（1556年）旧历四月，徐海连同萨摩、大隅的党羽在杭州湾的南北两边登陆。徐海率领着一万多人，准备从乍浦攻入杭州。此时胡宗宪已经开始对王直进行怀柔，招抚了其养子王滶。徐海入寇的事情，胡宗宪通过王滶的渠道早就知道了。见到明朝方面的抵抗，徐海胆怯退缩了，转而包围了桐乡。

这时候，胡宗宪让王滶带着书信劝徐海投降。徐海得知王直已经投降，大吃一惊，内心产生了极大的动摇。使者又骗他说他们与同行的陈东已经达成了交易，于是徐海开始怀疑陈东。而另一方面，陈东听说胡宗宪的使者进了徐海的阵营，也

水陆共同作战的明朝抗倭军
（出自传仇英笔《倭寇图卷》）

非常吃惊，于是他和徐海之间产生了嫌隙。如此一来，徐海派使者向胡宗宪索要金银财物，胡答应了他的要求，最后徐海释放了二百名俘虏，片刻不留地撤退了。

胡宗宪还和徐海约定，如果他能将陈东和叶麻绑来就给他授世爵，于是徐海就将叶麻绑了献上。胡宗宪解开叶麻身上的绳索，让他给陈东写一封信，要求他写上"我们一起将徐海干掉"这样的字句。

然后，这封书信的内容被泄露给了徐海。徐海得闻此事，大为震怒。此前，胡宗宪给徐海的两位爱妾送了首饰，早就将两人收买了，这两位爱妾日日夜夜劝徐海把陈东抓起来。心中已有决定的徐海使出计谋，将陈东绑起来献给胡宗宪，自己也到总督府自首乞降。这时候胡宗宪从堂上下到庭中，安抚他说："朝廷已经批准你了，放心吧！"胡宗宪把徐海的住处安排在东沈庄，然后又对住在河对岸西沈庄的陈东一党说徐海今晚便会攻过来。吃惊的陈东反过来对徐海发动了攻击，徐海抱着两名爱妾逃亡海上，被官军追击而亡。

徐海的尸体从海里浮上来，胡宗宪取下首级，并将逮捕的叶麻、陈东、辛五郎等日本头目都送到了京城，被朝廷授予右都御史一职。

王直的结局

胡宗宪对王直做的工作则是诉诸同乡之谊，因为他们都出身于乡党意识浓厚的新安地区。此时王直的妻子和母亲因为他而被关进了浙江金华的牢狱，胡宗宪的第一个动作就是释放她们，还亲自到杭州迎接，礼遇非常。然后他又派出了能言善辩之士去游说身在日本五岛的王直。

王直被打动了，他听到本来以为已经被杀了的母亲平安无事后异常欢喜，说道："我回不去其实都是俞大猷从中作梗，如果能免去我罪过并允许通商，那么我回去也是可以的。"① 然后他让养子王滶先行回国。胡宗宪对王滶十分厚待，让他先立下功劳。接着，王滶击破了倭寇，获得了大明朝廷的赏赐，欢欣鼓舞地回到了王直身边，还透露了徐海入寇的情报。

嘉靖三十六年（1557 年）十月，胡宗宪再次派使督促王直回国，于是王直来到了舟山的岑港。浙江地方误以为这是王直的大举来攻，自上而下陷入了大恐慌，官员们也开始攻击胡宗宪再次招来大祸。

而王直方面也很生气："难得我心怀和平之意而来，你们非但没有设宴款待，反而摆出军阵阻碍舟船的通行，这是存心愚弄欺骗于我吗？"②

于是胡宗宪派出与王直关系很好的将校去当人质，王直的怒气也平息了下来，终于来到了胡宗宪眼前。胡宗宪以宾客之礼欢迎待之，对其部下也豪爽款待，每日耗费数百金。此外胡宗宪还恳求世宗，请其赦免王直的罪过，并命其负责海上监察。

---

① 《明史》卷二百零五：俞大猷绝我归路，故至此。若贷罪许市，吾亦欲归耳。——译注
② 《明史》卷二百零五：直遣滶诣宗宪曰："我等奉诏来，将息兵安境。谓宜使者远迎，宴犒交至，今盛陈军容，禁舟楫往来，公绐我耶？"——译注

　　官员们议论纷纷，诬陷说是胡宗宪收受了王直的贿赂才为其申命。于是胡宗宪推翻前言，将王直问斩。由于这项功劳，胡宗宪得到了太子太保的荣誉。王直的部下认为自己的大哥上当受骗丢了性命，于是涌出死士三千人，誓死要报复，再次开始了侵寇。

　　王直死后，倭寇的刀口所向便从浙江转到了福建。舟山列岛的王直残党建造了新的巨舰，一路行驶到福建的浯屿，以此为据点肆虐福建沿海。而胡宗宪错放他们南下，因此又出现流言，说是胡宗宪悄悄地给倭寇传递信息让他们撤走的。于是福建人议论纷纷，坐立不安。其实呢，正是福建巡抚处处与宗宪对着干，而且因倭寇问题犯愁，悄悄地从国库取走数万金给予倭寇，倭寇才用这笔钱财建造了六艘大船，优哉游哉地撤退的。福建出身的御史弹劾胡宗宪，认为是他将祸害推给了福建。胡宗宪又疑心是福建出身的俞大猷泄露了实情，于是将其抓了起来。

　　名将俞大猷生性讨厌钻营，因此被大奸臣严世蕃疏远。这下搞不好就要被杀掉了，廷臣们爱惜俞大猷之才，于是拿出三千两黄金送给严世蕃，好不容易才救下了俞的性命。

　　就像我们此前说过的那样，福建的倭寇攻陷兴化府，这就是其势力最高峰了，之后倭寇便渐渐转弱。此时胡宗宪已经去世，而各地的倭寇被戚继光和俞大猷等人逐个击破。

　　嘉靖朝也变成了隆庆元年（1567 年），明廷对周边民族的方针转为缓和，自国初以来的海禁也放开了，中国人可以在漳州进出海洋。至此，倭寇也将近平息。另一方面，这也是因为，日本的丰臣秀吉统一了天下，其统治日渐严厉，日本人出国变得困难起来。

第九章　天下泰平

宰相政治

制作遗诏

　　隆庆六年（1572 年）五月二十六日，穆宗驾崩，年仅十岁的皇太子登上了帝位，这就是神宗。皇帝驾崩自不用说是国家的头等大事，更何况当时穆宗不过三十六岁，春秋正盛却溘然病逝，朝廷出现了只相当于如今小学四年级学生的幼帝。因此对于皇帝身边的重臣们而言，此时正可谓是危急存亡之秋，但同时也是一展拳脚的绝佳时期。特别是大学士张居正（生于 1525 年，是明代后期最具代表性的政治家之一，在各方面都施展了独裁手腕）和高拱，他们确有一种国家重任在肩、舍我其谁的自负。

　　皇帝驾崩之际，遗诏会起到重要的作用。用俗话说这就

穆宗像

是遗言，我们当中也没几个人平时就准备遗言，更何况是那些梦想着长生不老、与天同寿，祈望永远君临天下的皇帝了。他们大多数都不会认真准备遗诏。既然如此，那么到时候就只能由身边的人根据情况适当写一写了。无论在中国还是日本，在这种情况下会发生什么事情，都不难找到先例。明朝负责制作遗诏的一般都是大学士，因此张居正和高拱等人趾高气扬也是情理之中。而且，这两人早在穆宗即位之时就结下了因缘。

　　大体上说，张居正跻身于政治的枢纽，也是始于遗诏的制作。明朝后半期的政治基本上由内阁左右，而内阁成员就是人称大学士的几位人物。六年前穆宗即位时位居大学士之位的有徐阶、李春芳、郭朴、高拱四人。

　　其中身居首席的是徐阶，在先帝世宗末年，他曾将贪婪无度、弄权舞弊的严嵩赶出内阁，是一位被天下誉为名相的人物。严嵩倒台之后，他深受皇帝信任，一肩担起国家的重任。

由于他多次请求增加阁臣，于是李春芳也入了内阁，郭朴、高拱两人也通过他的推荐跻身于大学士之列。

但是随着世宗驾崩，穆宗时代来临，阁臣之间发生了微妙的变化。从穆宗还是储君时，高拱就负责其教育，所以他总是抬出自己穆宗旧臣的身份，屡屡反对首席大学士徐阶的意见，而郭朴也从旁协助，内阁当中的权力斗争已经表露无遗。徐阶对此简直怒不可遏："这些人都是我提拔起来的，摆什么谱！"而李春芳此人则是个好好先生，根本靠不住。

因此有关世宗驾崩之后要颁布的遗诏，徐阶最后还是倾向于与穆宗原来的老师张居正商议。徐在张的协助下完成了全部文章，恢复了由于嘉靖"大礼议"（参见"侧近政治"一章）等事而获罪的许多官员的职位，受到朝野上下一致称颂。而以此为契机，张居正在短短两个月内就被任命为大学士，成了内阁一员。自此，内阁形成了徐张派和高郭派的对立局面。

徐阶和高拱的对立随着时间的推移愈演愈烈。当时弄倒对手的手段是指使类似于日本行政监察厅的官员去揭发对手，这些人一般被称作言官。最后，这两派言官互相揭发、弹劾对手，弄得朝廷鸡犬不宁。高拱眼看己方形势陷入不利，于是在隆庆元年（1567 年）五月辞去了大学士之职。而徐阶也在第二年七月告老还乡，内阁终于平静了下来。如果仅仅到此为止，那么事情就简单了。然而实际上却事与愿违。

隆庆维新

徐阶卸任后，李春芳成了首席大学士。不过他依旧是好好先生，所以都是徐阶委以后任的张居正在风风火火地主持事务。徐阶卸任后的第二个月，张居正向皇帝献上了"天下急务六条"，这六条分别是：一、停止无用的争论，躬行实践；二、事情不可止于模糊，必须肃正纲纪，果断裁决；三、重诏令，明赏罚；四、明晰官员的任命，确实把握其成绩；五、国民乃国家之本，应安定其生活；六、严整武备。①

通常来说，看到臣下奏上这样的意见，皇帝说一句"嗯，交给你好好干"就足可应付过去了。但是可能是张居正的干劲让穆宗也有所触动，于是他下达了命令："朕好好读了，真是切合时弊的意见，朕非常感动。责成各个负责部门各自详细讨论并提出报告。"兵部对具体的武备情况进行了检讨，第二年朝廷就罕见地举行了皇帝的阅兵式。户部也检讨了如何改善国家财政等，可见张居正的意见对当时的政治产生了多大影响。

1957年中国学者朱东润先生写了一部《张居正大传》，其中探讨了张居正奏上六条意见的真实意图，他认为："他希望穆宗有主张，有决断，一切的诏令要实现，一切的政策要贯彻，一切的议论要控制。用现代的术语，他希望穆宗实行独裁政治。"② 就是因为这个，所以张居正才痛感到唯今自己必须要行动起来吧！

先帝世宗的嘉靖时代，南有倭寇侵略，北有俺答汗攻击，

---

① 《皇明通纪集要》卷三十三：大学士张居正条上六事：一、省议论；二、振纪纲；三、重诏令；四、核名实；五、固邦本；六、饬武备。疏入，上嘉其忠恳，命部院勘议以闻。——译注

② 《张居正大传》第五章。——译注

同时国内也是事件频发，不得安宁。到了穆宗的隆庆时代，徐阶和高拱又在政治中枢进行着激烈的权力斗争，一日不得安闲。这大概也是张居正的真实感受吧。

但是，现在高拱离开了，徐阶也告老还乡，内阁的风波终于平息下来了。就是现在，终于轮到自己出场了！他的心情应该非常激动吧。"（这六条）有什么远大的政见？没有，这里只有平凡的见地，没有高超的理论。居正不是政论家，他只是一个现实的大臣。一切的主张，都针对当时的需要。"① 这是朱东润先生所言。但是站在张居正的立场上来看，当时的穆宗隆庆元年（1567 年）也恰好是明朝太祖洪武元年（1368 年）以来的第二百年，现在必须让皇帝亲自总揽政治大权，这种期待之心，以及自己作为皇帝辅佐人的责任感，都包含在了这六条建议之中。

但是事态的发展并不全如张居正所料。第二年隆庆三年（1569 年）八月，比李春芳和张居正等人资格更老的赵贞吉（1508 年生，虽是大学士，但比起政治上的成绩，作为阳明学泰州学派学者的名声要更响亮）也进入了内阁。赵贞吉根本不把年轻一辈的张居正等人放在眼中。张居正对此倒也没有不愉快，但是实在抵挡不住长者的攻势，于是他又再次把高拱推了出来，让他对付赵贞吉。

张居正和高拱同是穆宗童年时期的老师，彼此是同事，而且关系也不坏。只是此前张曾卷入徐阶和高拱的对立之中，

---

① 《张居正大传》第五章。——译注

对徐阶有所协助罢了。如今赵贞吉不把张居正放在眼里，他思来想去，认为只有把为人刚直的高拱推举出来才能对付。于是他便与宦官头子达成密约，向天子举荐了高拱，终于在隆庆三年十二月成功地将高拱请进了内阁。说白了，就是一个以毒攻毒的法子。在这之后大概一年，高拱和张居正都在不断地抵制赵贞吉，终于等到赵贞吉告老还乡，事情也平静下来了。然而，此时却发生了晴天霹雳一般的大事——穆宗突然驾崩了。

张居正的天下

穆宗自隆庆六年（1572年）春天以来就身子不豫，五月二十二日他正在朝廷上处理公务，突然就倒下了。一种说法是脑出血。当时侍奉在旁的宦官冯保马上上前将其扶起，张居正也上前帮扶，将其送入内宫，然后立即就召集大学士侍奉御前。二十五日，穆宗病笃，大学士高拱、张居正、高仪三人被召至帝前，在皇后、皇太子、皇太子生母（皇贵妃）的簇拥之下，穆宗仿佛想说些什么嘱托后事，但是却发不出声来，于是由宦官冯保代皇帝宣布了遗诏。二十六日，穆宗驾崩，年仅十岁的皇太子在六月十日登上了帝座。

但是这个时候，又出现了意想不到的情况。冯保过去只是个不起眼的边缘宦官，却趁着这场混乱在宫廷中确立起了自己的地位，甚至还扭曲穆宗的遗诏，抛出令人震惊的爆炸性言论——司礼监和阁臣同受天子顾命。①

① 《明史纪事本末》卷六十一：（隆庆）六月甲子，皇太子即位，年始十岁。

穆宗皇后像

宦官和大臣一起被委以国家大事，这本来就是不可能的。冯保却公然高声主张，这让朝廷上下都炸了锅。尤其是作为内阁首席的高拱，他怒不可遏地呵斥道：

"这种荒诞的主意到底是谁出的？天子还是个孩子，肯定是你们这些宦官做的手脚吧！我要立刻将你们赶出去！"

更何况，高拱与冯保在多年以前就势成水火，因此这回简直是忍无可忍。六月十六日，神宗有召，高拱有意趁此机会在群臣面前杀杀冯保的面子，于是意气风发地上朝去了。但是他刚刚就座，宦官冯保就高声宣读了皇后、皇贵妃以及皇帝的旨令：

"故天子弥留之际，召内阁三大学士，与我母子三人一同亲受遗嘱。称东宫年少，需多扶持云云。然而大学士高拱一人独揽政权，独断专行，蔑视幼帝。因此我母子朝夕恐惧，战战

时太监冯保方居中用事，矫传大行遗诏云："阁臣与司礼监同受顾命。"廷臣闻之俱骇。一日，内使传旨至阁。拱曰："旨出何人？上冲年，岂若曹所为，吾且逐若曹矣。"内臣还报，保失色，谋逐拱。——译注

兢兢，心中一刻不得安宁。现已不容我们再犹豫了，即刻命高
拱还乡禁足。"

有了天子之命，那只能是照做了。高拱惨败。[1]

高拱离去之后，高仪很快也病故了，从此天下尽入张居
正之手。

有一种说法是，高拱为了打倒冯保，向其他大学士透露
了自己胸中的计划。而张居正却悄悄地传话到冯保耳中，惊恐
的冯保马上到皇后跟前哭着求情，于是才上演了这么一出戏。

此外还有别的说法，说是冯保与张居正私交很亲密。穆
宗患病的时候，冯保秘密地和张居正商量制作遗诏的事情，刚
好这被高拱发现了。高拱当面指责张居正："我是国政的最高
责任人，你怎能擅自与宦官之流商量遗诏之事呢？"张居正只
能涨红了脸一个劲儿地道歉。果然，张居正和高拱之间存在着
遗诏这个嫌隙。

帝王教育

总之，天下的变化正如张居正所愿。他辅佐着十岁的皇

---

[1] 《明史纪事本末》卷六十一：六月既望，庚午昧爽，拱在直，居正引疾。召诸大臣于会极门，促居正至，拱以为且逐保也。保传皇后、皇贵妃、皇帝旨曰："告尔内阁、五府、六部诸臣。大行皇帝宾天，先一日，召内阁三臣御榻前，同我母子三人，亲受遗嘱曰：'东宫年少，赖尔辅导。'大学士拱，揽权擅政，夺威福自专，通不许皇帝主管，我母子日夕惊惧。便令回籍闲住，不许停留。尔等大臣，受国厚恩，如何阿附权臣，蔑视幼主！自今宜洗涤忠报，有蹈往辙，典刑处之！"拱即日出朝门，得一牛车，立而附载，缇骑番兵踉跄追逐，丧厥福斧，大臣去国，以为异闻。拱去，居正为乞驰驿，乃传归。——译注

帝，一手掌控着天下的政治。

张居正所做的第一件大事，是全力投身于对帝王的教育。他在先帝穆宗时代提出的"天下急务六条"当中，就已经强调要建立以皇帝为中心的独裁政治，只是由于事态的变化，此理想未能充分实现，一直拖到现在。但是这次绝对要按照自己的理想来干！此时此刻，为了重建国家纲纪，必须将天下的大支柱——年幼的皇帝按照理想培养起来。于是，胸怀大志的张居正马上就开始对神宗进行特别教育。神宗即位后不久，八月份日讲就开始了，这成了张居正的第一要务。

明代皇帝的教育有两种形式：被称作经筵的仪式活动和日讲。这些都是讲授儒学的经典《大学》《尚书》，以及作为帝王规范的《资治通鉴》和《贞观政要》等书籍。只是经筵有众多朝臣参列，还要举行盛大庄严的典礼仪式，而日讲则只需要有关的官员出席，形式也很简略。但是张居正给神宗安排的日讲，其规则是"除了每月三、六、九的视政日，每日不断讲授，《大学》读十遍，然后是《尚书》十遍，再然后是讲授《通鉴》等书并答疑"，也是相当严格。

接着张居正又编纂了《帝鉴图说》一书，此书从尧舜以来诸位帝王的事迹当中选出堪为模范的八十一条，以及应予警戒的三十六条，又各自附上绘画，被当成了传授帝王之学的教科书。因此张居正将此书呈上给神宗时，神宗立马站起来左右翻阅，张居正站在皇帝身边陈述大义，皇帝则深深额首。

就这样到了第二年之后，教育渐渐地更加严格了，还举行了极其盛大的经筵仪式。神宗称张居正为"张少师先生"，

神宗像

待以恩师之礼。酷暑讲授，神宗便让宦官在张居正身后打扇送
凉；隆冬进讲，则在其脚上覆以织物保暖；偶尔张居正有感
冒的迹象，神宗还亲自入内调制椒汤（放了山椒等物的药汤）
赐之。

富国强兵

　　张居正将神宗当成机器人那样，按照自己的理念推行着
政治改革。那个时候，可以说就是他的天下。他心心念念的天
子独裁政治，结果成了他自己的独裁政治。他一心一意追求富
国强兵，因而强令所有东西都必须与这个目标一致，若造成
妨碍就必须清除。那么，为了富国强兵，他都采取了什么政
策呢？

　　自从成为大学士，张居正就极为关心国境防卫问题。曾
经无数次猛烈入侵的俺答汗此时终于收起了锋芒，但是北方和

西方的守备依然是一日不可放心。张居正将李成梁（1526—
1615年，任辽东总兵官达二十余年）派往辽东，又将在倭寇
防备上大显身手的戚继光安排到了蓟州。他们在各处要地修整
望楼和要塞，改造城墙。蓟州地方建起了千余所要塞，还有可
容百人的三层望楼，此外容纳五十人的要塞当中还配置了新式
的大炮、铁炮、火药，还有四千余投掷小石。明朝一次次漂亮
地击退了进犯之敌，牢牢地守住了国境。

但是在张居正心中，强化国内纲纪比国境问题更加重要。
他很清楚，严格监督行政机构以及任上官员乃是政治的关键。

万历三年（1575年），朝廷宣布停止补充南京不必要的官
职。万历八年（1580年），张居正开始整理北直隶、南直隶、
福建、浙江等地的高官官职，与此同时大力表彰廉洁有能的
地方官，将其树为模范。万历二年（1574年），浙江布政使等
二十五人受其指令拜谒天子，并获赐金币。另外，张居正还献
上屏风，上书天下境域和各地官员姓名，以便天子朝夕浏览，
了解天下官员的动态。

如此一来官僚的纲纪得到了振兴，同时为了从旁规制官
员的行为，朝廷对言官也是求贤若渴。

内阁本质上只是天子的顾问，一切的行政事务都交由六
部处理，六部自长官以下还有许多官员。与六部相对应的是
六科（吏科、户科、礼科、兵科、刑科、工科，分别设有都
给事中、左右给事中等官员），负责监察六部的行政。相较之
下，内阁虽然是天子的秘书，却不能涉足行政上的监察。于是
张居正将内阁的权限扩大，使其集中了全部权力。

他变更了此前的制度，令负责行政监察的官员制作两份调查报告书，一份送内阁，一份交给六科。当时如果监察官的报告有所拖延，或是隐瞒事实，则由六部官员揭发。如果六部企图包庇，则由六科官员揭发。新法则变成，如果六科试图隐蔽实情，由内阁揭发。这样一来内阁的实权就扩大到了所有言官之上。

财政改革

权力的集中巩固了张居正的地位，同时也使明朝得以推行史无前例的大规模财政改革。

国家财政的基础是土地和人口。明初的一条记录显示，明朝有田地850万余顷、户数1065万余户、人口6054万余人。但是到了嘉靖时代，户数变为9530195户，人口为6253万余人。人口略有增加，而户数反而减少了。再看看田地的数据，只有4360562顷，更是大幅度减少。不管这剧减的原因是账簿有伪造，还是狡猾之民做了手脚，总而言之不管是什么原因，如果按照这个数字来征税和课徭役，那么会造成国家财政的极大亏损。尤其是嘉靖以来内忧外患极其深重，国库日日告穷，此时若不痛下决心拿出改革措施，就无法打破这个窘状。

张居正向神宗报告了这一实情并着手实施新政策，他说道："以愚所见，万历五年的岁入为435万，六年的岁入仅有355万。而五年岁出为349万，六年岁出为388万。此则只有岁出增加，岁入反而在减少，终究是入不敷出的状态。"由此，张居正在万历六年（1578年）下令丈量天下田地，查出狡猾之徒藏匿的田地，仔细登记到台账之上，土地最终总计7013976顷。这便是张居正的检地。日本也有著名的太阁检地，就是丰臣秀吉在山崎合战之后的天正十年（1582）七月由山城国开始实行的检地，万历六年正好比这早四年。

田地调查的结果是大大增加了租税收入。但是在国家经济这个层面，除了税收，还有一个大问题，那就是赋役。嘉靖以来，赋役的分配制度相当混乱，有时拥有田地、自力更生的男子也可以适当获得负担减免，有时连田地都没有的贫苦人却被课以过重的赋役。而且不仅是劳役的分配不合理，当时要求以银钱代纳的趋势也越来越强，有时还会征收地方物产，以各种名目加征的特别税负担两重三重地不断加重，这样只能增加人民生活的艰辛。张居正察觉到这些实情，于是下决心将嘉靖时代已经在一些地方推行的"一条鞭"税役法推广到了全国。

一条鞭法具体说来是什么呢？学界对此有各种各样的意见。但是中国如此广大，各地推行的一条鞭法也带有各个地域的特殊性，并不能说就一定是整齐划一的。只是有一点毫无疑问，当时经济大有发展，相应地在国家基础税收中，银具备着重要的意义。张居正正是以征银的方式统一了输入国库的管道，使国家仓库足足藏有十年食粮，国库收入甚至余银四百万两。

夺情起复

张居正风头正盛，所有工作都在顺利推进。然而他得意忘形之下，自然也有不少专横之处。万历五年（1577年）九月，张居正遭逢父丧，照例应回乡服丧。明朝制度规定，为双亲守孝之期为二十七个月，必须辞职回乡，其后官复原职的称为"起复"。如果公事繁忙无法因私离职，则可以允许"夺情"。但是若无重大事态这是不可能的。

张居正周围的人士马上就主张要争取"夺情"。同时张居正自己也考虑到，这时候离职的话，毫无疑问自己掌控的天下就会土崩瓦解。即使事不至此，反对派也一直在虎视眈眈寻找机会攻击，国家如今正值关键时期，自己一个人优哉游哉地待在故乡真的合适吗？思虑至此，张居正便以收到皇帝诏敕为理由请求"夺情"，依然坚守在内阁。

很自然地，有识者中间批评其夺情的声音也日渐高涨起来。恰好在万历六年（1578 年）春天，神宗举行了婚礼，而张居正换下丧服，身着礼服出席了婚礼。这种不合礼制的行为自然受到了朝野上下的指责批评。尤其是那些被削去了官职、只能下野、靠在书院讲学为生的言论之士，他们的声音越来越大。张居正很厌恶这种讲学之风，于是他开始打压思想界，在万历七年（1579 年）正月下令毁掉天下书院，从南京的六十四所书院开始。

张居正如此势不可挡，然而终究未能战胜病魔。从万历十年（1582 年）春天开始，他逐渐卧床难起，同年六月其病势突然加重，最终在五十八岁时去世了。

神宗的治世

反击张居正

张居正在世时，神宗在他面前总是抬不起头来。有一天讲读时，天子读到《论语》"色勃如也"一句时，将"勃"错读成了"背"。站在一旁的张居正马上厉声说道："不是'背'，读'勃'！"天子吓得不敢动弹，在场人士也大惊失色。再加上宦官冯保在神宗身边朝夕侍奉的时候，一遇到什么事就威胁他说："我要告诉张先生，这样也可以吗？"于是神宗愈加惧怕张居正。随着神宗渐渐长大，他对张居正的反感也悄悄地在心中滋长。

张居正去世，最为欢喜的恐怕就是神宗吧。十年间一直压在头上的重石一旦除去，就像是拨开云雾、重见天日一般的感觉吧。因此，从严格的特别教育的枷锁中解放出来的神宗，就像脱缰的野马那样，开始了毫无顾忌的生活。

此前在张居正严格的政治体制下不能为所欲为的那些人，此时开始一齐对张居正发起了反击。所谓的言官们接二连三地揭露张居正的不正之处，尤其是其不服父丧这条不孝之罪成了反对派最好的攻击材料。

皇族当中也有不少人因张居正的检地而损失惨重，他们也知道要报复只有趁此时，于是他们提出要没收张居正的住宅。神宗对张居正愈加反感，于是不久之后，张居正的官职就被剥夺，家产也被没收，家族成员还被流放到边境服兵役。

豪华陵墓

再无畏惧之人的神宗彻底丧失了政治上的热情，变成了一个一心只求自己享乐的人物。

北京西北约 60 公里有天寿山，附近有成祖永乐帝以下明朝历代皇帝的陵墓，这里一般被称为明十三陵。这里和日本的仁德天皇陵、应神天皇陵等皇陵一样，一般来说其内部情况是不清楚的。不过 1956—1957 年，中国人发掘了这些陵墓当中的定陵，也就是我们现在所说的神宗的陵墓。三百多年前的秘密，就在我们眼前打开了。

古代越是握有权力的帝王，似乎就越是容易对自己死后的世界抱有幻想。埃及的胡夫法老在即位的同时就投身于金字塔的营造，耗费二十余年才最终大功告成，而他也在金字塔完工的同时葬了进去。中国的秦始皇前后驱使七十万人，简直像

定陵（神宗陵墓）内部石门

鬼迷心窍一般在骊山修建陵墓。而神宗也属于这一类帝王。

　　张居正心心念念的帝王教育是为了培养独裁君主。而如今张居正教育的成果，可以说以一种奇特的方式展现了出来。神宗只顾一味地追逐自己的欲望，宠信宦官，不听忠言，虚度年华，而且他还是一位自私至极的蛮横粗暴的天子。年轻的天子刚从张居正的束缚中解放出来时，才二十岁，就马上开始营建自己的陵墓。陵墓位于历代帝王陵墓的所在地 —— 天寿山的一角。神宗驱使大量人力，花费六年岁月，耗费八百万两巨资，建造了这座地下深处豪华壮丽的陵墓宫殿。据说为了庆祝其落成，他还在陵墓中举行了盛大的酒宴。

　　宫殿位于地下深达 20 多米处，全长 88 米。我们顺着搬运灵柩的甬道来一间间介绍。首先是前室，这里有汉白玉雕成的大门，房顶的瓦片和屋檐的装饰都雕刻得极为精巧，闪耀着纯白的光辉。厚重的大门装饰着坚固的铜具，打开之后就进入了前殿。再往前走，又是一道汉白玉门，穿过之后便到了中殿。中殿的正面有神宗雕龙的宝座，左右配以两位皇后的雕刻着凤凰的宝座。每个宝座前还有白玉台，放着香炉、一对烛台、花瓶，前面还有巨大的青花瓶（宋代至明代出现的一种瓷器，绘着蓝色的釉下彩），长明灯早已熄灭，而大半灯油凝固在其中。中殿的左右还有一对配殿，中殿之后则是后殿。

　　在通往后殿的入口处，汉白玉门前摆放着神宗的宝座，就仿佛在守卫着后殿一般。移开宝座，打开那扇关上后大概一次都没打开过的汉白玉大门，就看到后殿，正面的坛上安置着

定陵中殿内五供

定陵后殿三座朱漆大棺

三座灵柩。

　　中间最大的那个是神宗的灵柩，左边是孝端皇后，右边是孝靖皇后。孝端皇后是正皇后，1620 年四月去世，就是神宗驾崩的三个月之前。另一边的孝靖皇后 1612 年去世。她原本只是第二夫人，所以最初是不能进此陵墓的，但是后来她的亲生儿子光宗（泰昌帝）成了皇帝，所以她也获得了皇后的资格。

这三座灵柩涂着朱漆，周围围绕着金玉宝物，就这样出现在我们眼前，仍然是三百多年前埋藏时的模样。上端饰有金龙的黄金帝冠、孝端皇后曾用过的珠玉凤冠，以及镶嵌着红蓝宝玉的精美黄金酒器、金色的碗、绣着精巧刺绣的皇后衣装……无论拿起哪一件来端详，眼前都能够清清楚楚地浮现那昔日的奢华宫廷生活。

（上）神宗皇后王氏像
（下）神宗皇后宝冠（定陵出土）

皇帝自肥私腹

多亏了张居正的严厉政策，国家财政变得充盈起来，边境也不再让人担心，于是世间充满了泰平风气，文化也更加绚烂，人人变得奢侈起来。神宗的欲望并不限于死后的宫殿，他在现世的宫殿上也不惜巨资。万历十一年（1583 年）他重建了宫中的昭仁殿和宏德殿。此外又陆续命各地向宫廷进献特产——江浙的丝绸、江西的瓷器、江南和陕西的木材、广东的珍珠，如此种种，琳琅满目。这样一来不仅宫廷费用越发不足，甚至还影响到了国家财政。结果，张居正好不容易才充实起来的国库转眼之间就见底了。

但是国家财政变成怎样，神宗早就连想都不想了。他根本无心登朝理政，一心待在深宫之中，只顾亲信宦官和自己享乐。而这些宦官败类也只会奉承皇帝，以肥私腹。

这些宦官矫称帝命，令江南贡献双倍的丝绸。张居正还有一口气在时，不时削减献入宫廷的丝绸数量，又叫停宦官要求的金银珠宝和木税。再没人碍手碍脚之后，宦官便肆无忌惮地到各地征收这些物品。政府官员上奏请求节制，但他们的意见遭到扼杀，什么回应也得不到。这种倾向一年比一年严重，已经到了无从制止的地步。

万历二十五年（1597 年），宫中三座重要的宫殿皇极、中极、建极遭祝融之灾，在一场大火中化为灰烬（皇极殿原称奉天殿，皇帝在此接受朝贺。其后是中极殿，原称华盖殿。在之后是建极殿，原称谨身殿），神宗下令集财进行重建。官员中有人上奏称："上天怜悯人民艰苦，才烧毁三殿，何苦又陷民于苦难呢?"然而这对于神宗就像对牛弹琴一样,他下令四川和两广调配宫殿用材至京,为此耗金数百万。但是这些费用大半都落入了办事宦官的私囊,直到神宗去世(1620年),三大殿都还没重建起来。

矿税与三大征

皇帝的胡作非为,加上宦官们的有心助长,最后发展成了"矿税之害"这一大恶政,将明朝引向了衰亡一途。他们为了聚敛宫廷费用,绞尽脑汁想了各种计策,最后想到了直接开掘银矿这个办法。但是,明代对白银的需求很大,一般的银矿早已被开采殆尽。一个官员这样上奏:"以前嘉靖的时候下令采矿,花了十年岁月,用兵一千一百八十人,耗费三万余两,而矿银仅得二万八千五百两,实为得不偿失。"

皇帝当然是听不进这些意见的,他向京城周边和江南、山西、广东、福建等全国的各个角落都派去了宦官下令开掘矿山。宦官到达,也不管有没有矿银,就以矿税的名目一个劲儿地抢夺金银财宝和各种物资。地方官员稍稍显出违抗之意,马上就被捕入狱。

不久矿税就不能满足他们的胃口了,结果天津的店铺税,广州的采珠税,两淮的盐税,浙江、福建、广东的市舶税,成都的茶盐税,重庆的名木税,湖口的船税,宝坻的鱼苇税……任何能想到的地方都要收税。而贪婪的宦官还趁机威胁百姓以饱私腹,据说甚至连穷乡僻壤的米盐、鸡猪都要上税。因此百姓忍无可忍,各地暴动频现,还出现了斩杀宦官的义士。尚有良心的官员接连不断地上奏力陈矿税之害，奏书达百数十封，但是他们也无力阻止恶税愈演愈烈。

政治的荒颓也影响到了国家的治安。到了万历二十年代，接连爆发了一并动摇明朝财政和统治的事件，这就是被称为"万历三大征"的战乱。其中一个是万历二十年（1592年），蒙古人哱拜占领了宁夏城（今银川市）对抗明朝（哱拜在嘉靖末年投降于明朝，但是与汉人官员交恶，因此发动叛乱）。一时之间形势十分严重。明朝动员大军，花了八个月终于成功地镇压了这场叛乱。然后在贵州省的播州（今遵义）又出现了土司杨应龙，他侵略附近各省，将各地掠夺一空。万历二十八年（1600年）这个也得到了平定。但是在这两个事件之外，还有一件大事发生在中国本土之外，却也对明朝财政造成了极大影响。这就是明军对丰臣秀吉侵略朝鲜半岛的军事反击。

当时中国人的说法是："近年来明朝的岁入大致有400万两，岁出为450万余两。宁夏事件用银187.8万余两。朝鲜用兵持续七年，直接军费已达582.2万余两，此外还有其他费用200余万两。播州军费亦有121.6万两。因此累计已超2600余万两。"三大事件当中，朝鲜出兵一项就耗费了相当于两年岁入的费用，不难想象这会造成多大的负担。那么，接下来我们就来看看朝鲜出兵的情况吧！

第十章　丰臣秀吉的幻想

秀吉的"大陆战略"

信长、秀吉、张居正

天正十年（1582 年）六月二日，明智光秀（1526—1582 年，美浓土岐氏一族，有才学，精通和歌、茶道，侍奉织田信长。他在接待德川家康时犯下了错误，被信长羞辱，因此怀恨在心，袭击了本能寺）于清晨杀入本能寺。而织田信长也由此迎来了自己悲惨的结局，终年四十九岁。此时正在围困备中高松城的羽柴秀吉①闻此噩耗，立即启程回军。仅仅十日之后，他在大坂和京都交界处的天王山脚下击败了明智光秀，为主君报了大仇。其时秀吉四十六岁，力压群雄成了信长的后继者，开始迈向荣耀的宝座。

---

① 即丰臣秀吉，成为关白翌年获赐姓丰臣。——译注

而在大海的另一边，明朝刚直的宰相张居正病情恶化，六月份之后一直卧床不起。国家今后前途将会怎样？张居正在忧心忡忡之下于同年六月二十日去世，终年五十八岁。这里将张居正与织田信长和丰臣秀吉放在一起，恐怕有点奇怪。但是几乎在同一时间，日本的信长与明朝的张居正，这两位国家的核心人物相继去世，实在太巧合了。

总之在这之后，日本的历史都交到了秀吉手上。秀吉在山崎之战后，七月份就在山城国开始实行检地。他继承了信长统一日本的政策，开始强制推行自己独特的施政，每年坚持进行检地。如此这般，到天正十九年（1591 年），太阁检地的范围扩大到了二十多国，规模宏大，可以说是大获成功。此后不久秀吉就开始入侵朝鲜，因此太阁检地也完全可以理解成出兵前为巩固基础而做的准备。

对大陆的野心

那么，秀吉进军朝鲜到底是为了什么？大多数人都会回答，这是为了"假道入明"，也就是利用朝鲜以"入唐"。而且许多研究著作也都是这么写的，明明白白，如今也没有必要再做讨论了。但是，秀吉的这种想法是什么时候产生的，他又打算如何使其变为现实呢？作为秀吉计划当中首当其冲的国家，遭受战火兵灾的朝鲜又是怎样一种情况呢？我们一直在讲明朝的历史，而思考这些问题对于理解明朝绝非毫无意义。

大体上，秀吉是从什么时候开始流露出进攻大陆之野

心的呢？一种说法是，秀吉在征讨（日本的）中国地区 [①] 时
（1582年之前），曾向信长陈述过自己的意见，他说在平定
（日本的）中国地区之后，要继续前进夺取九州，然后指挥军
队夺取朝鲜，进而攻略大明。

此外，在松田毅一先生的大作《太阁与外交》一书中还
介绍了一则史料，天正十三年（1585年）秀吉在写给美浓大
垣代官的书信中提到"打算下令平定唐国"。

但是一般来说，第二年也就是天正十四年（1586年）出
现的史料被视为最初的例证。三月十六日，日本基督教的
首脑——在日耶稣会副管区长加斯帕尔·科尔留（Gaspar
Coelho，1530—1590年）一行人访问大坂城，拜谒了秀吉。当
时担任翻译的路易斯·弗洛伊斯（Luis Frois，1532—1597年，
协助加斯帕尔·维雷拉〔Gaspar Vilela，1525—1572年〕在京
都传教，在文字方面功绩甚大，其所著《日本史》乃是记录基
督教在日本的传教事迹的珍贵文献）是这样汇报的：

"在日神父只图宣扬基督教义，除此之外别无所求，秀吉
对此多次表示赞赏。然后秀吉说，自己征服了日本全国而达到
如今的地位，领土和金银都足够了，也别无所求，只是希望将
自己的声名和权势留传给后世。待日本的事情处理妥当之后，
他决心将日本让给弟弟美浓守（羽柴秀长），自己则亲自渡
海，征伐朝鲜和中国。

---

① 此处指日本的一处地名，位于日本本州西端。由鸟取、岛根、冈山、广
岛和山口五县组成。——编注

"为此他砍伐木材，建造了两千艘船，准备派军出征。他希望神父能支援他两艘装备精良的大帆船。这不是向我们要求礼物，他们将给予相应的报酬。他还希望我方能提供优秀的航海员，他们也会提供俸禄和报偿金。他说，即使自己在征战中死去，那也留下了姓名，作为日本的君主做了前人不敢企及的事业。他除此之外别无所求，所以是真心的愿望。

"如果他成功地让中国人臣服，他既不会在其地停留，也不会占领其国，他只是希望他们服从自己。那时他会在中国各地兴建基督教会，命中国人全都成为基督教徒，然后他就会返回日本。之后让日本的一半乃至大部分人都皈依基督教。"

不过，同时期还有奥尔甘切诺的记录也记载了同样一件事。但是照他的说法，为进军朝鲜和中国一事提供葡萄牙装备船的建议是神父一方主动提出的。两份报告关于其他事情的记录也有许多不一致的地方。

但不管怎么说，秀吉所说的"亲自渡海征讨朝鲜和中国"这种话肯定不是一时的场面话。第二年（1587年）四月十日他发给毛利辉元的备忘录（觉书）当中就有"高丽御渡海事"这条项目。同年八月五日，在征伐九州的准备工作最为繁忙的时候，他还给黑田孝高等人写信说："我认为可以下令进攻唐国了。事态发展正如所愿，岛津反叛也是一种幸运，你们要坚定信念，各自专心准备。"如此他的想法便很明显了。

刚才所举的弗洛伊斯文书中，记载秀吉所言"会在中国各地兴建基督教会，命中国人都成为基督教徒，然后他就会返回日本"云云，恐怕完全是他的妄想。这一时期在明朝，利玛窦（Matteo Ricci，1552—1610年）等人已经成功进入中国内地，在肇庆（广东省广州西边的城市，是当时的省城所在，风光明媚，经济繁荣）建起了第一座教堂，开辟了传教的新时代。而这也是耶稣会当时在广阔的中国本土建立起来的唯一一所教堂。

秀吉的征服欲

那么，为什么秀吉那么渴盼征服明朝和朝鲜呢？史家大多首先将原因归于秀吉贪得无厌的征服欲。

秀吉的主君织田信长出自尾张而称霸日本，然而国家统一之业尚半就丧命于本能寺。他的继承人秀吉起自尾张中村的一介足轻之子，接过主君的遗业东征西讨，平定北陆、四国，于天正十三年（1585年）七月就任从一位关白之职（辅佐天皇，总司一切政务的官职），成了一位"殿下"，这是信长也未曾触及的高位。秀吉就任关白，使日本朝野大为震动。奈良兴福寺多闻院三代僧人共同记录的《多闻院日记》当中也写道："这真是闻所未闻的事情。"在名义上和实际上都坐稳了政权交椅之后，秀吉扬扬得意，《多闻院日记》中还记载道："收到通知称，从十一日开始在京中举办歌舞，大人将在内里（皇宫）观赏。"

因此可以察觉到，从此时开始秀吉已经生出要凭自己力量进攻还没到手的九州，之后再染指海那边的朝鲜和明朝的念头。高濑重雄博士曾指点我解读秀吉的书信，在这些信件中，秀吉从这一时期开始常常使用"てんか"（TENKA）这样的署名。这并不是"殿下"的意思，而是"天下"，也就是说当中包含着一种认为自己是"天下之主"的感情。秀吉自认为拥有绝对的权力，要统治广袤的世界，浑身上下都散发出这种趾高气扬的气息。这么看来，他产生对朝鲜乃至明朝的征服欲也是很自然的吧。

特别是正当此时，大坂城装饰一新，秀吉坐在城中的豪华房间里，面前是远道而来的科尔留和弗洛伊斯等异国人士，就算是接二连三地抛出大话梦语，也丝毫不奇怪。秀吉此人的性格中，多半有着一种在现实中寄托幻想，让现实去追赶所寄托的幻想的倾向。

但是即使是秀吉，也不可能仅仅因为征服欲就发动大军远征朝鲜。此外应该还有许多原因。比如说有人认为，秀吉向海外派兵可能是一种政治策略，为的是防止国内群雄反叛；又有人认为，秀吉深受历代中国的传统中华思想的影响，于是试图实现中国"四夷绥抚"（使四方屈服于中华并对其施以恩惠的一种想法）的理想。而我认为，最大的理由是他试图恢复日本室町时代与中国之间一直进行的勘合贸易。

明朝自开国以来就严禁中国人私自航行海外从事贸易，这就是所谓的海禁。海禁是为了防范海盗和倭寇，因此一般人的贸易活动明面上是禁止的，只有外国的朝贡船带来的货物可以进入大明。而且在朝贡之际，还要带上事前交付的勘合符才行。日本在应永十一年（1404 年）才从明朝拿到勘合符，不过在此之前的应永八年（1401 年）足利义满已经派出了遣明使节，因此加起来两国前后共进行了十九次往来。

日本与明朝之间的勘合贸易在天文十六年（1547 年）画下了终止符。大概从这一时期开始，日本的民间商船与明朝商船频繁往来，走私贸易盛行。因此明朝方面推出了强硬的海禁政策。此后倭寇也明显变活跃了。

生丝之梦

日本与朝鲜的贸易主要在三浦进行，三浦分别是对马附近的乃而浦（苨浦）、富山浦（釜山浦），以及蔚山的盐浦。据说在 15 世纪末期，日本往来三浦的船只每年多达 180 艘，日朝贸易非常繁荣。但是在三浦之变（1510 年阴历 4 月，住在三浦的日本人与朝鲜当局的对抗）后，两国的关系变复杂了，而频频发生的倭寇活动更使日朝关系进一步恶化。尤其是永禄十年（1567 年）朝鲜向日本递交书信之后，关系就断绝了。天正七年（1579 年）织田信长曾派出使者，但是遭到了朝鲜方面的拒绝，因此两国之间依然交涉无门。

这么看来，从织田信长的时候开始，日本的统治者就热切期望与朝鲜和明朝发展贸易，只是由于国内的状况而没能实现。如今国内顺利统一，在丰臣秀吉心里，这一愿望又变得热切起来了吧？来自明朝和朝鲜的生丝等众多物品，无论是用于装饰环境，还是用于充实钱袋子，都是绝好之选。

秀吉这样向科尔留等传教士展示大坂城："你们看到的房间里都堆满了金银、生丝、缎子、茶具。"这些东西大多数是来自明朝和朝鲜的进口货吧。同样地，大友宗麟这样描写位于大坂城天守阁的秀吉夫妇卧室："榻榻米上摆着唐绸寝具，小

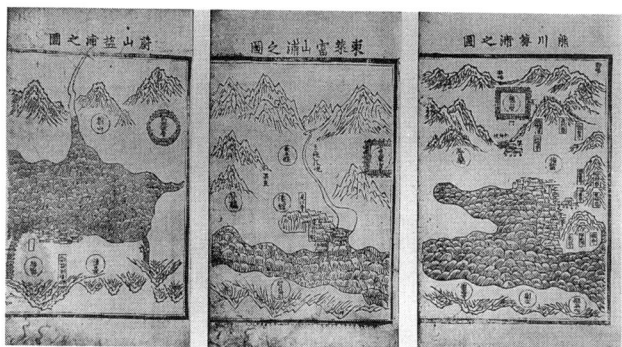

《海岛诸国记》所载三浦之图
蔚山盐浦（左），东莱富山浦（中），能川薺浦（右）

袖等衣物也很多。"可见他们睡的是温暖舒适的进口被褥。因此在文禄二年（1593 年）六月，秀吉在名护屋对沈惟敬等明朝使者提出七个条件，其中就有一条 —— 重开勘合贸易。

秀吉的幻想

大唐与南蛮国

天正十四年（1586 年）十二月，秀吉就任太政大臣，已是位极人臣。与此同时他开始着手对九州进行征讨。征讨萨摩岛津义久的二十五万大军在第二年正月至三月依次踏上九州的土地，五月上旬义久降服，由此九州战役取得圆满胜利。这之后在五月九日，秀吉给当时正在大坂城一带的一位侍女寄出一封小信，这封小信很有意思：

"一、我这两三天内便会动身前往鹿儿岛，惩罚其国，

二十四、二十五日左右将到筑前国的博多，在大唐和南蛮国的泊船地加固城池并召集人手。

"一、我将征集进军高丽国的人手，在彼国决一胜负。其间将在博多逗留。"

大家有没有注意到，在这则消息中，秀吉的口吻与此前有些不同？和此前我们看过的秀吉两三封书信相比，这里有诸如"征集进军高丽国的人手，在彼国决一胜负。其间将在博多逗留"这种更加详细具体的字句，而且他还使用了"大唐和南蛮国"这样将两国连起来的称呼，让人感到秀吉的幻想可不只中国，还要一直向南延伸。

同天正十五年（1587 年）十月十四日，秀吉的奉行（行政官）浅野长政、石田三成、增田长盛等人奉秀吉之命，给安国寺惠琼和小早川秀包等人寄出公文。同月二十一日秀吉也给相良长每寄出书信，力陈佐佐成政的罪状。这两份文件中都有"我认为可以下令进攻唐和南蛮国了，于是下令九州和五畿内一样行动，但是未能实现"的话语。从这种行文中，我们能充分体察到秀吉的心境。

"天下一人"

秀吉的梦想越来越膨胀，到征战九州的时候，他大概已经在想着除了海那边的明朝和朝鲜，还要飞向更遥远的南方了吧。

这里的"南蛮"，指的就是菲律宾、印度等未知之地。这一时期南蛮人络绎不绝地到访日本，他们口中的种种异国故事让秀吉胸中涌动着幻想：将这些全部弄到手，让朝鲜、明朝、天竺、南蛮都统一在自己的脚下，这样一来就是真正的"天下一人"了！我个人以为，"唐和南蛮国"这个说法中承载了秀吉满溢的幻梦，而这又关联到秀吉心心念念的生丝之梦。

秀吉对于南蛮的认识，恐怕大部分都来自基督徒和传教士吧。但是，可能是感到基督教会对日本形成威胁，秀吉在天正十五年六月十九日，也就是九州战役刚刚结束不久，就发出了神父驱逐令。传教士们因此大受打击，我们在这里不再费时说得太详细。

只是，此时秀吉显示出来的态度很耐人寻味。他一边说道："日本是神国，而神父从基督国传来邪法，因此命令神父在二十日以内返回其国。"一边又说："黑船从事贸易，因此应区别对待。准许他们长期在此从事各种买卖。从今以后，只要是无妨于佛法，商人自不用说，任何人都可以往来基督国而不受限制。"也就是说，他认为贸易船是做生意的，所以今后也可以不受限制航海来日，基督教和商贸应该区别对待。

第二年八月，南蛮船抵达长崎港口。秀吉将重臣小西隆佐派往长崎，令其将生丝全都买下来。据说他花了20万克鲁扎多（cruzado，葡萄牙的金币，根据松田毅一先生的计算，当时20万克鲁扎多相当于4650枚天正黄金、2000贯白银）巨资买下了九万斤生丝。由此是不是也可看出秀吉痴迷于生丝的一面呢？

第十一章　出兵朝鲜与日明交战

朝鲜渡海

开战序曲

　　秀吉深深地陷入了对征服和生丝的欲望，他终于将目光投向了丝绸的圣地。秀吉的动作十分迅速，天正十五年（1587年）六月十九日，他命令与朝鲜素有来往的对马宗义调派家臣柚谷康广前往朝鲜，要求对方来日本朝贡。朝鲜方面当然是置之不理，因为秀吉的国书实在是无礼至极，朝鲜内部甚至还出现了这样的强硬意见："如果我们把日本使者问斩并送去明朝，明朝肯定会保护朝鲜的。而且秀吉是篡夺政权的奸邪之徒，国民当中肯定也有心中不服的人物，我们传檄于琉球和西南诸国，使其内外皆叛，再整备朝鲜水军从旁牵制，肯定不会让其入侵。"

为外交折冲而心焦如焚的秀吉再次派去了义调的儿子义智和僧人景辙玄苏，让他们谈判，强迫朝鲜派使者来朝。根据《惩毖录》（文禄、庆长之际，朝鲜宰相柳成龙的回忆录，共有十二卷，记录了 1592—1598 年七年间的战局和政治变化）的记载，朝鲜方面实在没有办法，于是谈到，如果秀吉能把同倭寇一起骚扰朝鲜沿海地带的朝鲜叛民沙乙背同等人捕来交还给朝鲜，那么他们就答应交换使节。义智一个劲儿地保证"这成什么问题"，立马就向秀吉反馈了朝鲜的要求。没几个月，秀吉就逮捕了沙乙背同一伙十几人，还将倭寇掳去的一百几十个朝鲜人一起送了回去。朝鲜方面也终于按照日本的要求选派了使节。黄允吉、金诚一两人分别担任正使和副使，出发赶赴日本。

谒见秀吉

朝鲜使节从釜山浦出发时是天正十八年（1590 年）四月，抵达京都是七月下旬。但是不巧此时秀吉正在出征小田原城，因此又让他们等了四个月。他们到十一月才终于在聚乐第见到秀吉，而这次谒见相当奇妙。秀吉在中途突然入内，抱出前一年刚刚出生的小婴儿（鹤松），来听朝鲜人奏乐，听着听着小婴儿尿在了秀吉的衣服上。秀吉笑了笑，叫来侍女，当场便换上了新衣。而且此时秀吉所写的回信也很不寻常：

"日本国关白秀吉奉书朝鲜国王阁下。雁书薰读，卷舒再三。抑本朝虽为六十余州，比年诸国分离，乱国纲废，世乱而不听朝政。故予不胜感激，三四年之间，伐叛臣讨贼徒，及异域远岛，悉归掌握。窃按予事迹鄙陋小臣也。虽然，予当于托胎之时，慈母梦日轮入怀中。相士曰：'日光之所及，无不照临。壮年必八表闻仁风、四海蒙威名者，其何疑乎？'依有此奇异，作敌心者，自然摧灭。战则无不胜，攻则无不取。既天下大治，抚育百姓，怜愍孤独。故民富财足，土贡万倍千古矣。本朝开辟以来，朝廷盛事，洛阳壮观，莫如此日也。夫人生于世也，虽历长生，古来不满百年焉。郁郁久居此乎，不屑国家之隔山海之远，一超直入大明国。易吾朝之风俗于四百余州，施帝都政化于亿万斯年者，在方寸中。贵国先驱而入朝，依有远虑无近忧者乎？远邦小岛，在海中者，后进者不可作许容也。予入大明之日，将士卒临军营，则弥可修邻盟也。予愿无他，只显佳名于三国而已。方物如目录领纳，珍重保啬。天正十八年仲冬日，日本国关白秀吉。"①

秀吉这封回信让朝鲜国王震惊不已。

朝鲜与明朝的反应

收到这封回信，朝鲜国内出现了两种对立的意见，一种认为"应该马上向明朝通报此事原委"，一种认为"这只不过是威胁罢了，通报了可能会让明朝怀疑朝鲜私通日本，因此还是秘而不宣为好"。

黄允吉和金诚一两人之间本来就有矛盾，这种意见的对立只不过是矛盾显露了出来而已。结果，朝鲜还是向明朝派出使节通报了秀吉的企图。另一方面，身在日本的中国福建省出

---

① 《续善邻国宝记》。——译注

身的陈申（一说为陈甲）也通过琉球官员向明朝报告了日本的动静。此外，萨摩的医生许仪后也通过同乡朱均旺将秀吉的计划详细地报告给了明朝，此事在石原道博博士所著的《文禄、庆长之役》一书中有介绍。

这份报告中说，秀吉在天正十八年（万历十八年，1590年）正月八日召集诸侯，表明了"吾则欲渡海侵唐"的决心，又在同月对琉球、在五月对朝鲜表示"吾欲远征大唐"，并命两国为先导。报告中甚至还提到了重要情报："九月初七日，文书行到萨摩。整兵二万、大将六员，到高丽会齐取唐。六十六国共五十余万，关白亲率五十万，共计百万。大将一百五十员，战马五万匹，大锄五万柄，斩刀十万，长枪十万，斧头十万，砍柴刀十万，长刀五十万，鸟铳三十万，三尺长刀分人人在身。限来年壬辰（文禄元年，1592年）春起身。关白三月初一日开船。"[1]

明朝在万历十九年（1591年）春接到了朝鲜的报告，当时到底是难以置信，因此并未当真。但是紧接着他们又收到了陈申和许仪后等人的情报，终于认识到事情的严重性，于是指令朝鲜认真进行海防整备。但是日本军队真的要打过来吗？他们对这件事依然半信半疑，并没有认真备战。

下达动员令

许仪后的情报惊人地准确。前一年八月，秀吉宣布要在

---

[1] 《全浙兵制》卷二。——译注

次年春三月渡海，之后立马开始在日本的肥前名护屋筑城，又向各个大名下达了动员令。然后他辞去关白一职，以太阁的身份专心准备进攻大陆。第二年文禄元年（1592年）正月，他命令诸将领军出阵，自己也定于三月一日出阵。此次阵容从一番排到九番，共计158700人。一番是小西行长、宗义智等18700人，二番是加藤清正等22800人，三番是黑田长政等11000人，顺次排下，诸将各率大军罗列于前，此外还有德川家康等人的十余万士兵在名护屋做后备。

秀吉于三月二十六日从京都出发，比预定的时间略迟了一些。当天早上，秀吉向后阳成天皇上奏，披上纹锦的战袍，跨上金甲的战马，率领三万将士，高举着象征日本六十六国的六十六面大旗，浩浩荡荡地出京，向西而去。他在四月十一日到达广岛，第二天小西行长等人率领的一番队就越过了对马，在朝鲜釜山登陆，从此点燃了战火。

日本军队陆续在朝鲜登陆。他们从釜山附近开始向汉城（今首尔）进军，大体上兵分三路，中路是小西行长，东路是加藤清正，西路是黑田长政，以破竹之势向首都攻去。当时的情况可以从朝鲜方面的记录《惩毖录》中窥见一二：

"防守尚州的李镒军队，包括一路上募集的民兵和汉城来的官军，总共只有八九百人。他将这股小部队带到尚州北边的河岸，先让他们练习战斗，然后就在山麓布开了军阵。军阵之中竖着大将旗，李镒身着甲胄，立马军旗之下。从事官（指挥官的秘书）尹暹和其他头领各自下马，站在总大将李镒战马的背后。

日本军队入侵朝鲜路线

- ---- 第一军　小西行长
- ——— 第二军　加藤清正
- —·—· 第三军　黑田长政

会宁
镜城
咸镜道
鸭绿江
义州　平安道　咸兴
大同江
安州
平壤
黄州
黄海道　江原道
海州　平山
开城
磐蹄馆　京畿道
汉城
原州
忠州
忠清道　清州
庆
全州　尚
全罗道　道
罗州　洛东江
四州
蔚山
釜山
对马
壹岐
名护屋

0　　　　　200km

"敌人不知何时已兵分两翼，挥舞着旗帜，企图绕到背后将我军包围起来。李镒见到事态如此紧急，刻不容缓，马上调转马首，猛地朝着北方逃命而去。其部下的士兵立刻陷入混乱，唯尽力自保性命，逃脱者才几人。从事官以下诸人，乱战之中来不及骑马，悉数落入敌手，惨遭杀害。贼兵急追脱逃的大将李镒。李镒弃马除衣，散发全裸而逃，好不容易才跑到闻庆。"①

每个市镇几乎都是类似的状态。朝鲜安享泰平已有二百年，处处景象尽是"君臣束手无策，百姓逃匿山谷，守土之士望风迎降"。

从汉城至平壤

李镒战败的消息传回汉城，京城里顿时人心浮动，国王最后也舍弃了汉城，移居开城。仅仅三天之后，小西和加藤等人就攻入了汉城。时为文禄元年（1592年）五月三日。

从釜山上陆才二十天，日军就攻陷了朝鲜首都汉城，秀

---

① 《惩毖录》卷一：(李镒) 因率所得民军，合京来将士，仅八九百。习阵于州北川边，依山为阵，阵中立大将旗。镒被甲立马大旗下，从事官尹暹、朴篪及判官权吉、沙斤察访、金宗武等皆下马在镒马后。有顷，有数人从林木间出，徘徊眺望而回。众疑为贼候，而惩开宁人不敢告。既又望见城中，数处烟起。镒始使军官一人往探。军官跨马，二驿卒执鞚缓缓去。倭先伏桥下，以鸟铳中军官坠马，斩首而去。我军望见，夺气。俄而贼大至，以鸟铳十余冲之，中者即毙。镒急呼军人发射矢，数十步辄坠，不能伤贼。贼已分出左右翼，持旗帜绕军后，围抱而来。镒知事急，拨回马向北走，军大乱，各自逃命，得脱者无几。从事以下未及上马者，悉为贼所害。贼追镒急，镒弃马脱衣服，披发赤体而走，到闻庆。——译注

吉更加志得意满。同月十六日他给关白秀次寄去一封朱印文书，上面说其军已经攻陷了汉城，所以请秀次也做好准备明年春天渡海，然后他要把首都移到明朝，大后年要把后阳成天皇迎至北京，献上首都周围十余国为皇室领地，公卿贵族们也各自分配领地。他还畅想，大唐关白由秀次担任，日本关白给羽柴秀保或宇喜多秀家，日本皇位给良仁亲王或智仁亲王，朝鲜给羽柴秀胜或宇喜多秀家，九州给羽柴秀俊等，就这样洋洋洒洒罗列了二十五条"雄韬伟略"的幻梦。

在此期间，日军在朝鲜继续乘势进攻，渡过临津江，逼近了第二个目标开城。朝鲜国王惊慌失措，慌忙弃守开城，向北越过大同江逃到了平壤。但他一听说日本军队出现在大同江畔，马上又丢掉平壤，跑到了国境边上的义州。因此小西行长等军在六月十五日不费一兵一卒就占领了平壤。而往咸镜道方面追击的加藤清正也俘虏了临海君、顺和君两位王子。

但是在这之后，日本军队没有再往平壤以北前进一步。不，可能应该说"没能再前进一步"才是正确的。这其中有很多原因。市村瓒次郎博士所著的《东洋史统》将首要的原因归结为日本水军的不利。当时的朝鲜水军由李舜臣指挥，此人是个了不起的天才，在巨济岛玉浦冲之战、闲山岛之战等海战中接连大破日本水军。所以日朝之间的水域仍然在朝鲜水军的掌控之下。《惩毖录》中是这样记载的：

"李舜臣发明了龟甲船，此船上面覆板，中央弯曲变高，形状似龟。战士与桨手都藏在船中，前后左右多置火炮，纵横如意，宛如机梭。遭遇敌舰，则炮火齐鸣，瞬间便将其粉碎。

"我方舰船一齐向贼船开炮，火烟熏天，无数贼船转眼成灰。有贼将一人乘数丈高楼船，船上有橹，设望台，围以赤布及彩色毛布。此亦为我军大炮打散，所载贼兵全部落水而死。"①

日军在陆战中一路猛进，直逼平壤。其战斗力的关键在鸟铳，也就是种子岛铳。而海战当中朝鲜军队胜利的关键就是龟甲船。

市村博士还归纳了第二个理由，那便是朝鲜各地兴起的义兵。朝鲜军队落荒而逃的样子委实惨不忍睹，于是庆尚道、

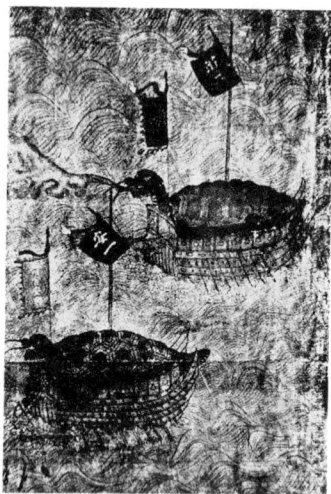

李舜臣抗击倭寇（日本海军）的龟甲船

---

① 《惩毖录》卷一：先是舜臣，创造龟船。以板铺其上，其形穹窿如龟，战士櫂夫，皆在其内。左右前后，多载火炮，纵横出入如梭。遇贼船，连以大炮碎之。诸船一时合攻，烟焰涨天，焚贼船无数。有贼将在楼船，高数丈，上施楼橹，以红段彩氈围其外，亦为大炮所破，贼皆赴水死。——译注

忠清道、全罗道、京畿道等地的官吏、军人或是学者等纷纷站出来组织义勇军，奋勇抵抗入侵日军。这些都是止住日本军队脚步的重要原因。不过，最关键的因素当然是大明的援军。

大明的行动

明朝援军

朝鲜陷入了紧急事态，频频向明朝请求援军。明朝此时正为这年春天宁夏发生的叛乱焦头烂额，不过他们也明白，日军入侵朝鲜是入侵明朝的前奏，绝不能置之不理，因此马上就开始考虑各种对策。但是政府内部的议论沸腾，意见多歧，有人认为应该与日本讲和，有人认为应该立刻向朝鲜派遣援军，有人认为应该首先出兵辽东观察形势，甚至还有人怀疑这是朝鲜与日本合谋图谋明朝。最后兵部尚书石星力排众议，主张救援，他说："朝鲜为大明属邦，失朝鲜则辽东危，辽东危则北京危，当断然救援。"

于是大明朝廷首先给朝鲜送去武器和火药等物资，又下赐军费二万两，接着又派辽东副总兵祖承训领兵三千驰援义州，进攻日军驻屯的平壤。但是明军大败，祖承训慌不择路地逃回了辽东。明朝收到战败报告非常震惊，竭力寻找对策以减缓日本的攻击，于是开始征募能游说日军的人士，其时被选出来委以重任的就是沈惟敬。

　　沈惟敬本是浙江省的平民，由于他对日本的情况非常了解，又有雄辩之才，因此石星给了他游击将军的称号，将其派到了朝鲜。快要到达平壤的时候，他让一位家仆带信给日本军营。以此为契机，文禄元年（1592年）八月二十九日，小西行长等人与沈惟敬会面，达成协定休战五十日。这次不可思议的休战，是本来就主张讲和的小西行长、夹在日本和朝鲜之间劳心劳力的对马宗义智和异人沈惟敬三人筹划的。明朝方面的想法，大概是借此获得时间，以增强军力。随后主战派的宋应昌（嘉靖进士，从山西副使升任山东巡抚，曾献上倭寇防卫策，此时被选为朝鲜经略，与李如松共同作战）便被任命为了经略（司令官），而十一月镇压宁夏叛乱后凯旋的李如松被任命为防海御倭总兵官，他们率领着四万数千人的大军进入了朝鲜。

　　李如松一行把沈惟敬抓了起来，秘密发起突击，出其不意地包围了平壤。小西行长苦战未果，退守汉城。得意扬扬的李如松又进一步夺回了开城。但是他行至汉城附近的碧蹄馆时，却遭到小早川隆景等人的伏击而大败，又退回到了平壤。如此一来，讲和的呼声再度高涨起来，沈惟敬又该出场了。

和平谈判

　　日本方面进行和平谈判的呼声也变强了。此前朝鲜国王逃离汉城的时候将街市烧光，城市周边的田地也遭罹战火而一片荒芜，食粮很难征收，更坏的是汉城龟山储存粮食的仓库也被烧了。另外还流行开了恶性传染病，抑制不住思乡之情的士兵越来越多。

于是，当沈惟敬的船带着和平协议一到，小西行长就接受了，再也受不了恶劣环境的日军于文禄二年（1593 年）四月十八日迅速开始撤离汉城。

此外，明朝方面还派谢用梓和徐一贯为讲和使，来到名护屋谒见秀吉。六月二十日，秀吉向他们提出了七条讲和条件：

一、迎娶明朝皇帝之女为日本后妃；

二、两国年来因隙断绝勘合，望重开官船商船往来；

三、两国握有朝权之大官，互换誓词，不改通好之约；

四、若领纳此条件，则将朝鲜一分为二，归还北部四道与国都；

五、以朝鲜王子及大臣一两人为人质；

六、归还去年所掳朝鲜二位王子；

七、朝鲜国王之重臣手书誓词，示累世不违。

看看秀吉开出的这些条件！要求重开勘合贸易、占领朝鲜南半部、以朝鲜王子为人质等，态度相当强硬。

但是明使谢用梓以及朝鲜方面都是绝不可能接受这些条件的。对于实际负责和谈交涉的沈惟敬和小西行长来说，这些条件更是十足的打击。这种要求，不能就这样交给明朝皇帝啊！而且他们无论如何都想马上实现议和。因此两人合谋，最后沈惟敬伪造了日本国书试图瞒天过海，声称"秀吉只求明之封贡"（封是中国皇帝册封一国君主，贡是向中国进贡）。随后在八月底，小西行长的家臣内藤如安（朝鲜称其为小西飞）与沈惟敬一道前往北京。

封贡的议论

就在小西行长和沈惟敬等人为讲和进行努力之际，加藤清正和宇喜多秀家等人又在文禄二年（1593年）六月二十九日攻陷了晋州城。这让明朝方面对和谈的成果抱有疑虑。是否应该准许封贡？朝廷内部愈加吵得不可开交。

本来呢，明朝方面向小西行长提出的条件有三点：日军撤退、送还王子陪臣、向明朝谢罪。但是明使谢用梓等人谒见秀吉的时候，秀吉却意外地拿出强硬的七条使得他们不知所措。据说因此他们将秀吉所说的勘合贸易扩大解释为"封贡"，以作为打开和谈局面的手段。担任朝鲜派遣军经略的宋应昌也向明朝神宗皇帝上奏说，从这些"封贡"使身上探不出日本的真实意图，因此他扣留了内藤如安，争取时间做战守两手准备。

于是大明国内出现了两派，一是主张"封贡均不可"的强硬派；二是认为"封，即封秀吉为日本国王，可；贡乃纷争之源，不可"的另一派，朝议混乱，明朝愈加难以定夺到底要采取哪种态度。而无论如何都要达成和议的小西行长和沈惟敬等人的谋划、明朝与朝鲜之间对日军看法的差异、试图离间小西行长和加藤清正的间谍战等各种因素都搅在一起，未来完全陷入了一片无从判断的混沌状态。

如此一来愈加看不到解决问题的希望了。此时，沈惟敬彻底豁了出去，他与小西行长合谋，伪造了秀吉的降表上交给大明朝廷。要说这太过分了，也确实是过分，但是即使他们使出了这般苦计，事态也没有任何进展。文禄三年（1594 年）十二月，内藤如安被送到北京，接受兵部尚书石星的质问，最后确定了三条议和条件：一、日本军队全部撤出釜山；二、封可贡不可；三、今后不可再入侵朝鲜。

文禄四年（1595 年）春，明朝向日本派去册封使。正使李宗城和副使杨方亨等人从北京出发，于四月到达汉城。但是此时加藤清正并未撤出朝鲜，而是在釜山集结了日本军队，这又让和谈再起波折。最后，副使于十月、正使于十一月终于到达了釜山。第二年（庆长元年，1596 年），小西行长和沈惟敬先行一步前往名护屋，而四月二日正使李宗城却突然逃跑了。据《惩毖录》记载，宗城就是个大少爷，生性懦弱胆小，有人和他说"日本的关白其实根本不想接受封爵，只是为了把你们骗过去当俘虏，关起来羞辱罢了"，所以他就胆战心惊地逃走了。但是，真相恐怕并不是他害怕秀吉的计谋，而是他发觉了行长和惟敬等人伪造文件的内幕才逃走的吧？他们离开北京已经一年了，再怎么说也应该大概了解真相了吧。

使节逃跑了，明朝方面也不能就这样放任不管，于是又任命了副使杨方亨为正使、沈惟敬为副使。改组后的使团六月从釜山出发，终于在庆长元年（1596 年）九月一日于大坂城实现了与秀吉的会见。回顾一下会发现，这距离秀吉上次在名护屋会见明使谢用梓，已经过了三年零二个月。真是延宕年月的和谈啊！

谈判破裂

明使杨方亨在毛利辉元的引导下进入接见所，走上前方，沈惟敬则捧着诰命、诏书、敕谕和金印立于阶下。《两朝平攘录》对当时的情况是这样记载的：

"过了好一阵，殿上黄色的垂幕打开了，出现了一位身形消瘦、挂着拐杖的老人，跟着两位侍从。这就是关白。侍臣发号令，在场的众人都严肃起来。惟敬首先伏身作拜，方亨只得跟随。老人发言责备，行长向其禀告说：'这是天朝使臣，宜优待之。'于是一行人才移步走向馆舍。"

在这段话后面，《两朝平攘录》的作者还写了一段文字："杨、沈谒见关白之时，卑屈不堪与人言，而随行护敕官徐志登归国后秘与人语。因此切不可重用小人。"由此可见，这段记录应该相当真实。①

第二天，秀吉举行欢迎使节的盛宴。宴会结束后，秀吉命令相国寺承兑宣读明朝的诰命和敕谕。行长一下子慌了手脚，私下哀求承兑适当替换文句，但是承兑可不是言听计从之人，他原原本本地宣读了文件。当他读出"咨尔丰臣平秀吉，崛起海邦，知尊中国。西驰一介之使，欣慕来同。北叩万里之

---

① 《两朝平攘录》卷四：九月初二日，倭将夜押丝辉元等引册使入见。方亨在前，惟敬捧金印立阶下。良久，忽殿上黄幄开，一老叟曳杖，挟二青衣从内出，即关白也。侍卫呼呐，人皆竦栗。惟敬先匍伏，方亨只得随之。老叟大有责让语，侍臣行长曰："此天朝送礼人，宜优待之。"始出赴馆。（杨、沈见关白卑屈状有不堪言者，随行护敕官徐志登归，私对人言之。故知小人不当重用也。）——译注

关，恳求内附。情既坚于恭顺，恩可靳于柔怀？兹特封尔为日本国王，锡之诰命"①这段文句的时候，秀吉勃然大怒，和谈之事就此告崩。

堀杏庵的《朝鲜征伐记》中这样记载当时的情况："大（太）阁也因为大明派来了册封使而欢欣喜悦。册封使回到馆舍，也笑逐颜开，说蒙设盛宴，愧不敢当云云。稍稍过了些时候，大阁驾临花畑山庄，享用御膳，命常侍身旁的兑长老等人宣读此书。大阁听闻之际，勃然大怒，称：'大明封我做日本国王？真是岂有此理！我自己就是日本王！'"山鹿素行的记载中还说，秀吉将明朝所赠衣冠撕掉，册书也扔掉了。赖山阳的《日本外史》中说秀吉站起来，脱掉鞋子掷在地上，又把册书撕破扔掉了。但是这里堀杏庵、山鹿素行、赖山阳等人的文笔恐怕只是图个气势罢了，这份诰命现在还完好保留着，而且给德川家康、小早川隆景、上杉景胜等人的诰命也都还保留着。

庆长之役

明朝的册封使们究竟不敢如实汇报事情的真相，于是他们伪报称秀吉接受了册封并表达了恭顺之意。而沈惟敬在日本采办了大量物品，还在其上写了"日本国王丰臣秀吉相赠付物"字样，到了北京后又用这些东西到处打点政府要人。但是这些物品中的猩猩毡和天鹅绒等南蛮物品都是中国人卖到日本

---

① 《两朝平攘录》卷四。——译注

去的东西，因此人们也对其生疑。沈惟敬等人甚至还伪造了秀吉的谢恩表文，但是实际上明朝却收到消息称日军已经陆续开往朝鲜。就算是沈惟敬这次终于也被剥去了画皮。

朝鲜的《惩毖录》当中是这样评论此次和谈破裂的：

"关白的要求本来就是狮子开大口，单一个封贡是满足不了的。但是明朝却只允许其受封，而不准其进贡。沈惟敬和小西行长是熟人，他们做了种种工作，想挽回事态，让此事圆满收尾。他们对明朝政府和朝鲜政府都没有详细报告交涉的实际经过，而是多次自作主张，结果弄巧成拙，招来了这个失败的结局。"①

此段解释可谓是一语中的。

日军再度开始了进攻。这次的体制基本和上回一样，军队规模为十四万余人。庆长二年（1597年）正月至二月，日军扩散到庆尚道一带。但是明朝方面也陆续向朝鲜派出了大军，所以日军这次很难像上次战役那样一口气打到汉城了。刚好在这年秋天，日本水军在闲山岛附近击败了朝鲜水军，陆军也乘势占领了大半个全罗道，由此士气大涨。但是此时已将近冬天，因此秀吉命令他们暂时退往南方，和后方保持联系。于是小西行长在顺天、加藤清正在蔚山、岛津义弘在泗川驻扎了下来。

但是，此前立下大功的李舜臣再度成为水军指挥官后，

---

① 《惩毖录》卷二：盖关酋所求甚大，不止封贡。中朝但许封，不许贡。惟敬与平行长相熟，欲临事弥缝，苟且成事，而不以实情闻诸天朝与我国。事竟不谐。——译注

日本水军就完全无法动弹了。此后明朝和朝鲜的陆军抓住机会，在庆长二年十二月大举进攻加藤清正占据的蔚山。清正等人陷入恶战苦斗，在庆长三年（万历二十六年，1598 年）正月终于等来了毛利秀元的援军，方才击退了明军。此战称为蔚山之役，恐怕是整个朝鲜战场上最艰苦的一次战斗。明朝方面的记录也写道："围困了十天十夜，饮水和兵粮都不够了，倭奴甚至食纸充饥，饮溺（小便）止渴。每次做饭，都让操纵火炮的人先吃，其余的就只能等着饿死。"① 大河内秀元直接参加了战斗，他留下的《朝鲜记》，又名《大河内物语》，当中也反映了许多日军深陷苦战的情况。

谁赢了战争?

　　明军虽然在蔚山被击退了，但是秀吉在战争之初那种一往无前的气概也消耗掉了。三月份，秀吉开始向以宇喜多秀家为首的各位大将下达回国命令，诸将也陆陆续续开始引兵撤离朝鲜。然后仿佛是呼应着从朝鲜撤军一般，秀吉自己的病情也恶化了，于庆长三年（1598 年）八月在伏见城中去世。此时朝鲜还滞留着十万将士，而明军得知秀吉去世，开始大举进攻，日军陷入了不可能全身而退的状态。在这样的情况下，岛津义弘拼死一战，在泗川大破明军，而势头正盛的明军也不得不暂时放缓了攻击。此外，朝鲜水军的将领李舜臣也以身殉国。因此日军海上运输的压力骤减，终于在年末全部完成撤

---

① 《万历三大征考》：分兵围十日夜，倭至啮纸充饥，饭先用炮者。——译注

退，至此侵朝之战也画下了终止符。

那么究竟是何事最后终结了这场前后延续七年之久的战争？恐怕就是我们刚刚提到的丰臣秀吉之死吧。早在庆长三年（1598 年）初，秀吉已经命令一部分将士撤退了，而身在朝鲜的日军接到秀吉去世的消息后，就只剩下回国的念头了。中国的《两朝平攘录》中也说"三路倭将皆有归意"，受秀吉遗命之托的德川家康等人也将安全撤退视为最大的任务。朝鲜和明朝传开了一种煞有其事的流言，说秀吉之死是石星命沈惟敬毒杀的。他们还造出一种说法，说"秀吉非人非妖，而是蛟"①。

不管怎么说，给这场深陷泥沼的战争画下终止符的是秀吉之死，这是毫无疑问的。石星和沈惟敬之流自不用说了，结束这场战争靠的不是朝鲜自己的力量，同样也不是明军的力量。张居正曾经这样评价明兵的孱弱："明兵乃三兽，侵吞军队利益时如生翼之虎，讨好当局时如媚物之狐，出逢大敌时如遁逃之鼠。"因此中国的正史《明史》当中也说道：

"时间一久，平秀吉死，诸倭军都扬帆回国，朝鲜之患也平息了。但是自从关白侵略东边国家开始，前后七年，丧失军队数十万人，花费粮饷钱财数百万，而明朝廷和朝鲜国最终也无胜算。到关白死亡，兵祸才停息，诸路倭军也都退回岛内守巢，东南地区这才稍有安枕之日。"②

①《万历野获编》卷十七：平秀吉者，非人亦非妖，盖蛟也。——译注
②《明史》卷三百二十二：久之，秀吉死，诸倭扬帆尽归，朝鲜患亦平。然自关白侵东国，前后七载，丧师数十万，糜饷数百万，中朝与朝鲜迄无胜算。至关白死，兵祸始休，诸倭亦皆退守岛巢，东南稍有安枕之日矣。——译注

这不是很坦率的意见吗?

这场战争中谁获利了呢?朝鲜、明朝、日本都获利了吗?三方都认为在战争中获胜了吗?一言以蔽之,否!没有任何一方自认为取得了胜利。日本的大冈越前守有"三方一两损"① 的名断案,但是战争中可没有那样能干的裁判者。结果只能说是"三方大量损"。

日本与朝鲜文化

成了战场的朝鲜遭受了巨大创伤,尤其是饥馑非常严重。朝鲜的《芝峰类说》(李晬光撰,二十卷,成于 1614 年。分天文、地理、官职、文学等二十多个项目,辑录古今事迹逸闻)中记载称,此时棉布一匹值米二升,马一匹值三四斗,物价腾贵,"饥民白日屠杀抢劫,至父子夫妇相食,复有疫疠,道路死者相枕,水口门外积尸如山,高出城墙数丈"。另外日本从军僧人庆念的《朝鲜日日记》中也写道:"平野、山岗、城市皆被烧空。人身首分离,只能用锁竹筒把头和身体连起来。亲唤子,子寻亲,我第一次见到那么可怜的躯体。"他还咏了一首和歌:"山野尽烧空,武者声凄厉,宛若修罗巷。"② 不

---

① "三方一两损"是日本一个著名的落语(类似于单口相声)段子。说的是一人在路上捡到钱包,内有三两金。他找到失主,要将原物归还。而失主不受,认为三两已是失物,应归捡到的人。两人推让不决,最后来到町奉行大冈越前处请其评理。大冈越前对两人的正直赞不绝口,做了一个漂亮的裁决。他收下无主的三两,又取出一两,分别给了两人各二两以示奖励。因为三个人均损失了一两,所以称为"三方一两损"。——译注

② 野の山も焼たてによぶ武者の声 さながら修羅のちまたなりけり。——译注

论什么时候，战场总是凄惨的。

明朝在万历二十七年（1599年）四月将平秀政、平正成等六十一名俘虏处以死刑，将首级送到了边境上。反过来，也有许多人被俘虏到了日本，当中甚至还有被人贩子抓来的。庆念记录了这样的情况："从日本也来了各种商人，人贩子也过来了，跟在军阵后面，买卖男女老少。这些人用绳子将俘虏的头拴在一起，逼他们往前走，走慢了就在后面用棍棒赶着他们快跑⋯⋯"这些买来的俘虏被强行带到日本从事劳动，或是贡献他们的技术和知识。

由于这场战争，有些朝鲜文化也传到了日本，其中影响最大的应数烧陶技术。秀吉在聚乐第的时候就让朝鲜陶工烧制茶碗，并在茶碗底部写上"乐"字，据说这就是乐烧的由来。毛利辉元带回的陶工李敬开创了萩烧，这位李敬又名高丽左卫门。加藤清正带回的陶工叫江户新九郎，开创了江户烧。黑田长政又将新九郎父子召至筑前高取，让他们烧陶，这就是高取烧。松浦镇信从熊川带回了巨关，他烧制的陶器称为平户烧。岛津义弘带回的朴平意等人烧制了萨摩烧。这样的例子不一而足，日本的陶器技术由此大大飞跃了。

如果还要再举一个朝鲜文化传入日本的例子，那就数活字和书籍的流入吧。朝鲜早在13世纪左右就开始使用铜活字，是世界范围内最早的。而15世纪之后，朝鲜政府铸造的铜活字已经多达三百万个了。这场战争之后，大量铜活字被运到日本。日本庆长版的《史记》和纪州版的《群书治要》等书籍都是用这些铜活字印刷的，据说朝鲜的活字印刷甚至因此一时之间陷入了停滞。另外，还有大量朝鲜书籍也运到了日本。高野山和江户芝增上寺所藏的大藏经都是这一时期带回来的。此外许多大名手上都藏有朝鲜版书籍，或是中国的宋版书和元版书，这些也都是此时运来日本的。

第十二章　衰运的老帝国

党争与宦官

言论自由

　　丰臣秀吉发动的侵朝战争给明朝的国家财政造成了沉重打击。从这时开始，明朝大征矿税和各种临时税，表面上的理由是用来充当建筑宫殿的费用和宫廷花费，但是朝鲜战役等"万历三大征"带来的影响也是不容忽视的。因此，财政的重负当然就落在了人民肩上，人民中间的叫苦声和不满的呻吟渐渐汇集成巨响。政府官员中也有人深受刺激而开始激烈批评政府政策，即是说，言官们开始发言了。

　　在这里我们还要将张居正再请出来。他为了封住都察院御史和六科给事中烦人的发言而将监督言官的权力收归内阁，然后依靠强大的权力实行了言论管控。之所以能这样做，全是因为他身为皇帝的师父，掌握着巨大的权力。而当张居正离开宰相之位后，这次又矫枉过正，言官那种无所顾忌的发言又爆炸似的狂涌出来。他们对内阁、六部，还有其他政府行政的方方面面都不分善恶地一味批评攻击。而皇帝只知追逐自己的欲望，喜欢宦官跟在身边，却对大臣和高官的意见充耳不闻。因此位居政府要职的官员全都不敢担责任，找来各种借口推卸职务。政府缺人也不进行补充，有些职位竟然完全无人负责。

刚好万历二十一年（1593 年）是京察之年（六年一回，中央政府考察官员成绩的制度）。担此重任的孙鑨和赵南星，以实现公正的人事评判为己任，不徇私情，却遭到对结果感到不满的人士的攻击，言官群体也对他们展开了激烈的批评攻击。顾允成为了解救两人而上书，却反而丢掉了官职，同时孙鑨等人也遭到了免职处分。第二年，宰相王锡爵为这起纠纷负责而请求辞职，于是神宗决定用廷推的方式（明代任用官吏的一种办法，重要的官职由数人公推，然后再由皇帝决定）选出继任人选。多数廷臣推举了王家屏等七位候选人，但是神宗都不满意，最后任命了其他人为大臣。而推荐王家屏的顾宪成（顾允成的兄长，1550—1612 年，1580 年成为进士，是著名的正义派官员，在立太子等事件中屡屡与内阁对立，后来成了东林派的领导者）也因为触怒了神宗而被免职，返回了故乡无锡。

东林集团

顾宪成回归乡里后，与弟弟允成携手，在北宋学者杨时创建的东林书院旧址重建书院并进行讲学，同时也评论时政和品评人物。在野名士深感共鸣，渐渐地东林书院汇集了天下之士，声名远播，泾阳先生（顾宪成）的大名更是无人不晓。

大体上，明代中叶之后私立书院便流行开来。但是到了万历初期，对书院深恶痛绝的张居正持续对书院进行打压，前后查抄了六十四所书院。因此，不喜张居正政策的书院主人和退职官员们，恐怕早就积累了一肚子的火气和牢骚。而张居正去世后，随着书院的复兴，他们终于迎来了一吐心中不快的机会，于是开始盛赞言论之自由。言官激烈的发言也与此不无关系。

当时江苏的毗陵有经正堂，金沙有志矩堂，浙江的嘉兴有仁文书院等，这些书院常常邀请泾阳先生做演讲，另外赵南星也经常从乡里写信给顾宪成。还有在京师创办了首善书院的邹元标也属于同一学派。他们的名声响彻天下，人们尊称其为

东林书院

"东林党"，甚至政府的当局者也对其颇为忌惮。在这之后，东林党和不属于东林党的派别爆发了政治斗争，导致政局陷入了激烈的混乱之中。

党争的原因之一与立太子问题有关。万历十年（1582年），恭妃诞下了皇长子朱常洛，四年之后（1586年）郑贵妃诞下了皇三子朱常洵，他们都不是皇后的亲生儿子。照常理来说，当然应该是皇长子做皇太子，将来成为下一任皇帝。但是神宗宠爱郑贵妃，对其异常优待，于是廷臣担心皇帝会立皇三子为皇太子，而宦官内部也分为两派暗中活动。如此一来，张居正去世之后的万历十年至二十年中，朝廷和内廷都结成了许多小圈子，他们互相中伤对手，以使本派处于更加有利的地位。

万历二十九年（1601年），皇长子二十岁了。神宗终于下了决心，将其立为太子，而皇三子福王则被封至洛阳。但是福王结婚时用度三十万，洛阳宅邸也耗费二十八万，这都是常制十倍的大笔支出，远远超过了皇太子的待遇。这些开销都摊派在各省身上，不足的部分由宦官筹集。但是，洛阳宅邸好不容易建起来了，那位被捧在掌心上的福王却不去住，而是待在京城出尽风头，这也成了引发众人议论的导火索。

进一步让党争激化的是推举李三才（通州人，1574年进士）为大学士的问题。李三才在万历初年进入仕途，历任诸官，屡屡上奏力陈矿税之害，有慷慨直言之名。正巧万历三十八年（1610年）内阁出缺，需提名候补。向来与李三才关系很好的顾宪成推举三才的书信被公开之后，反对派就召集众人对李三才进行攻击。

当时攻击东林派的集团很多，有以安徽省宣城出身的汤宾尹为中心的宣党、以江苏省昆山顾天埈为中心的昆党，此外还有山东省的齐党、湖南湖北的楚党、浙江省的浙党等，他们组成了联合阵线，将顾宪成和李三才等人合在一起称之为东林党，对其大加攻击。当时位同宰相的叶向高（1559—1627年，福建省福清出身，1583年进士。素有主持正论之名，1607年担任礼部尚书，兼东阁大学士）试图解决混乱局面，却反被视为偏袒东林派，结果遭到了非东林集团的抵制和诘问。加上此时又发生了一些怪异事件，于是党争更加白热化，终于陷入了无法收拾的混乱状态。这就是三案问题。

三案问题

三案指的是梃击案、红丸案、移宫案三个事件。

梃击案同让人议论纷纷的皇太子与皇三子福王干系甚大。万历四十三年（1615年）五月四日，一个形迹可疑的男子手持枣木棍，潜入皇太子所住的慈庆宫，击伤了门卫，最后被抓住了。调查之后发现，他是受了某位高官的命令，从一位宦官那里拿到棍棒，然后闯入慈庆宫的。好些廷臣激愤地认为"这是郑贵妃所为，她想为自己的儿子福王除去皇太子"，而被供出的廷臣和宦官最后都被处刑。[1]

在这之后的万历四十八年（1620年）七月，神宗驾崩，

---

① 被秘密处死的是郑贵妃手下的两名太监，似未有廷臣受牵连。——编注

皇太子即位，这就是光宗。此后不久，光宗生病了，于是喝了宦官崔文升调配的药，但是病情反而恶化了。刚好鸿胪寺的官员李可灼手头有"良药"，于是光宗吃了这个"红丸"，情况好转了些。第二天李可灼劝光宗再服一剂，然而光宗却很快就死掉了。"啊，完蛋了!"东林派议论纷纷，指责道，"是崔文升和李可灼下的毒!"而为这两人辩护的大学士方从哲也遭到了弹劾。这就是红丸案。光宗从小就因为与弟弟的关系被人闲言碎语，好不容易在三十九岁时登上了皇位，但仅仅一个多月就遭遇了不测。真可谓是"良药苦口"。

而光宗驾崩之后，怎么对待最受帝宠的李贵妃又成了一个问题。李贵妃不是皇太子的生母，但一直代替其亡母抚养皇太子，与其同起同居。光宗驾崩的同时，李贵妃和心腹宦官李进忠（其后的魏忠贤）合谋，强行留居乾清宫（在皇极、中极、建极三殿之后，为天子正寝），企图操纵皇太子。于是廷臣杨涟和左光斗站出来坚决支持皇太子，将李贵妃迁往了其他宫殿，皇太子终于成功即位。这就是下一任皇帝熹宗（天启帝）。这个事件被称为移宫案。由于对待先帝的贵妃失礼，这些大臣成了舆论的众矢之的。

这三个案子都是涉及宫廷秘密的不明真相的事件，但其实都是神宗时代立太子问题的后遗症。而围绕着种种议论，廷臣之间出现意见分歧，互相组党进行政治批评，深陷于权力争夺当中。再加上皇帝频繁交替，这种党争更不知何时才是个尽头。在一片混乱中，意想不到的伏兵横夺了大权，这就是魏忠贤。

东林派与魏忠贤的对决

　　东林派和非东林派之间的党争愈演愈烈之际，天启三年（1623 年），东林派的赵南星当上了吏部尚书。刚好又逢京察之年，于是他利用此次机会提拔了本派官员，而打压了反对派。非东林集团迫不得已只能与宫廷内掌权的宦官魏忠贤联手。魏忠贤意识到这是难得的好机会，于是开始全面染指政治的中枢。

　　魏忠贤本来只是个不学无术的无赖。据说他年轻时和恶友赌博输光了身家，被修理得很惨，于是便自行做了宦官。这个人还一肚子坏水，对自己有用的人就马上巴结，一旦情况不妙就转而陷害对方。

　　他最初担任光宗生母王氏的典膳，看到宦官魏朝在宫廷中很有势力，于是就与其结为兄弟，通过他的举荐得到了太监王安的知遇。后来，他看上了熹宗的乳母 —— 与魏朝相好的客氏，从此两人开始私通。客氏也喜欢魏忠贤野性的一面，于

熹宗像

是赶走了魏朝。熹宗即位之后，客氏和魏忠贤深受皇帝信任，势力愈加庞大。此时王安已成了阻碍，于是他又伪造诏敕谋杀了王安。

熹宗完全无心理政，一切都交给身边的魏忠贤。魏忠贤深恐哪天自己的所作所为在皇帝面前暴露出来，甚至将魔爪伸向了宫廷内的皇妃。

光宗的选侍赵氏看不惯客氏和魏忠贤，于是被一道假敕旨赐死。她把光宗赠送的礼物一件件摆在案几上，西向礼佛，然后悬梁自尽了。熹宗的妃子张氏被客氏和魏忠贤幽禁在别室，连食物也没有，只能趁着下雨匍匐着喝些屋檐滴下的水，很快就死掉了。妃子李氏感到有生命危险，于是悄悄地在轩瓦之间藏了食物。后来她果真被客氏和魏忠贤幽禁起来，但是半个月过去了她还没死。虽然她后来被贬成低贱的宫人，但是好歹保住了一命。客氏和魏忠贤的专横甚至危及皇后，当时皇后怀上了孩子，他们便使手脚致使皇后滑胎。

天启二年（1623 年），魏忠贤将宫廷内的内操增员至万人，全都划入自己管辖之下。接着他又进一步控制东厂，得到了监察权，之后终于将矛头对准了廷臣。这一时期政府的重要职位都为叶向高、赵南星等清一色的东林集团占据，即便是魏忠贤也颇感棘手。他稍有所动作，就有杨涟等七十余人上书力数其罪状，这让他一时陷入了进退维谷的境地。

但此人本来就是个鬼头鬼脑之人。他直接跑到熹宗跟前哭诉，客氏也在旁为其辩解，于是熹宗便安慰了魏忠贤，使事情不了了之。他乘势而起，勾结非东林集团，制造口实将东林集团人士接二连三地驱逐出朝廷，于是政权转而落到非东林集团的手中。这些人一不做二不休，又将以东林书院为首的各地东林集团的书院都摧毁一空。

九千岁魏忠贤

魏忠贤在内朝外廷都已唯我独尊，愈加威势熏天。他大肆提拔自己一伙党徒，霸占了所有政府要职。这些人顶着五虎、五彪、十狗、四十孙等名号，为非作歹，作威作福。人们就算只是小声地提起"忠贤"两字，都会立马被抓起来剥皮抽舌。这样的人数不胜数，百姓已经到了连说说闲话都不敢的状态。官员中也出现了阿谀之徒，试图巴结魏忠贤一伙，靠讨其欢心出人头地。

天启六年（1626年），浙江巡抚潘汝祯在杭州西湖边上为魏忠贤建了生祠，熹宗赐名"普德"。此风一起，天下风靡，最后甚至发展到将魏忠贤像搬进国子监和孔子同列享祭的地步。这些生祠的建设费用少则数万两，多则数十万两。开封在建造生祠时毁掉了两千余栋民间建筑，将生祠造得似九重宫殿一般。而魏忠贤在市中通过时，士大夫们伏地跪拜，齐唱"九千岁"。对生祠中的魏忠贤像也要三拜五拜，口称"九千岁"。

但是，熹宗在位七年后驾崩，弟弟毅宗（崇祯帝）即位。此时魏忠贤等人的处境就完全反过来了。毅宗本来就对其所作所为咬牙切齿，立马就将魏忠贤流放到凤阳，在途中又下令将其逮捕。魏忠贤也深知自己在劫难逃，于是自缢而死。他的党徒们大多自杀，客氏也受笞而死。毅宗还下诏将魏忠贤的尸体

毅宗生母刘皇后像

处以磔刑，首级曝于河滩，问其罪于天下。与其勾结的非东林集团也或是被杀，或是流放，受罚者多达一百五十余人，其势力几乎从政府要职上被一扫而空。代之而起的是东林集团，他们又再次占据了朝堂。但是此时国内已经处处是流贼，东北的满人也成了不可小觑的威胁。大明国的末日已经不远了。

紫禁城的落日

东北旋风

太祖朱元璋建立明朝之初，现在中国的东北地方上居住着三大女真部族，分别是分布在黑龙江下游流域到俄罗斯沿海州一带的野人女真、位于松花江流域的海西女真、位于长白山一带至牡丹江的建州女真。

明朝又在此地建立了许多卫所，巧妙地进行怀柔。但是明朝统治力量衰弱之后，女真部族的动作就渐渐多了起来。终于在明神宗的时代，建州女真的努尔哈赤崭露头角（1559—1626年，清太祖，姓爱新觉罗。幼年经历苦难，1583年二十五岁时形成独立势力，降伏各部族。在萨尔浒山一战中取得大胜后，开始与明朝正面对抗），他的势力就如台风之眼一般急速扩张开来。

努尔哈赤在女真的势力首次为明朝所知是在万历十一年（1583年），当时他为报父祖之仇，攻入了尼堪外兰居住的图伦城（今辽宁省苏子河流域）。尼堪四处逃命，最后藏到了明的庇护之下。其间努尔哈赤接连攻占周围的各个城池，将从兴京到抚顺的几乎全部要地都掌握在自己手中，随后向明朝索要尼堪。当时辽东的总兵官是李成梁，他认为努尔哈赤的父亲和祖父被杀有自己的责任，为了不把事情闹大，他便将尼堪交给了努尔哈赤。万历十七年（1589年），明朝赐予努尔哈赤都督金事的称号，这也是努尔哈赤与明朝之间最初的正式关系。

对努尔哈赤来说，向明朝表示恭顺也有利于他扩大势力，因此他在万历十八年（1590年）亲自到北京进贡，此后又多次向明朝馈赠物品。明朝当时正好为朝鲜问题焦头烂额，因此赠予了其龙虎将军的称号并与其继续保持友好关系。后来，努尔哈赤势力继续发展，不再满足于统一建州女真，甚至连海西女真都想吞并。震惊之下，明朝方面这才开始采取动真格的对策。

后金立国

万历四十四年（1616年），努尔哈赤在部下的推举下登上了汗位，定国号为大金①，年号为天命。很明显，这是对明朝发出的独立宣言。努尔哈赤认为明朝绝不会放任事态发展，于是他在万历四十六年（1618年）向明朝发出了宣战布告，理由为"七大恨"，也就是"明朝杀我父祖""明朝杀我使者""明朝违背誓约支援了海西女真的叶赫国"等七条。

　　然后努尔哈赤率领仅有二万人的军队攻陷了明朝的前线基地抚顺城，又派一队威胁清河城。大惊失色的明朝起用了有辽东作战经验且参加过朝鲜战役的杨镐，望其一举歼灭努尔哈赤。杨镐在第二年万历四十七年（1619年）三月率领近十万大军，兵分四路逼近努尔哈赤的大本营兴京。但是，他在抚顺城附近的萨尔浒山战役中大败，瞬间便丧失了四万军队，最后落荒而逃。而赶来支援明军的朝鲜军队也在努尔哈赤面前投降了。

清朝勃兴期的要地

---

① 史称后金。——编注

　　这次战役是决定明和后金兴废存亡的一战。努尔哈赤乘势而起，接连攻陷了开原、铁岭，切断了明朝与叶赫国的联系，灭掉了强敌叶赫国。明朝当即将打败仗的杨镐免了职，起用了素有刚毅之名的熊廷弼（1569—1625年，湖北江夏出身，1598年进士。他曾受命巡按辽东，力说辽东之危机，因此被选为杨镐的继任者，但是他的施政建议并没被采纳）为前线指挥官，令其赶赴辽阳。但是熊廷弼在明军当中不得人心，部下将军中颇有些人心怀不平，他们向中央秘奏了熊廷弼的种种缺点。而中央当时神宗驾崩，此后光宗、熹宗相继为帝，帝位三转，政治体制亦无定策，于是不久就又将熊廷弼解任了。

　　就在明军方面频频换将、事态纷乱之际，努尔哈赤已经开始攻击下一个目标沈阳了。熊廷弼的后任指挥官是袁应泰，其时有蒙古部族因饥馑而前来求食，他将他们放进了沈阳和辽阳居住。但是当努尔哈赤在天启元年（1621年）开始攻击沈阳的时候，这些蒙古人做了内应，因此虽然守城明军英勇善战，沈阳还是简简单单地就陷落了。沈阳陷落的报告还没抵达北京，努尔哈赤的大军就接近了辽阳，这里也因城中蒙古人做内应而陷落了。袁应泰自杀，军民中的多数都向后金军投降了。至此，辽河以东基本上都落到了努尔哈赤手中。

败仗连连

　　连指挥官都命丧辽东，大明朝廷陷入了十足的狼狈之中。结果明廷又再次任命熊廷弼为经略，任命王化贞为辽东巡抚，命其安定广宁（今之北镇）一带。熊廷弼在天启元年（1621

年）六月上奏了"三方布置"之策，这个战略是在广宁配备陆军以牵制敌军，在天津与山东的登州和莱州派驻水军以包围辽东。而王化贞的主张是强化辽河沿岸的守备。但是熊廷弼对之不屑一顾，强行实施了三方布置之策，于是熊、王之间关系恶化，这在后来的战斗中成了一大缺陷。

第二年天启二年（1622 年），努尔哈赤从辽阳出发，渡过辽河，进攻广宁。王化贞从广宁移军向西，而熊廷弼虽声称要死守宁远（现在的兴城），但早已吓得腿软，立马就引兵退到了山海关。由此，辽河以西，山海关以东几乎都落入了努尔哈赤的手中。

明朝誓要收复失地，于是任命兵部尚书孙承宗为经略，并修筑宁远城，令袁崇焕（广东东莞人，1619 年进士。任职于兵部，曾上言力陈辽东守备之策，并奔赴宁远，击败了此前未尝一败的努尔哈赤）在此守备，并夺回锦州、松山等城，强化了守备体制。

另一方面，后金也在忙于巩固后方根据地。努尔哈赤一开始将都城设在兴京，后来随着后金控制范围的扩大又迁都到了辽阳的东京城。天启五年（1625 年，后金天命十年），努尔哈赤又将都城移到了沈阳，这就是盛京。当时大多数部下对此表示反对，他们认为："东京城营造起来不过三年，如今又要迁都，只是让人民受苦而已。"而努尔哈赤则说道："沈阳是景胜之地，向西征明得宜，向北攻打蒙古也只需两三天，向南征讨朝鲜也很便利。"市村博士推测，仅仅出于这点理由就放弃刚刚建起来的东京城委实奇怪，恐怕是当时明朝的势力已经有所恢复，所以后金才做了此决定。

孙承宗开始出击，以宁远为中心，明朝收复了松山、锦州等地，自山海关以北，明朝势力沿海向东北推进。面对明朝的反攻态势，辽阳显得有些过于靠前了，再考虑到他们还要与原先的根据地兴京保持联络，则此时暂且后退到沈阳应该是更为安全的做法。

但是明朝好不容易出现一点点恢复的苗头，结果却从内部崩溃了。一次偶然，明朝的一员大将攻打后金城池失利了，北京政府立马就唤回了孙承宗，替换了指挥官。这位新的指挥官认为山海关之外难守，主张不仅应从锦山、松山等城撤退，甚至也应该放弃宁远，明军撤退回山海关内。但是，负责宁远城守备的袁崇焕坚决不撤退。此事传到后金耳中，他们喜出望外，努尔哈赤在天启六年（1626年，天命十一年）正月从沈阳出发，一路攻城略地，仅仅十日就进军到了宁远城外。

努尔哈赤先是给城中送信，劝袁崇焕投降，他说："我有二十万大军，必定攻陷此城。现在降服，可享高官厚禄。"但是袁崇焕回信道："号称来兵二十万，看着也不过十三万，我方也不觉得有什么了不起。"于是努尔哈赤开始强攻，但是宁远城墙坚固，袁崇焕以下诸将士勇敢奋战，加上城内装备的葡萄牙新式大炮发挥了神效，因此一举反转胜负之势。后金一方进攻了三天三夜，却不能撼动宁远分毫。最后，大炮重伤了努尔哈赤，后金军队只能士气沮丧地撤回了沈阳。由于伤势严重，努尔哈赤在此年八月去世了，终年六十八岁。

清太宗

　　宁远的胜利让明朝欢欣鼓舞，对立功的将士大封官职并嘉奖赏赐，北京还派出了特使封这门大炮为"安国全军平辽靖虏大将军"，为其举行了祭祀。

　　后金的下一代君主是太宗皇太极，此人是丝毫不逊色于其父努尔哈赤的英主。他一方面进攻朝鲜，解决了后顾之忧，另一方面又把势力向西推进到蒙古，与蒙古的喀喇沁部结盟，令蒙古为先锋，绕开宁远，从远处越过万里长城入侵华北。慌张的明毅宗马上唤回袁崇焕等人，令其负责对后金军的防卫，但是太宗派出间谍使出离间计，导致毅宗处死了袁崇焕。

　　后金军队不久就从华北撤退了，在这之后他们攻击蒙古的察哈尔部，又收服了鄂尔多斯部和苏尼特部等蒙古部族。同时他们大量吸纳汉人，又将葡萄牙大炮弄到手，一步步地充实了国力。崇祯九年（1636年），皇太极称帝，将年号改为崇德，国号定为大清，尝试对明朝发起正式进攻。但是，崇祯十六年（1643年）太宗在沈阳猝逝，征服明朝的事业落在了年仅六岁的幼帝福临，也就是清世祖肩上。

流贼蜂起

　　毅宗流放了魏忠贤，立志要一举清除熹宗时代的弊害。但是他激昂的斗志在面对进逼万里长城的清军和各地蜂拥而起的流贼时毫无作用。清军的攻击从万历以来就没间断过，明军连吃败仗，又为补充防备而疲于奔命，如此一来军费猛增，像是无底洞一样。为了筹备军费，明朝只能增税再增税，此时征税额已经达到了二千万两，超出平时财政岁入的五倍。百姓疲惫至极，再也忍受不下去了。毅宗感觉到了国家的危机，悄悄地同兵部尚书陈新甲商量能否与清太宗进行和谈。但是此事却意外地遭到泄露，于是受到言官激烈的攻击，最后未能成功。

崇祯元年（1628 年），陕西地方遭逢大饥荒，成群饥民立刻便掀起了暴动。他们由府谷（陕西省）的王嘉胤和安塞（陕西省）的高迎祥等人率领，杀害官宪，劫掠邻近的城市。其势力并不局限在陕西一省，最后发展成了波及各地的大规模起义。河南、山西、河北等地亦有起义，明朝政府的力量已经无法镇压了。

这些起义当中最成势力的是张献忠和李自成。张献忠最先是王嘉胤的手下，他诡计多端，在众人当中很是出挑，别称"献贼"。崇祯五年（1632 年），他与高迎祥联合之后势力愈加强盛，纵横山西、河南、陕西，甚至发展到安徽、湖北各地，劫掠诸州诸县。后来他在与官军作战时身负重伤，曾一度寄身于李自成。接着，他又攻入四川占领成都，自称大西国王，与李自成相抗衡。张献忠最后被清军打败，被斩首。

李自成出身于陕西省米脂县，年轻时就精于骑射，好与人斗。他害怕被官府逮捕，于是逃出了故乡。后来他投身于高迎祥的帐下，高迎祥为闯王，李自成则为闯将，他们一伙人被称为"闯贼"。不久之后他们和张献忠协同作战，势力得以扩大，在陕西、河南、山西、湖南、湖广、四川等地攻守。

崇祯八年（1635 年）正月，起义军在荥阳（河南开封附

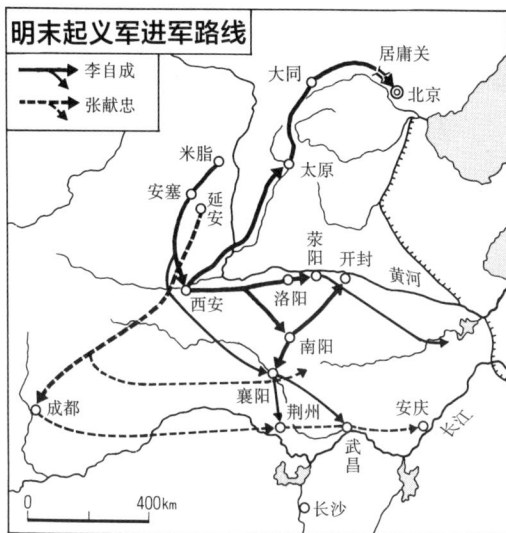

近）召开了大会，与会者有十三家七十二营，总人数三十万
有余。如何与官军作战才好？争论不休之际，李自成站起来
发言："一个人也可以奋战，不是吗？现在我们有了十万大军，
官兵根本拿我们没办法。我们各自分头作战吧！"于是起义军
便结成了统一战线，分头向四川、湖广、河南、陕西、东部五
大地区进击。次年，高迎祥被官军抓住处决了，众人便推举李
自成当了第二代闯王。①

李自成称霸

李自成生性残忍，杀人之后斩足开腹，连眼都不眨。崇

---

① 《明史》卷三百零九：自成进曰："一夫犹奋，况十万众乎，官兵无能为
也。宜分兵定所向，利钝听之天。"皆曰："善。"——译注

祯十四年（1641年）他攻下洛阳，抓住了神宗的爱子——年纪轻轻时就举世瞩目的福王。他将福王杀了，以其鲜血混合鹿肉酒而饮，称为"福禄酒"。他极尽暴虐，但是举人李岩等人投归帐下之后，他的内心也发生了很大变化。

李岩等人告诫他："要想得到天下，就不能杀人。"自此之后，李自成多次将掠夺而来的财物分给饥饿的民众，留意收买人心。李岩还教小孩子唱歌谣以做宣传："迎闯王，不纳粮！"

李自成的声望渐起，汇集到其麾下的人士也与日俱增。他乘势从南阳前往开封，又攻陷了襄阳和荆州。从这个时候开始，李自成愈加渴望霸权。崇祯十六年（1643年），他改襄阳为襄京，修葺了明朝襄王的宫殿作为己宅，自号"奉天倡义大元帅"，并整顿军队，严肃军规。另外，他又制定了百官之制，安排了以左右大臣为首的侍郎、郎中、从事官等官职，朝着国家体制迈出了第一步。这个时候，结成同盟的十三家大半或降或死，势力强大的只剩下张献忠一股了。于是李自成于次年崇祯十七年（1644年）正月进入西安，自称王号，建立了大顺国。

在这之后，只剩下攻进北京夺取明朝帝位了。但是张献忠在南方的长江流域残暴妄为。他攻陷武昌之后擒住了明之楚王，将其关在笼里沉入了长江，楚王一族和许多平民也接连被杀并被投入长江，以致江面上浮尸层层叠叠。据说过了一个月，长江的鱼鳖都还无法食用。接着，张献忠改武昌为天授府，占据了楚王的宅邸自称"西王"。李自成勃然大怒，遣书诘问。不久之后明朝官军也打败了张献忠，于是张献忠逃亡到了长沙。在这种局势之下，李自成基本再无后顾之忧，终于开始进攻北京了。

景山悲剧

崇祯十七年（1644 年）二月，从西安出发的李自成进入山西省，向北攻陷了太原。他用游击战的方式隐藏行踪，到达大同，之后经由居庸关从西北进逼北京。

此前毅宗已经号召天下勤王，但是已无人响应了。大学士建议立即迁都南京，但是这也未能实现。李自成方面巧妙地侦察到了北京的情况。他让部下化装成商人进入城内，买通明朝官员，打探到朝廷的所有机密。三月十七日，毅宗召集群臣，咨询最后还有何手段。群臣只是一味哭泣，谁也拿不出办法。此时毅宗得报，称李自成的军队已经攻到了京城周围，但是明朝军队的主力已经投降了。毅宗只能做最后的努力，让宦官们死守城门。

第二天十八日，李自成逼迫毅宗让位，毅宗破口大骂。日暮之际，外城门已破，李自成的军队如潮水一般涌入京城。毅宗走出宫殿，登上城中的景山（北京城内北边的小山，又称万岁山、煤山），望见烈火熊熊染红了天际。他深深地叹了一口气："啊！我光让百姓受苦了啊！"之后他回到乾清宫，将两位皇子托付给外戚，让女官们自行离去。然后他与皇后对饮了离别酒，皇后自缢而死。毅宗又叫来他最宠爱的公主，叹道："你为何要生在帝王家啊！"说完左袖掩面，右手挥刃砍下。公主年方十五，就这样也香消玉殒了。①

十九日清晨，内城城门也危在旦夕了。毅宗亲手敲响了警钟，但是没有一个人过来。毅宗再次登上景山，在刚刚建好的寿皇亭里自缢而亡。他的衣襟上写着如下遗诏："朕自登基以来十七年，才德微薄，触怒了上苍，因此上天惩罚于朕。但这都是诸位大臣害了朕。朕死后无颜面对祖宗，自己卸去皇冠，用头发盖住脸面。任凭贼人把朕五马分尸，只愿不要伤及无辜百姓。"②

此时随其而死的，只有一位宦官而已。

至此，明朝三百年的历史也迎来了尾声。李自成得意扬扬地跨马进入承天门，登上了玉座。但是清军已在长城附近虎视眈眈。时代一变，清朝的天下开始了。

---

① 据《明史纪事本末》载，长平公主被崇祯帝"右挥刀断左臂"，但长平公主"未殊死"。——编注

② 《明史纪事本末》卷七十九：朕自登极十七年，逆贼直逼京师。虽朕薄德匪躬，上干天咎，然皆诸臣之误朕也。朕死，无面目见祖宗于地下，去朕冠冕，以发覆面，任贼分裂朕尸，勿伤百姓一人。——译注

相关年表

元	至正八	1348	台州方国珍叛乱	1350 年，倭寇大肆掠夺高丽沿岸
顺帝	十一	1351	刘福通（颍州）、徐寿辉（蕲州）乱，称红巾军	
	十二	1352	郭子兴乱于濠州，朱元璋投郭子兴军	
	十三	1353	张士诚据高邮，称诚王	
明	二十四	1364	朱元璋自立，称吴王	
太祖	洪武元	1368	朱元璋即位（太祖），国号"明"	1368，将军足利义满
（洪武帝）	二	1369	倭人寇山东，明请怀良亲王禁倭	1369，帖木儿帝国建立
	六	1373	制定大明律	
	十三	1380	胡惟庸之狱起，废中书省及丞相等官	
	十四	1381	实施里甲制，造赋役黄册	
	十五	1382	置锦衣卫。马皇后殁。定都察院官制	1387，帖木儿遣使于明
	二十五	1392	皇太子朱标卒	1392，李成桂建立朝鲜。日本南北朝统一
	二十六	1393	蓝玉之狱起	1397，足利义满营造金阁
惠帝	三十一	1398	太祖殁，皇太孙即位（惠帝）	
（建文帝）	建文元	1399	燕王棣起兵（靖难之变）	
成祖	四	1402	燕王军大举南下，攻陷京师（应天府）。燕王即帝位	1402，足利义满受明国书（日本国王）
（永乐帝）	永乐三	1405	郑和远征南海（此后至 1432 年前后共进行七回）	1405，帖木儿殁

	四	1406	张辅远征安南（此后再度远征南方）	
	八	1410	成祖亲征鞑靼，战于鄂嫩河畔	
	十二	1414	成祖亲征漠北，破瓦剌	
	十七	1419	刘江破倭寇于望海埚	1419，帖木儿朝沙哈鲁遣使于明
	十九	1421	明定北京为京师，迁都北京	
	二十	1422	成祖亲征鞑靼，战于杀胡原	
仁宗（洪熙帝）	二十二	1424	成祖于亲征鞑靼途中殂，仁宗即位	
宣宗（宣德帝）	洪熙元	1425	仁宗殂，宣宗即位	
	宣德元	1426	汉王叛，宣宗亲征降之	
	五	1430	开平卫移于独石	1427，明朝承认安南黎朝独立
英宗（正统帝）	十	1435	宣宗殂，英宗即位	
	正统元	1436	推行金花银	
	三	1438	明开马市于大同，与瓦剌通商	1443，朝鲜作谚文
	十三	1448	福建邓茂七之乱兴	
景宗（景泰帝）	十四	1449	瓦剌也先入侵，捕英宗（土木堡之变）。景宗即位	
	景泰元	1450	明军破瓦剌于宣府，英宗自瓦剌还	
英宗（天顺帝）	天顺元	1457	英宗重祚，废景帝	1457，太田道灌，筑江户城
	二	1458	令修《大明一统志》	
	三	1459	鞑靼之孛来太师屡犯国境（至1461）	

（续表）

宪宗 （成化帝）	八	1464	英宗殁，宪宗即位	
	成化元	1465	荆襄叛乱	
	三	1467	鞑靼之毛里亥入贡于明	1467，日本应仁之乱起
	十三	1477	置西厂，令太监汪直领之（至1482）	
	十四	1478	辽东开马市	1483，足利义政建造银阁
孝宗 （弘治帝）	二十三	1487	宪宗殁，孝宗即位。丘濬进《大学衍义补》	
	弘治元	1488	均徭法施行于全国	
	十一	1498	明之王越破鞑靼小王子于贺兰山	1498，葡萄牙人达伽马到达印度。朝鲜戊午士祸
	十四	1501	鞑靼之达延汗陷宁夏，入侵河套地区	
	十五	1502	《大明会典》成，未刊	
武宗 （正德帝）	十八	1505	孝宗殁，武宗即位	
	正德五	1510	安化王朱寘鐇反，马文升卒	1510，朝鲜三浦之乱
	十四	1519	宁王朱宸濠反，王守仁平定之	1519，朝鲜己卯士祸
世宗 （嘉靖帝）	十六	1521	武宗殁，世宗即位	
	嘉靖三	1524	大礼议兴	
	四	1525	定《大礼集议》	1526，巴布尔建立莫卧儿帝国
	八	1529	王守仁卒	
	二十一	1542	俺答汗侵山西，以后侵寇甚剧	1543，葡萄牙人铁炮传入种子岛

（续表）

	二十八	1549	倭寇侵浙江，达延汗侵辽东	1552，沙勿略殁于广东洋面之上川岛
	三十四	1555	倭寇侵南京	
	三十六	1557	胡宗宪捕海盗首领王直（1559年处刑），准许葡萄牙人在澳门居住	
	四十二	1563	戚继光等人于福建大破倭寇	1568，织田信长入京
穆宗（隆庆帝）	四十五	1566	世宗殁，穆宗即位	
	隆庆五	1571	明与俺答汗议和，封俺答汗为顺义王	1571，马尼拉市建立
神宗（万历帝）	六	1572	穆宗殁，神宗即位。张居正改革	1573，室町幕府灭亡
	万历九	1581	张居正行"一条鞭法"于全国	1575，朝鲜党争激化
	十	1582	张居正殁	1590，丰臣秀吉统一日本
	二十	1592	鞑靼哱拜乱于宁夏，丰臣秀吉出兵朝鲜（文禄之役），明遣援军赴朝鲜	
	二十五	1597	丰臣秀吉再度出兵朝鲜（庆长之役）。杨应龙于播州叛乱	1600，关原之战
	四十	1612	东林党顾宪成去世，东林与非东林之争激化	1609，荷兰于平户设商馆
	四十三	1615	三案之梃击案起	1615，大坂夏之阵（丰臣氏灭亡）
	四十四	1616	努尔哈赤即汗位	
	四十七	1619	萨尔浒之战，明军大败于后金军	1619，荷兰设爪哇总督

（续表）

光宗 （泰昌帝）	泰昌元	1620	神宗殁，光宗即位。红丸案起，光宗殁，熹宗即位	
熹宗 （天启帝）	天启二	1622	山东兴起白莲教徒之乱	1624，荷兰占台湾南部
毅宗 （崇祯帝）	七	1627	熹宗殁，毅宗即位。宦官魏忠贤自杀	
	崇祯四	1631	李自成叛乱	
	九	1636	后金改国号为清	1637，岛原之乱
	十七	1644	李自成攻入北京，毅宗于景山自尽。清军破李自成于山海关，统治中国	1639，日本锁国

编后记

　　本书题为"明帝国与倭寇"，毫无疑问，"倭寇"问题自然是本书论述明代历史时的侧重点。而本书作者已在书中表明了自己的观点。作者三田村先生将倭寇入侵史大致分为三个时期：第一期是 14 世纪上半叶开始的大约七十年间；第二期是 16 世纪上半叶到后半叶，日本是足利幕府时期，中国则主要是明世宗朝的嘉靖年间；第三期是丰臣秀吉出兵朝鲜之际，也就是文禄、庆长之役（第三个分期似为作者独特的观点。在日本的研究者中，恐怕没有把秀吉也算成倭寇的）。至于倭寇为何侵袭中国沿海，本书作者侧重于认为是明朝的海禁政策导致的，也为此罗列了出自古文献的一些论据，进行了较为详细的论述。

　　本书作者的观点其实并非创见。实际上，二战后的日本学者对倭寇的分期和倭寇出现原因的研究大都持此类观点。日本史学界基本上将倭寇分为 14、15 世纪的倭寇（前期倭寇）和 16 世纪的倭寇（后期倭寇），强调前者的主体是日本人，后者的主体是中国人等。特别是，日本学界将后期倭寇勃兴的原因归于中国的国内状况，认为是明末商品经济的飞跃式发展以及明朝海禁体制带来的摩擦和冲突将中国民众的走私贸易引向了倭寇行为。

而中国学界对倭寇的研究却经历了一个发展过程，时至今日亦是争议颇多。编者姑且在此将中国学界对倭寇研究的变化和各方代表性观点做一个大致罗列，以便读者可以综合各方之论述，形成更加客观、深刻的认知，以免陷于日本学者的一家之言中。

在较早的 1930 年代，中国史学界因抗战而对倭寇的研究激增。到了战后，中国史学界认为倭寇就是日本侵略者的观点依然是主流。1990 年出版的历史大词典中对"倭寇"的定义是"明时骚扰中国沿海一带的日本海盗"。但是自 1980 年代以来，学术气息渐趋轻松，史学界重新审视倭寇问题，提出了一些新论。一大批学者从史籍出发，确实认识到前期倭寇与后期倭寇（即中国史书中所称的"嘉靖大倭寇"）不能笼统一概而论。这无疑是历史学界对倭寇问题进行更加细致深入研究的成果，具有一定的进步性。下面我们便列举几位学者的代表性研究成果：

林仁川在《明代私人海上贸易商人与"倭寇"》中指出："倭寇的首领及基本成员大部分是中国人，即海上走私贸易商人，嘉靖时期的御倭战争是一场中国内部海禁与反海禁的斗争。"樊树志在《"倭寇"新论——以"嘉靖大倭寇"为中心》一文中指出："'倭寇即日本海盗'这种似是而非的表述值得商榷。嘉靖年间东南沿海所谓倭患的根源,在于明朝严厉的海禁政策与日趋增长的海上贸易之间不可调和的矛盾。被人们称为'倭寇王'的王直,是徽州海商出身,把他放在当时国际贸易大潮中审视,许多问题便可迎刃而解。"

相较于此,中国史学界有相当一部分学者在详细研究论证之后,依然持原有的观点。这些学者也提出了一些颇具信服力的论据。例如陈学文在《明代的海禁与倭寇》一文中便指出："倭寇是由日本的海盗、奸商、武士、浪人、流民、亡命,在大名(封建领主)支持下,勾结中国的奸商、凶徒、逸囚等不逞之徒,以及蒙蔽一些失业的劳动人民,组成一支庞杂的海盗队伍,向我国沿海进行掠夺的武装集团。它是一个复杂的组成体,内部充满尔诈我虞的矛盾。它是中国人民的死敌。"陈学文认为:"尽管在数量上日倭不占多数,但倭寇最初形成的基本骨干力量、武器装备、战术阵法、根据地及后勤给养,都来自日方。王直等人虽为首领,也是依靠日人的力量而壮大起来的。"所以他并不认同王直等中国人占据主导地位。而且他认为,倭寇猖獗根源于日本政治经济诸多内部因素,明朝的政治、军事、经济上的因素只是提供了倭寇进犯的客观条件。倭寇入侵不决定于海禁政策。平定倭寇的御倭战争无疑是一场完全正义的战争。

以上,编者简单介绍了中日史学界对倭寇历史的研究情况。倭寇给当时的民众带来了巨大的伤害与苦难。以史为鉴,了解昨日,启示未来。

出版后记

　　不知不觉中，日本史学大家的这套丛书《中国文明的历史》已经出版到第八本《明帝国与倭寇》了。编者在编辑这本书的过程中，除了一如既往地感受到日本史学家严谨细致的治学精神、通俗有趣的行文特征外，也感觉自己对明代历史，尤其是明代对外关系史的理解又有了一层新的突破，而这在于本书有别于一般明代史的一些新鲜内容和论点。

　　本书虽是一本介绍明代历史的通俗读本，以恢弘庞大的亚洲史观讲述了由元末农民起义、明朝建立开始，一直到明朝灭亡的整个明代的历史进程，但与其他书不同的是，本书基本是围绕着倭寇这一主题，重点讲述了明朝与日本的关系，倭寇的由来与发展变化等内容。读者可以由此了解日本人是如何认识倭寇与日明关系的。

　　由于编者水平有限，本书难免有各种疏漏，敬请广大读者批评指正。

服务热线：133-6631-2326　188-1142-1266

读者信箱：reader@hinabook.com

后浪出版公司

2021 年 4 月

图书在版编目（CIP）数据

明帝国与倭寇 / （日）三田村泰助著 ; 许美祺译
. -- 成都：四川人民出版社，2021.4
ISBN 978-7-220-11465-6

Ⅰ.①明… Ⅱ.①三… ②许… Ⅲ.①中国历史—明
代②海盗—历史—研究—亚洲 Ⅳ.① K248 ② D730.88

中国版本图书馆 CIP 数据核字 (2021) 第 042711 号

四川省版权局
著作权合同登记号
图字：21-2020-162

CHUGOKU BUNMEI NO REKISHI (8) MINTEIKOKU TO WAKO
BY Taisuke MITAMURA
Copyright © 2000 CHUOKORON-SHINSHA, INC./Ryota MITAMURA
Original Japanese edition published by CHUOKORON-SHINSHA, INC.
ALL rights reserved
Chinese (in Simplified character only) translation copyright © 2021 by Ginkgo (Beijing)
Book Co., Ltd.
Chinese (in Simplified character only) translation rights arranged with
CHUOKORON-SHINSHA, INC. through Bardon-Chinese Media Agency, Taipei.
本书中文简体版权归属于银杏树下（北京）图书有限责任公司
审图号：GS(2020)4839 号

MING DIGUO YU WOKOU

明帝国与倭寇

著　者	［日］三田村泰助
译　者	许美祺
选题策划	后浪出版公司
出版统筹	吴兴元
编辑统筹	张　鹏
特约编辑	段　然
责任编辑	邹　近
装帧制造	墨白空间 · 张萌
营销推广	ONEBOOK

出版发行	四川人民出版社（成都槐树街 2 号）
网　址	http://www.scpph.com
E - mail	scrmcbs@sina.com
印　刷	北京天宇万达印刷有限公司
成品尺寸	143mm × 210mm
印　张	11
字　数	228 千
版　次	2021 年 4 月第 1 版
印　次	2021 年 4 月第 1 次
书　号	978-7-220-11465-6
定　价	52.00 元